GRASSROOTS GOVERNMENT

基层政府与社会治理研究

AND SOCIETY GOVERNANCE

周振超　主编

周振超

法学（政治学）博士，经济法博士后，西南政法大学政治与公共管理学院院长，教授，博士生导师。重庆英才·创新创业领军人才，重庆市巴渝学者特聘教授，中国政治学会副秘书长，重庆市政治学会会长，重庆市一级重点学科政治学学科带头人，南开大学中国政府与政策联合研究中心研究员。

前　言

“基础不牢，地动山摇。”基层治理是国家治理的基石。《中共中央 国务院关于加强基层治理体系和治理能力现代化建设的意见》（以下简称《意见》）指出：坚持党对基层治理的全面领导，把党的领导贯穿基层治理全过程、各方面。坚持全周期管理理念，强化系统治理、依法治理、综合治理、源头治理。坚持因地制宜，分类指导、分层推进、分步实施，向基层放权赋能，减轻基层负担。坚持共建共治共享，建设人人有责、人人尽责、人人享有的基层治理共同体。《意见》为基层治理提供了方向、原则、方法、技术、目标与实施步骤，是基层治理研究的政策依据。

百年接续奋斗，成就世界当惊。2021 年时值建党一百周年。百年沧海桑田，换了人间。中国共产党团结带领中国人民攻克一个又一个治理难题，中国人民在中华大地上全面建成了小康社会；从一百年前的一派衰败凋零的景象到今天一番欣欣向荣的气象，中国共产党向人民、向历史交出了一份优异的答卷。

行百里者半九十。在推进国家治理体系和治理能力现代化的进程中，我们应加紧研究新问题、新挑战，尤其是要研究基层治理中的难题。正是基于这一现实关怀，西南政法大学政治与公共管理学院将教师发表的相关论文结集成册，即这本《基层政府与社会治理研究》论文集，以飨读者。

本论文集是西南政法大学政治学学科及相关学科教研团队集体智慧的结晶。西南政法大学政治学学科是重庆市设立最早的政治学理论重点学科，40 多年来一直居重庆第一位次。1984 年，开始招收政治学理论方向硕士研究生，是国内该专业最早招生的院校之一。作为国内最早开展法政治学研究的院校之一，西南政法大学于 2008 年依托法学理论自主设置法政治学博士方向。2010 年，成为政治学一级学科硕士学位授权点，2011 年、2017 年、2021 年获批重庆市一级重点学科。西南政法大学政治学学科发起成立重庆市政治学会，系会长和秘书处所在单位；有 3 个省部级研究基地，参与1个国家级基地建设。2019年，政治学与行政学专业入选首批国家级一流本科专业建设点，是重庆市政治学类唯一入选专业。

政治学学科依托政治学、公共管理学、社会学等多个专系所，打通学科壁垒，实现优势互补，持续致力于基层社会治理实践研究，形成了基层社会治理跨学科的研究特色。

本论文集收集了2015年以来发表在CSSCI来源期刊的14篇论文，主要涉及基层政府变革与社会治理，论文选取的标准是能体现学科理论前沿、追踪基层社会治理热点、与议题相关联且成体系的文章。系统性是本论文集的特色，虽然每篇论文均是独立成文且发表时间各异，但在汇编过程中我们特别注意论文间的关联性，尽力使每个专题内的论文在研究议题上层次递进而无违和感。14篇论文分属制度研究、政策研究、实践探索三个专题。

制度研究专题，侧重基层治理制度体系的研究。本专题先从梳理地方政府的价值治理入手，指出我国地方政府的价值治理任务经历了从“团结目标”到“利益目标”，并迈向“综合目标”的渐变过程。在此基础上，入选学术论文重点关注了我国基层政府管理体制、居民自治、基层法治等方面，以考察当下我国基层社会治理过程中政府体制、社会治理体制变革情况，相对全面地深描当下基层社会治理的制度体系。

政策研究专题，我们主张在基层社会治理过程中既要注重政策的“术”，也要强调政策的“道”。实现此目的，需要链接政治学、社会学与公共管理学，建构连续的社会科学知识图谱。入选论文从国家政策与地方规则互动入手，探讨地方诉求如何上达中央以及中央如何纠偏以推动地方落实政策。政策具有的规范价值与导向功能一方面要求政策有效吸纳居民诉求，积极构建共治格局；另一方面激励基层政府积极探索有效的治理工具，整治形式主义问题。据此，我们在本专题挑选5篇相关论文，以推动大家对相关问题的讨论。

实践探索专题以民众政治态度和行为为出发点，着力探索现实治理的具体走向。设置实践探索专题的理论探求在于，无论是制度构建还是政策落地，都需要契合中国社会的政治文化；而对于政治文化来说，民众的政治态度和行为是政府决策与政策执行的基础。事实上，基层社会治理往往与现实的人打交道，因此，了解民众所思所想所为，对于基层社会治理尤为重要。本专题所选的5篇论文均属于民众的政治态度与行为研究，涉及权益保护、治理评价、发展意愿等方面。

当然，由于作者和编者的水平有限，兼且所选论文未能充分呈现学界相关文献，不免有“遗珠”之憾，在此希望读者指出本论文集的问题所在，鞭策我们继续努力！

目 录

第一编 制度研究

第二编 政策研究

第三编 实践探索

第一编

制度研究

地方政府的价值治理及其制度效能*

周尚君

摘要：凝聚共同的理想信念、价值理念、道德观念是我国国家制度和国家治理体系的显著优势。目前，对地方政府行为动因的既有解释，以"利益—权力"的技术分析代替了对制度的价值研究，无法有效说明地方政府的超经济行为逻辑，难以揭示中国共产党领导下国家治理绩效背后的深层机理和治理体系中的制度伦理。在组织结构上，党政结构中的地方政府、国家行政内的地方行政、中心工作下的价值评价导向，为地方政府的价值治理提供了坚强的组织制度依托。引入历史维度可以发现，地方政府的价值治理任务经历了从"团结目标"到"利益目标"，并迈向"综合目标"的渐变过程。地方政府增长激励是价值目标引领的结果，它将在目标调适中实现优化和转型。面对瞬息万变的风险治理格局，地方政府不仅亟须科学技术赋能，更需进一步优化价值动员机制，从增强组织内聚力出发，在价值目标吸纳、价值治理运作和价值协调反馈等方面加快实现制度升级，实现价值、制度、技术三个层面的治理能力的强化。随着"综合目标"的不断丰富，地方政府将随之调适价值目标内涵，在价值吸纳和整合中提升价值体系的社会适应性，从而进一步集聚起价值治理的强大力量和可持续发展能力。

关键词：价值治理　组织结构　制度伦理　制度化

---

* 原文发表于《中国社会科学》2021 年第 5 期，收入本书时有修改。

基金项目：本文为国家社会科学基金专项重大项目"社会主义核心价值观融入基层社会治理研究"（项目编号：17VHJ006）阶段性成果。

作者简介：周尚君，西南政法大学教授，博士生导师。

一 问题的提出

改革开放以来，随着组织人事制度“下管一级”（1983年）和“分税制”改革（1994年）的全面推行，地方政府在国防、外交以外的农林水、科教文卫、环境保护、城乡统筹等公共事务中发挥着越来越重要的作用。在改革发展的进程中，地方政府强调采取一种主导型增长方式（government-led growth），地方政府间产生了广泛而深刻的增长竞争。可以说，地方政府的积极主动行为促进了经济持续高速增长的“中国奇迹”[①] 的发生，为创造“世所罕见的经济快速发展奇迹和社会长期稳定奇迹”[②] 贡献了应有力量。有学者将这种力量的发挥解释为掌握了“土地使用权”的县所展开的有效的“县际竞争”[③]；有学者以“发展型政府”模型解释地方政府行为的自主逻辑，即政府具有发展“自主性”（state autonomy）及极强的资源动员能力。[④] 无论何种解释，关于地方政府积极行为显著促进了中国经济增长，以及这种行为所体现出来的利益驱动逻辑，学者们并无根本分歧。然而，经济竞争视野下分权激励的既有解释，有意无意地以“利益—权力”的技术分析替代了“真正的社会研究”，“行动的目的是追求权力和利益的最大化”[⑤]

---

① 林毅夫等：《中国的奇迹：发展战略与经济改革》，上海三联书店，1994，“序”第3页；Paul Krugman, “The Myth of Asia's Miracle”, *Foreign Affairs* 73（1994）：62－79。

② 《中共中央关于坚持和完善中国特色社会主义制度、推进国家治理体系和治理能力现代化若干重大问题的决定》，人民出版社，2019，第2页。

③ 张五常：《经济解释》，中信出版社，2015，第943页。

④ 早在1982年，美国学者查默斯·约翰逊就提出了“发展型政府”（development state）模型，这种政府具备经济民族主义、可授权的和强能力的官僚政治体系、银行融资、公私合作等特征。随后，爱丽丝·阿姆斯登和罗伯特·韦德先后出版了《亚洲新巨人：南韩与后发工业化》和《驾驭市场：经济理论与东亚工业化中政府的作用》两本专著，通过分析韩国和中国台湾地区的案例，论证政府在市场机制之外助推经济发展的重要意义。1995年，“新国家主义”发起人彼得·埃文斯出版了《嵌入型自主性：国家与工业转型》一书，提出政府的制度行为特征不仅仅在于威权自主性，还在于通过制度化通道将政府发展战略渗透到社会和企业组织中，实现“嵌入型自主性”（embedded autonomy）。参见Chalmers Johnson, *The Rise of Developmental State MITI and the Japanese Miracle: The Growth of Industrial Policy, 1925－1975*, Stanford: Stanford University Press, 1982; Peter Evans, *Embedded Autonomy, States and Industrial Transformation*, Princeton: Princeton University Press, 1995；宋晓梧主编《地方政府公司化研究》，中国财富出版社，2014，第5页。

⑤ 周飞舟：《行动伦理与“关系社会”——社会学中国化的路径》，《社会学研究》2018年第1期。

的理性人假设，无法有效回应中国治理绩效背后独特的深层机理。诸如，地方各级政府在脱贫攻坚过程中的积极行动，包括资源的调动、激发的联动效应、产生的深远影响，都远远超越了利益驱动的经济范畴和分权解释框架。

人类活动蕴含着显著的价值追求，无论是个体行为还是集体行为。对于集体行为而言，行为的价值内容、价值取向和价值目标是实现"集体行动的有机整合"的必要条件。① 地方政府行为具有复杂的经济、政治和社会动因，甚至包含官员个人动机，但这些行为都普遍关涉一个重要因变量，即制度本身内蕴的"伦理追求、道德原则和价值判断"的支配作用。② 国家制度和国家治理结构如何对地方政府行为施加压力，地方政府如何接受"条块关系"中的任务安排，以及以何种形式开展社会治理，都与落实制度伦理中的价值诉求密切相关。③ 任何政治制度都具有"结构"和"道德"两个范畴。从权力关系及其收放过程解释政治制度，仅完成了"权力结构"范畴的解释；唯有把它和"或抽象的、或实体的、或理想的"某些价值标准联系起来，把价值观生产、价值整合和吸纳的过程发掘出来，才有可能完整解释政治制度的运行过程。④ 而所谓"价值治理"，简言之，即"通过价值实现治理"，作为一个组织学概念，在国家治理中，它是指政府作为治理主体，通过价值观生产和价值动员整合机制，对包括政府自身在内的组织、市场、社会实施的一种公共治理行为，它既包括对政府自身的组织结构、行政程序、伦理规范等运行价值体制的优化，又涉及对国家与社会、政府与市场、集体与个人之间伦理关系的制度性调整。与相对刚性的"硬治理"结构和制度安排相比，价值治理强调从强制性向共识性理念的转变，在供给产品、治理主体、行为方式上倾向于一种精神的、无形的、柔性的"软治理"。⑤

当前，中国经济正由高速增长转向高质量发展阶段，地方政府的发展目标正处于从增长驱动迈向高品质生活塑造的关键时期。与此同时，传统

① 张康之：《社会治理中的价值》，《国家行政学院学报》2003 年第 5 期。

② 方军：《制度伦理与制度创新》，《中国社会科学》1997 年第 3 期。

③ 陈柏峰：《党政体制如何塑造基层执法》，《法学研究》2017 年第 4 期。

④ 塞缪尔·P. 亨廷顿：《变化社会中的政治秩序》，王冠华等译，上海人民出版社，2008，第 19 页。

⑤ 何哲：《从硬治理到软治理：国家治理体系完善的一个趋势》，《行政管理改革》2019 年第 12 期。

的灾害风险、现代化进程中的社会风险与现代性生态风险交织叠加，地方政府直接面临各种风险考验和重大挑战。面对瞬息万变的风险治理格局，地方政府不仅亟须技术赋能，推进信息化、数字化、智能化的“技术治理”，更需从价值凝聚力角度加快实现治理体系升级，把政党、政府、社会的力量在“价值治理”框架内有效整合起来、释放出来。比如，在应急动员过程中，因应自然灾害、事故灾害、公共卫生、社会安全等事件，不仅需要建立集中领导、统一指挥的集中组织机制，快速反应、平衡调节的运行协调机制，逐级负责、监督有力的保障监督机制，更需以凝练共同价值追求为基础，充分调动政党、政府和社会成员的共同体意识与强烈的使命感，甚至激发组织成员的个人内心价值认同，在组织制度化层面实现最大限度地团结大众、凝聚意志、汇聚力量，实现价值、制度、技术的全面动员。反之，如果地方政府在治理过程中过于倚重技术治理而忽略价值治理，使价值观认同弱化、价值整合机制失效、价值吸纳端口受阻，不仅会造成组织僵化闭塞，更有可能造成整体性、系统性治理失灵。

党的十八大以来，习近平总书记在讲话中多次深刻阐明了坚定理想信念，以及树立正确的价值观对于国家治理的重要意义。在党的十九大报告中，习近平总书记再次要求：“解决好世界观、人生观、价值观这个‘总开关’问题，自觉做共产主义远大理想和中国特色社会主义共同理想的坚定信仰者和忠实实践者。”① 中国共产党带领中国人民取得巨大成功绝非偶然，分析其中的组织机制及其制度成因，并把这种显著的制度优势转化为国家治理效能，对于坚持加强中国共产党领导，完善和发展中国特色社会主义制度，推进国家治理体系和治理能力现代化具有十分重要的意义。鉴于此，本文尝试引入“我国政治生活中最为重要的常量，即中国共产党的执政地位和政治属性”②，从中国共产党引领下的组织价值观整合地方政府行为的角度，回应地方政府行为中除工具理性的经济竞争行为外，所广泛存在的一种超经济逻辑的价值目标选择行为，或者说是一种“价值治理”下具有强组织价值导向的制度动员行为。青木昌彦将制度看作“通过协调

① 《十九大以来重要文献选编》（上），中央文献出版社，2019，第44～45页。

② 王浦劬、汤彬：《当代中国治理的党政结构与功能机制分析》，《中国社会科学》2019年第9期。

人们的信念控制着参与人的行动决策规则"[①]，如果说中国地方政府的发展行为是一种"制度化"行为，那么具有引领、塑造和协调功能的价值观是如何产生、如何分配以及如何运行的？笔者长期关注地方政府行为的影响因素及其作用机制，在多地调研中，深感近年来地方政府对技术赋能的"技术治理"重视程度日益增加，而对"价值治理"的运作机理认知尚浅，对价值整合的运用明显力不从心。基于此，本文拟在组织结构上，解释组织机制如何为价值治理提供制度依托；在组织演进上，面对"团结目标""利益目标"向"综合目标"的变迁，地方政府如何实现自我调适，在价值观认同、价值整合的有效性，以及通过吸纳外部世界的新价值维系自身，为适应外部环境而进行内部调整等方面如何提升自身的制度韧性；在制度体系上，地方政府如何在价值目标吸纳、价值治理运作、价值协调反馈上提升自身的制度效能。

二　价值治理的组织结构

当前，中国地方政府在"条条块块"结构中呈现出"向上集中"与"向下扩展"双向结合的特征。与国外不少国家"块块"实、"条条"虚的结构不同，中国的"条条"和"块块"都分别通过自己的组织系统把中央的精神传达贯彻到地方和基层。在"条条"结构中，通过财政收益压力和官员晋升压力的治理政策，"条条"调控着国家治理的重要资源及其分配，实践中使地方"块块"结构处于不断调整之中，每一根"条条"都是中央手中约束地方的一根有力的线索。[②] 强有力的"条条"制约有利于贯彻自上而下的组织意志，实现使命型的信念伦理塑造。上级意志传递下来后，其目标、功能、利益都会在地方轻重缓急的评估中实现再生产和再配置，并层层传递扩展到基层和整个社会。这种权力分配与再分配的过程，既是中央政策及其目标向下实施的过程，又是地方政府主动吸纳、整合的过程；是中央施压的过程，也是地方释压的过程，而压力传导的过程也是价值传递的过程。

① 青木昌彦：《比较制度分析》，周黎安译，上海远东出版社，2001，第15页。

② 朱光磊：《当代中国政府过程》，天津人民出版社，2008，第270页。

（一）党政结构及其信念伦理

中国共产党的领导是中国特色社会主义最本质的特征。党的领导是通过一系列政治的、思想的和组织的建制与运作机制来实现的。[①] 通过党的思想建设、组织建设及其动员整合机制、纪律机制，党的组织伦理及其价值观嵌入和传递到地方各级政府的行为之中。其中，作为理想信念传递主渠道的思想建设包括三个相互关联和彼此支持的层面：一是“价值—信仰”层面，即关于生存意义和终极价值的关怀和主张；二是“认知—阐释”层面，即世界观、方法论以及在此基础上形成的关于必然规律的理论认识；三是“行动—策略”层面，即建立在特定价值观基础上的方法以及动员、指导和组织一定行为模式的过程。[②] 当前，为加强党的全面领导，深入推进党的建设新的伟大工程，中共中央提出了思想建党、理论强党、制度治党同向发力的重大战略，提出打扫思想灰尘，补足精神之“钙”，解决好世界观、人生观、价值观这个“总开关”问题，实现了对上述三个层面的全覆盖。中国共产党是“使命型政党”，而非西方政党制度下的“竞争型政党”或“利益型政党”。使命型政党的“使命”不是短期、即时性的，不是具体问题应激性推动的，不是基于单纯利益尤其是个体利益驱使的，而是在系统完备的世界观、人生观、价值观指导下，被共同体成员认为具有神圣性的，成员自身深深认同并为之奋斗、奉献乃至牺牲的具有某种超越性的价值使命。[③] 中国共产党的组织伦理及其理想信念自上而下深刻塑造了地方政府的行为逻辑。在结构内部，党的理想信念对各级组织和党员个人发挥作用；在结构外部，党作为整体影响和协调着围绕在其周围的机构组织、社会团体和个人，动员着各种社会力量。

从党的十一届三中全会尤其是中央实施地方财政分权以来，地方政府在中央规定的制度框架内展开了广泛而深刻的经济发展竞争和横向竞争。这种竞争一方面是市场化进程中地方政府的一种理性化经济行为，另一方面是在“以经济建设为中心”“发展是执政兴国第一要务”号召引领下的

---

① 周尚君：《党管政法：党与政法关系的演进》，《法学研究》2017 年第 1 期。

② 景跃进等主编《当代中国政府与政治》，中国人民大学出版社，2016，第 40 页。

③ 李海青：《使命型政党的治党逻辑——十九大全面从严治党的内在理路》，《经济社会体制比较》2018 年第 2 期。

一种价值追求，是“党在社会主义初级阶段的基本路线”下的一种价值引领和政治使命驱动的行为。地方政府的积极行为始终是在中央强有力领导下展开的，上下级之间表现为一种领导与被领导、服从与被服从的关系。[①]这种政治伦理及其价值嵌入的过程，同时也是一种组织制度化的过程。而制度化过程最重要的意义在于向组织输送当下任务技术要求之外的价值观。[②]组织通过一套特殊的价值观，获得一种人格结构、一种特殊身份；获得这种人格特征的组织维持行为，就不再是保持机器运转那样简单的工具性活动，而是转化为一种为保持一套强有力的价值体系而奋斗的行为。这种行为同时也对价值体系自身的长期有效性和可持续发展能力提出了新的任务。因此，党的组织制度化的重要目标就在于通过不断调适、吸纳新的价值目标，界定、确立和捍卫使命型政党的价值观。

地方各级政府，既是党的政策路线的执行者，也是思想建设的担当者。[③]党政结构保证了政治对行政的统领，通过思想、组织和纪律系统的制度化运作，党引领着价值治理的方向。在系统化的分级分类干部教育体系中，通过党的基本理论教育和党性教育，党引领地方各级政府自觉做共产主义远大理想和中国特色社会主义共同理想的坚定信仰者、忠实实践者。以提高政治素质、增强党性修养为目标的干部教育体系，使党的思想引领内化为地方政府所遵循的政治伦理。在地方政府绩效考核中，党通过考核监督实现党建行为在行政系统中的贯彻。党建往往在政府的综合绩效考核中占有极大比重，上级部门通过考核廉政、组织、宣传、统战、武装工作的完成情况，对党政主要负责人、班子成员落实主体责任、纪律责任、学习教育责任等课以极为严格的追责机制，而地方政府负责人对党建实绩考核也往往保持高度谨慎。

（二）层级体系及其价值传递

当代中国的地方政府，是中央设立于地方并代表中央政府管理地方的组织机构。这就意味着地方政府的设置是在国家整体视野之下展开的，它

---

① 程臻宇：《中国地方政府竞争研究》，山东大学出版社，2011，第39～40页。

② Philip Selznick, *TVA and the Grass Roots: A Study in the Sociology of Formal Organization*, QUIDPRO, LLC, 2011, p. 244.

③ 陈柏峰：《党政体制如何塑造基层执法》，《法学研究》2017年第4期。

首先是一种立足于中央政府有效治理的制度安排。就传统中国地方制度而言，中国从来没有形成类似于西方民族国家框架下的地方自治政府，也并非各独立板块的集合体，“整个国家不是由某种事先存在的部分或区域构成的，更不是各种事先存在的部分拼合的产物，它本身就是一个整体”。[①]同时也意味着，为了实现中央政府的有效统辖和治理，地方政府的设置必然带有多层级属性。[②]当代中国的地方政府构成了由多个层级政府所组成的国家行政统一体。

新中国成立初期，地方政府由大区、省、专区（设专员公署作为省派出机关，实际上具有一级政府职权）、县、区（设区公所作为县派出机关，或设区政府）、乡六级政府所构成，此外，还设有中央直辖市、大行政区辖市、省辖市。过多的政府层级在对行政效率产生消极影响的同时，也极大地制约了国家治理中的价值传递效能。1982 年宪法和地方组织法在规范层面对省（省、自治区、直辖市）、县（县、自治县、市辖区、旗、自治旗）、乡镇（乡、镇、民族乡）三级政府作出明确规定，但实践中地方政府还包括地市级政府，主要有地级市、自治州、地区、盟。因此，当代中国地方政府呈现四级纵向政府结构。

纵向政府结构虽具多层级属性，但“上级引领下级”的行政责任制设置为政府系统内的价值传递提供了有力保障。根据地方组织法的规定：“地方各级人民政府对本级人民代表大会和上一级国家行政机关负责并报告工作。”“全国地方各级人民政府都是国务院统一领导下的国家行政机关，都服从国务院。”这包含两重关系：一是地方各级政府既对同级人大负责，又对上一级政府负责；二是地方各级政府都统一接受中央政府的领导。前者是层级结构的“下管一级”组织体制，后者则属于解除了层级界限的统一领导体制，这保证了政府内价值传递的纵向畅通。至关重要的是，中国共产党在各级行政区域都建立了地方党委或党的工作委员会，在地方政府及各厅（局）、各人民团体、重要经济组织和文化组织，以及其他非党系统的领导机关均设立了“党组”。同级党委与同级人大常委会党组、“一府一委两院”党组、人民政协党组，是领导与被领导的关系，以

---

① 周平主编《当代中国地方政府与政治》，北京大学出版社，2015，第 18 页。

② 周尚君：《中国立法体制的组织生成与制度逻辑》，《学术月刊》2020 年第 11 期。

党组作为纽带机制，实现了党的系统与政府系统的有机整合，也确保了党的价值伦理向政府系统的制度性传递和有力贯彻。

（三）发展职能及其评价导向

财政收入是政府履行职能、实施公共政策和提供公共物品与服务不可或缺的基本物质保障，同时也是地方政府发展实绩的重要评价指标。分税制实施以来，由于地方政府的财政支出与其创造的收入紧密挂钩，地方政府面临较强的实现地方经济繁荣的财政激励。① 财政收入不仅影响地方政府日常运转，更重要的是在经济社会发展实绩考核中影响领导干部工作政绩考核，对政治评价产生影响。也就是说，地方政府在分税制条件下有基础去实现财政能力的提升，而地方事权扩充、政治绩效评价又迫使其最大限度去实现这种提升。周黎安曾以“政治锦标赛”来解释地方政府追求财政收入最大化的微观基础。在晋升竞赛中，优胜者将获得提拔，而竞争优胜的标准由上级政府提供，其中就包括财政收入增长率。② 一般而言，在层层下解的考核指标中，GDP 增量及增长率、辖区内工商税收增量及增长率、社会消费品零售总额及增长率、文化产业和旅游业增加值及增长率、实际利用内外资总额及增长率、进出口增量及增长率等都会位列其中，这些指标的完成与财政收入的增长有内在联系。

地方政府追求经济规模增长遵循着独特的中心工作的价值评价逻辑。经济学界很早就注意到中国独特的政治经济关系，并解释地方政府官员如何开展“围绕着经济增长的政治竞争”。在中央政府经济增长目标确立后，省级政府会主动提出超过中央增长目标的更高目标，市级政府会进一步提出更高增长目标，以此类推。这种现象的出现与我国“层层发包”的行政体制存在一定联系，但探究这种行为背后的价值评价逻辑，在组织机制上可解释为“层层动员”机制的运作结果，而从官员个体角度则可发现，对干部的价值评价机制及其塑造的价值认知发挥了独特而重要的作用。对于地方政府而言，完成中心工作是一种政治责任和社会主义的制度伦理要

---

① Hehui Jin, Yingyi Qian & Barry R. Weingast, “Regional Decentralization and Fiscal Incentives: Federalism, Chinese Style,” *Journal of Public Economics* 89 (2005): 1719 - 1742.

② 周黎安：《转型中的地方政府：官员激励与治理》，格致出版社、上海人民出版社，2017，第 162 页。

求，是其政治坚定性的重要标志。1951 年 5 月，刘少奇在第一次全国宣传工作会议上明确提出“中心工作”的概念，并认为“我们党所领导进行的每一项中心工作和实际工作，都是有政治意义的”。[①] 中心工作的评价机制开始形成和不断延伸。中心工作与常规工作的区别在于，中心工作往往匹配了一套自上而下的目标任务、相对集中的资源优势和层层分解的考核指标体系。与中心工作相伴随的是围绕各种任务而展开的对基层政府的检查考核，以及基层政府对这些检查考核的积极应对。[②] 常规工作一旦上升为中心工作，即产生极强的资源聚集和动员效应。而中心工作的落实情况，对地方政府官员的评价具有重要意义。

综上，在组织结构上所形成的信念伦理塑造机制、层级体系中的价值传递机制以及中心工作下的价值评价机制，使地方政府的价值治理在一种组织化的制度框架内运作。当然，价值治理的作用发挥高度依赖于价值体系面对社会时所展示出来的强大社会整合能力。诚如马克思所言：“理论只要说服人，就能掌握群众；而理论只要彻底，就能说服人。”[③] 要让价值体系能“说服人”，就必须确保价值体系自身的适应性和包容性，促使其在时代变迁的动态结构中始终保持旺盛的生命力。当然，静态的组织结构及其制度化解释不能完全展现该结构的效能释放机制，唯有引入动态的变迁视角，才能在价值目标的竞争格局中发掘出价值治理及其制度效能的历史条件与现实制约。

三　价值治理的组织演进：一个时间维度的分析框架

阿尔蒙德和韦巴曾开创性地提出了政治价值变迁的实证研究进路。他们提出，政治价值与组织结构之间是相互关联、相互依赖和相互作用的，政治价值既被视为一个自变量，也被视为一个因变量，因为它既能产生影响又被影响。信仰、感觉、价值观既是政治制度的衍生物，又是政治制度

---

① 刘少奇：《党在宣传战线上的任务》，载《刘少奇选集》（下卷），人民出版社，1985，第 86 页。

② 狄金华：《通过运动进行治理：乡镇基层政权的治理策略——对中国中部地区麦乡“植树造林”中心工作的个案研究》，《社会》2010 年第 3 期。

③ 《马克思恩格斯选集》第 1 卷，人民出版社，2012，第 9 ~ 10 页。

的起因。[①] 这意味着，在寻找价值治理的组织结构的同时，必须充分发掘价值变迁与组织结构之间所发生的互动和相互作用的机制。

在管理学、公共政策学研究领域，关于企业、政府、学校的价值治理一直是研究重点。[②] 一般而言，价值治理的前提是价值观的共识性，即组织成员、上下游利益相关者等对组织价值观的认同程度。[③] 价值观生产过程就是团结大众、凝聚意志、汇聚力量的过程。价值整合机制的有效性是实现价值治理的根本保证。就如帕森斯所指出的，遵守制度性规范的基本动机在于这种规范所施加的道德权威。[④] 而道德权威有效施加的过程即价值整合发挥作用的过程。价值吸纳机制是确保价值治理可持续的重要基础。价值治理的生命力来自价值系统对外部世界的适应，即通过吸纳外部世界中的新价值维系自身，为适应外部环境而进行内部调整等。

地方政府作为联结中央与基层、国家与社会的中间阶段，在公共事务中往往发挥着承上启下、下情上达的枢纽作用。地方政府既是价值治理的实施者，又是价值治理的实施对象。一方面，当前我国地方政府所面对的社会结构已经发生深刻转型：国家与社会的关系调整；基层秩序中的“结构性力量”更替；意义世界面临巨大冲击，意义系统缺失、价值观紊乱现象时有表现，亟须政府有组织地弥补价值真空。另一方面，地方政府自身面对着信念伦理与利益权衡之间的张力，自身价值体系亟须巩固。在我国，中国共产党领导中国人民建立了中华人民共和国，担当起推动国家和社会政治运行与变革的引擎使命，统摄、规划、引领着社会的观念和行为。[⑤] 通过融通政党价值、政府价值、社会价值，党担负着政治价值观生产者的重要使命。而地方政府则在价值整合、吸纳机制中居于关键位置。为深入解释地方政府的生产、整合、吸纳的价值行为，下面本文从时间维

① 罗伯特·E. 戈定主编《牛津政治行为研究手册》（上），王浦劬主译，人民出版社，2018，第 285 页。

② 刘鑫、杨东涛：《企业价值观管理体系的构建及其作用机制——基于 A. O. 史密斯公司的案例研究》，《管理学报》2015 年第 9 期；龙宝新：《论学校价值治理的理念与路径》，《教育学报》2018 年第 1 期。

③ 栾贞增、杨东涛：《无边界价值观管理——基于 A. O. 史密斯公司的案例研究》，《中国工业经济》2015 年第 2 期。

④ Talcott Parsons, “Prolegomena to a Theory of Social Institutions,” *American Sociological Review* 55 (1990): 326.

⑤ 景跃进等主编《当代中国政府与政治》，中国人民大学出版社，2016，第 14 页。

度和结构变迁角度分析地方政府行为中价值观的理念形态（生产机制）变迁、整合机制变迁、吸纳机制变迁，从而在“时间伸展”[①] 中探寻地方政府行为的价值治理机制。

（一）价值观生产机制

以组织学的“团结目标”与“利益目标”二分视角来观察中国地方政府行为的价值观变迁，中国地方政府的观念体系经历了从“团结目标”到“利益目标”，并突破二分视角迈向“综合目标”的过程（见表1）。“团结目标”是基于“共同体”理想形成的组织价值。[②] “利益目标”是基于利益驱动，以经济行为激励而形成的组织价值。“综合目标”则并非基于任何单一价值，而是为满足社会需求的多样性建立起来的综合价值目标。从经济行为角度审视，新中国成立以后很长一段时间，在经济革命、政治革命、思想革命、技术革命的发展进程中，地方政府的经济行为被整合进革命行为之中，成为革命伦理的一种表现形式。直至后来提出“抓革命促生产”，将革命与生产视为一体化的政治行为。因此，可以说，当时的价值观生产机制高度依赖于“巩固人民政权”的“显性价值观”[③]，这种价值观是在革命伦理行为中直接呈现出来的、反映该行为明确区别于其他行为的一种价值形态。而地方政府行为被吸纳进政治伦理行为之中，成为集体政治行为的一部分。

表 1　价值治理的三阶段模型

第一阶段	第二阶段	第三阶段
团结目标	利益目标	综合目标
革命体系模型	改革体系模型	综合体系模型
显性价值观	隐性价值观	包容价值观
集体性激励	选择性激励	引导性激励
政府行为政治化	政府行为专业化	政府行为综合化

① 周雪光：《寻找中国国家治理的历史线索》，《中国社会科学》2019 年第 1 期。

② 安格鲁·帕尼比昂科：《政党：组织与权力》，周建勇译，上海人民出版社，2013，第 16 页。

③ 与之相应，“隐性价值观”则表明该行为的目的并不直接呈现出来，而是隐含在行为之中，作为“显性价值观”的一种补充或者相反状态而存在。

续表

第一阶段	第二阶段	第三阶段
团结目标	利益目标	综合目标
策略：主导	策略：适应	策略：调适

注：帕尼比昂科设计了组织演化的三阶段理想模型：起源Ⅰ、制度化Ⅱ、成熟Ⅲ。他将团结体系到利益体系的中间阶段拟定为制度化过程，认为利益体系与团结体系是相互对立的两个体系。虽然他的模型与我国的组织演化实际情况并不一致，但对本文价值治理三阶段模型的构建产生了重要启发。需要特别指出的是，三阶段模型是一种理想类型（ideal type）划分，它不是对经验的直接描述，而是为了社会科学分析而确立的理想概念或分析原则。关于组织演化三阶段理想模型可参见安格鲁·帕尼比昂科《政党：组织与权力》，周建勇译，上海人民出版社，2013，第18页。

在“团结目标”中，价值生产过程是自上而下展开的。党引领着有关经济行为是否有价值、有何种价值以及如何传播并强化这种价值的一整套价值生产机制。而且，贯穿始终的是作为显性价值观的革命信念伦理。党从诞生之日起就伴随着挽救民族危亡、实现国家独立的历史重任。在1949年3月党的七届二中全会上，毛泽东宣布“党的工作重心由乡村移到了城市”。[①] 党的七届二中全会着重讨论了城市工作必须以生产建设为中心，规定了党在全国胜利以后，在政治、经济、外交方面应当采取的基本政策，以及使中国由农业国转变为工业国、由新民主主义社会转变为社会主义社会的总任务和主要途径。城市管理和生产建设随即上升为党的工作重心。从经济行为角度看，1958年中央开始第一次大规模向地方政府放权。中央直管的1165个企事业单位下放885个，计划决策权、基本建设项目审批权、物质分配权、财权和税收权、劳动人事管理权、信贷管理权等一律下放，及至1959年3月开始又陆续上收，后历经1965年、1969年、1970年多次“放权—收权”。[②] 地方政府的权力收放，一定程度上是当时实行的高度集中的计划经济体制的结果，同时也体现了经济行为背后起主导作用的政治价值目标。

党的十一届三中全会以后，地方政府逐渐进入促进经济增长的高度活跃期。随着计划经济体制的全方位改革，1980年1月中央正式提出“以经济建设为中心”，使价值目标回到“实现四个现代化”上来。这既意味着党的工作重心的转移，也意味着政府价值治理方位的重新调整。1982年宪

① 《毛泽东选集》第4卷，人民出版社，1991，第1427页。

② 周黎安：《转型中的地方政府：官员激励与治理》，格致出版社、上海人民出版社，2017，第79~81页。

法赋予地方在行政管理、立法权限、干部人事等方面的职权，为地方政府的积极行为提供了宪法基础。从 1988 年开始，中央允许地方设立开发区。截至 2019 年 1 月，共设立国家级新区 19 个，自贸试验区 11 个，国家级经济技术开发区 219 个，国家级高新技术产业开发区 156 个，国家综合配套改革试验区 12 个，国家级金融综合改革试验区 5 个，海关特殊监管区域 135 个，省、自治区、直辖市批准设立的开发区 1991 个。地方政府角色由此发生了深刻变化，从计划经济时代革命伦理中“团结目标”的维护者和传递者，转变为社会主义市场经济条件下“利益目标”的生产者和落实者。党的十八大以后，这种关系持续发生重要转型，中国步入由“富起来”到“强起来”的发展阶段。党的十九大明确提出，我国社会主要矛盾已经转化为人民日益增长的美好生活需要和不平衡不充分的发展之间的矛盾，人民群众对民主、法治、公平、正义、安全、环境等方面的要求日益增长。地方政府的价值治理围绕“综合目标”而形成综合模型，价值体系也更加强调整体性、系统性和价值引领力。

（二）价值整合机制

实现价值观的有效整合是价值治理的主要目标。从制度分析视角看，没有任何一种制度是单纯可以依靠物质性或工具性力量支撑起来的，一套足够强大的价值道德规范是推动制度运作的核心引擎。制度通过整合人们的信念影响着参与人的行动决策规则，“在多种可能性（即多重均衡）中，共有信念引导着参与人朝某一特定的方向行动”。[①] 涂尔干在研究社会制度与自杀关系时认为，利己型自杀是社会整合缺乏的表现，利他型自杀是社会整合过度的表现，失范型自杀是集体道德缺失和社会危机出现的先兆。他认为“集体生活并非产生于个人生活，相反，个人生活是从集体生活里产生出来的”。[②] 也就是说，整合是社会运行不可避免的重要过程，而整合缺乏或整合过度都可能破坏社会的有序运行。实现适度有效的价值整合，归根结底主要依赖价值观的社会意识契合度以及国家对社会的治理方式和动员能力。

新中国成立以后，民众主要依托于“单位”而高度依赖于地方政府。

---

① 青木昌彦：《比较制度分析》，周黎安译，上海远东出版社，2001，第 15 页。

② 埃米尔·涂尔干：《社会分工论》，渠东译，生活·读书·新知三联书店，2000，第 236 页。

也就是说，价值整合的主要载体是“单位”，然后才是地方政府。大量新的公权力组织、企事业组织、农业生产组织及群众组织建立起来，人民被分配、安排、组织到行政、事业或生产单位里，人们被这些“单位”组织起来从事生产活动。[①] 将每个公民纳入某一单位，社会结构从传统中国以“地方士绅”为整合中心的治理秩序转化成为“政府—单位—个人”三层结构，“单位”成为地方政府的“代理人”，成为连接社会成员与现代国家的中间环节。[②] 地方政府公共行政的主要对象并非个体而是集体，其中至关重要的是单位。单位既是政策传递者和执行者，同时也是公民行为对接政策的缓冲器。同时，单位还成了公民个人的身份象征。对地方政府而言，其可以把过去“编户齐民”的“户治”经验转换成单位制治理机制，将单位作为价值整合机制的重要媒介，将单位内的道德空间作为价值观传递的重要场域，作为奖励（如“先进集体”）和惩罚（如“单位犯罪”）的主要对象，从而实现政府和社会的有机联结与有效整合。

20 世纪 90 年代中期以后，“单位”的社会治理职能收缩，其中多数职能被地方政府所吸纳。随着社会流动的广泛出现，通过“单位”通道连接公共制度的个体数量急剧减少，不少人的“组织身份”消失。如果社会矛盾找不到有效解决途径，其便会将矛头指向地方政府尤其是基层政府，进而引发了近年来地方政府价值治理上的困难。[③] 市场化改革后的单位制变迁使得国家主导的“大公共性”与单位维持的“小公共性”之间的同构关系被打破，基于单位自身利益的“自主型公共性”成为局部消解“大公共性”的力量。[④] 但是，“单位制”解体后，民众的“单位制”价值思维并未随之消失，尤其是在曾经拥有优势单位“组织身份”的人们心中，“单位”从未真正消失，只不过这部分职能被地方政府所吸纳，尤其是被基层政府和基层群众组织所承接。地方政府尤其是基层政府在社会治理中花费大量精力“做工作”，尤其是“做思想工作”。[⑤] 地方政府实际上担当起了

① 张静：《通道变迁：个体与公共组织的关联》，《学海》2015 年第 1 期。

② 李路路：《“单位制”的变迁与研究》，《吉林大学社会科学学报》2013 年第 1 期；张静：《公众怎样依靠公共制度？》，《吉林大学社会科学学报》2013 年第 1 期。

③ 张静：《中国基层社会治理为何失效？》，《文化纵横》2016 年第 5 期。

④ 田毅鹏、刘博：《单位社会背景下公共性结构的形成及转换》，《山东社会科学》2016 年第 6 期。

⑤ 谭力：《“做工作”：策略型乡村治理的逻辑与局限》，《法律和政治科学》2019 年第 1 期。

大小公共性的绝大多数职责，直接承担着价值治理重任和具体工作职责。[①]

随着价值整合载体的变化，地方政府的整合目标也发生了变化。新中国成立之初，地方政府的行为目标在于维系和巩固“团结目标”，从而实现新生政权巩固的核心利益，构建起以共同体意志为基础的革命体系。围绕显性的革命价值观，地方政府在集体主义基础上，在实践中推动了一种道德政治化运作技术的产生。改革开放以后，人们的日常生产生活逐步脱离了以往的集体主义，与社会主义市场经济融为一体。地方政府尤其是基层政府就必须面临相应的治理结构转型以适应新的社会变化。个体自利性目标不断显现，对地方政府价值治理的威信和能力产生了一定影响。这是当前地方政府价值治理所面临的主要困难，从这种困难出发，地方政府除了尽快适应自身作为价值整合主体的角色之外，还需建立起有效的社会价值吸纳机制。

（三）价值吸纳机制

从社会空间看，组织与个体是社会结构中的基本元素。现代组织理论对个体与集体的关系高度关注。自由主义学说将个体视作集体的目的，个体置于集体之上，集体为个体服务，个体的同意是组织合法性的来源。社会主义理论并不承认“原子式”个体的存在，“人民”而非“个人”才是创造世界历史的动力。而人民内部矛盾并非对抗性矛盾，它要求的是分清是非，不同于分清敌我。在处理方法上，人民内部矛盾以民主方法解决，从而确立了“人民—民主”和“敌人—专政”两类不同的“对内合作伦理”和“对外敌对伦理”。[②] 而与“人民”相比，“个体”往往与自利相伴

---

① 渠敬东等：《从总体支配到技术治理——基于中国30年改革经验的社会学分析》，《中国社会科学》2009年第6期。

② 关于“人民”，早在新中国成立前夕，周恩来在《人民政协共同纲领草案的特点》的报告中就作出了这样的界分：“有一个定义须要说明，就是‘人民’与‘国民’是有分别的。‘人民’是指工人阶级、农民阶级、小资产阶级、民族资产阶级，以及从反动阶级觉悟过来的某些爱国民主分子。而对官僚资产阶级在其财产被没收和地主阶级在其土地被分配以后，消极的是要严厉镇压他们中间的反动活动，积极的是更多地要强迫他们劳动，使他们改造成为新人。在改变以前，他们不属人民范围，但仍然是中国的一个国民，暂时不给他们享受人民的权利，却需要使他们遵守国民的义务。”周恩来：《人民政协共同纲领草案的特点》，载中共中央文献研究室编《建国以来重要文献选编》第1册，中央文献出版社，1992，第17页。

随。因此，自由主义价值观下个体倾向于直接表达利益，加入各类次级集体；而在集体主义价值观下，个体不会简单地加入或脱离次级集体，而是考虑更大的利益，使次级集体利益符合社会利益。这种内部合作伦理和集体主义的价值观在地方政府治理中产生了明显的制度化效应：个体高度融入集体。

改革开放以后，市场经济秩序重构了个体与集体的制度化关系，地方政府的价值治理开始直接面向个体。当然，无论是个体还是组织，甚至政府自身都必须首先面对市场。市场是一个集态度、信仰、制度于一身的复合体，是一个寓经济和技术于其中的大网络，其核心表征之一就是对财产权的态度，而财产权是具有私人化、个人性质的。市场经济伦理伴随着财产权观念的成熟而逐步形成，它是一种摄取的、理性的、非互嵌性的资本积累过程。[①] 这种伦理发挥了引擎作用，促使人们为了利润再投资，最终将一个国家逐渐引向经济富裕。

但社会主义市场经济伦理与资本主义市场经济伦理有着根本区别。社会主义市场经济具有价值合理性和政治理想的合目的性相统一的特征。地方政府经济行为中的规划行为、融资行为，乃至追求高增长行为形式上表现为一种市场利益追逐行为，但实质上却是在“以经济建设为中心”的“围绕中心、服务大局”观念引领下所展开的一种竞争行为，其行为更倾向于一种政治活动。而且进一步讲，地方政府行为不仅仅是一种政治激励下的晋升激励行为，更是信念伦理塑造下价值治理所催生的集体伦理行为。这种行为在价值吸纳上表现为个体与集体相结合、个人利益与公共利益相统一的双向复合特征，既尊重和保障个人利益，又确保公共利益得到根本维护。如我国宪法第 12 条规定，“社会主义的公共财产神圣不可侵犯”。第 13 条规定，“公民的合法的私有财产不受侵犯”。而对于地方政府而言，经济增长的高显示度在一定时期吻合于自上而下组织价值的观念认知，有利于实现组织的集体事业和理想。这也意味着，如果衡量尺度和价值目标从经济增长调整为其他价值导向，地方政府行为将随之深刻转型，这也正是中国国家治理体制适应力和调适性的重要表现。

---

① 清华大学国学研究院主编，艾伦・麦克法兰主讲《现代世界的诞生》，管可秾译，上海人民出版社，2013，第 57、59 页。

四 价值治理的制度效能

当前我国社会结构发生了深刻变革，行为观念、利益格局、社会关系也随之发生了巨大变化，构成社会秩序基础的结构性力量快速调整。费孝通将传统中国的乡土社会结构称为“差序格局”[①]，即由私人联系所构成的网络。这个网络中的每一个结都附着一种道德要素，传统道德里找不出一个笼统性的道德观念来，所有价值标准都不能超脱于差序的人伦而存在。然而，这个“捆绑在土地上的中国”（Earthbound China）显然已经不再捆绑在土地上，而是成为一个现代中国、市场化中国和结构性转轨的中国。当代中国地方政府的价值治理正是立足于社会结构变迁及其经验特征而展开的。治理者面对或处理矛盾、冲突、利益时所持的共同价值立场、价值态度和价值倾向，反映了政府的总体精神境界和价值行为方式。[②] 一方面，地方政府针对自身价值系统发生的深刻变革，亟待在政党价值、政府价值与社会价值之间建立起一种有效的制度性融通机制；另一方面，随着社会治理目标的复合化，地方政府针对社会所展开的价值治理需容纳更加多样化的价值目标，地方政府角色需更加多元，其制度效能必须建构在更大兼容性和适应性的基础上。

（一）价值目标的制度化生成

政府的价值目标是如何形成的？韦伯在考察新教伦理与资本主义的亲缘关系时，曾试图发掘政府的责任伦理，在他看来，“有效的（valid）并不都是合乎伦理的”[③]，“特定宗教信仰内容对一种经济心态”具有明显制约作用[④]，从而他发现了价值目标形成的宗教起源。相较于西方的宗教国家，中国自古以来就不是通过宗教力量来整合国家的，而是通过具有很强

① 费孝通：《乡土中国》，《费孝通全集》第6卷，内蒙古人民出版社，2009，第127页。

② 许欢、孟庆国：《大数据公共治理价值观：基于国家和行政层面的分析》，《南京社会科学》2017年第1期。

③ 施路赫特：《信念与责任——马克斯·韦伯论伦理》，李康译，载李猛编《韦伯：法律与价值》，上海人民出版社，2001，第252页。

④ 马克斯·韦伯：《新教伦理与资本主义精神》，康乐、简惠美译，广西师范大学出版社，2007，“前言”第13页。

社会根基与现实整合性的中国文化体系来实现整合的，“相对于构成民族国家的族群相对单一性来说，中国这样的文化国家的族群则是多元性的，因而其内在整合，除了国家权力与制度体系之外，更需要基于历史与文化所形成的文化整合力量”。[①] 但这并不是说中国历史和传统文化本身已经提供了强有力的社会整合力，而恰好是说我们需要从文化体系的创造性转化出发，吸纳足以支撑起国家治理体系和治理能力现代化的价值目标资源。其中，既包括马克思主义经典资源，又包括中华文化传统资源，还包括社会主义现代化建设所积累的经验及其社会化创新资源。地方政府价值目标的产生根植于与中国社会实际有机结合的中国特色社会主义之中。中国特色社会主义理论必须深度融合经典思想资源，有效融通中国的民族特征和具体的时代问题，在发展创新中实现历史性与时代性、理论性与实践性、思想性与操作性的有机统一。

马克思主义的实践品格，深刻塑造着地方政府价值治理的实践导向。价值目标和治理实践之间的关系因此并非单纯的自上而下指导甚至演绎关系，而是“价值引领下的地方实践”与“实践适应中的价值调适”的共同作用、相互支撑关系，这也意味着成功的价值治理同样也是不断创新的价值治理。

当前，地方政府的价值目标与治理实践之间应当建立一种制度化目标吸纳机制。一方面，要健全在价值目标吸纳上党组织与人民群众血肉联系的机制。中国共产党具有广泛的群众基础和政治基础，只有深深扎根人民、紧紧依靠人民，才能获得无穷的力量；“总揽全局、协调各方”使党的组织体系具有极强的信息获取能力和动员能力，党在各级行政区域都建立了自己的组织，为党的价值目标融入政府治理目标提供了稳定的制度保证，应进一步提炼和发挥这一制度优势。另一方面，要健全区域差异下社会价值的补强机制。我国是一个人口众多、幅员辽阔、区域差异明显的国家，地方政府价值目标既具有全国层面的一般性和共性，同时也具有显著的区域特色和地方性。因此，地方政府的价值治理须充分发挥其区域优势，有效整合和吸纳社会治理中的有益价值目标，顺应社会主要矛盾的转变，对社会生活中新价值目标的形成保持足够的转化应用能力，实现一种

① 林尚立：《当代中国政治：基础与发展》，中国大百科全书出版社，2017，第264页。

兼容性、综合性国家治理效能。

（二）价值塑造的制度化运行

地方政府自身价值的形成依靠一套系统化的学习宣教制度、推广普及制度以及监督考核制度。重视学习、善于学习是中国共产党的优良传统和内部治理经验。中国共产党很早就建立了关于理论学习的组织制度、指导制度、保障制度、监督激励制度，并积累了丰富经验。党政结构下地方政府价值理念的形成、价值导向的把握以及社会治理中的价值观主要根植于中国共产党的价值引领、统筹和融通中，从而实现党的价值理念与政府的行政体制的有机结合。理论学习中心组制度、主题教育制度、任前考试制度、岗前培训制度、警示教育制度等为地方政府价值理念的塑造提供了制度保障。通过系统化学习教育等，党的创新理论得以武装全党，并进而贯穿于地方政府的治理过程中。当前，系统化的学习宣教制度体系的建构，必须具备极强的信息吸纳能力和社会适应性，必须始终站在引领社会主义现代化建设的思想前沿，不断吸纳更新学习内容和理论层次，注重通过大数据、人工智能、信息科技等方式提升学习效能。另外，指标考核是将任务和压力层层传递的治理技术，在推进地方政府克服组织惰性、落实“中心工作”的过程中发挥了关键作用。[①] 而其中起到价值引领作用的党建考核指标往往在综合指标中占有极大比重，包括廉政工作、组织工作、宣传工作、统战工作、武装工作的完成情况，对党政主要负责人、班子成员落实主体责任、纪律责任、学习教育责任情况等课以极为严格的奖惩措施。指标考核制度已经逐渐成为地方政府落实“中心工作”的重要保障。当前，需在依法行政、法治政府建设框架下全面提升指标体系和考核制度的协调性、适应性和制度刚性，在依指标治理与依法治理之间实现价值目标上的协调平衡。

（三）价值协调的制度化反馈

地方政府的价值治理不仅作用于政府系统内部，更广泛作用于社会领

---

① 杨磊：《地方政府治理技术的实践过程及其制度逻辑——基于 E 县城镇建设推进过程的分析》，《中国行政管理》2018 年第 11 期。

域。因此制度反馈机制对于提升治理绩效不可或缺。社会不可能仅仅通过物质和工具性关系而被束缚，“他们在相互关系中追求和创造强有力的共同理念和意义”。[①] 社会自身所创造的意义体系对民众具有极强的凝聚性和影响力，而制度化反馈就是以畅达的政治机制、行政机制、舆论机制有效实现价值目标和价值塑造上与社会价值的协调。当代中国地方政府的价值反馈机制，首先需根植于实质正义的政府价值认知中，并在此基础上建立起对人民群众“获得感、幸福感、安全感”的制度化反馈。而且，“中国共产党对践行实质正义具有高度使命感，并且必然通过党政结构将这种思想特质和价值取向转化为政府的人民性和服务性等价值特质”。[②] 党政结构下地方政府对群众路线的工作方法和组织制度践行，有利于推进和落实这种实质正义的价值特质。同时，还须不断健全协商民主制度实现政党、政府与社会的大联合与大团结，在当前自主、多样和开放的社会体系中，探索建立有效融通政党价值、政府价值与社会价值的多层次、多样化的价值协调制度体系。

五　结论

价值治理是推进国家治理体系和治理能力现代化不可或缺的重要手段，是社会价值得以吸纳、整合和传播的主要方式。地方政府的组织体系及其信念伦理、层级结构及其价值传递、发展职能及其评价导向具有复杂的经济、政治和社会动因，甚至还包含官员个人认知因素，从系统性、整体性角度阐释地方政府价值治理的组织机制、组织演进以及制度效能，对于促进地方政府提升自身价值体系的制度韧性具有重要现实意义。在当前社会经济条件下，地方政府不可避免地成为国家与社会关系的“中介”。这也造就了地方政府独特的身份角色：一方面是“国家中的政府”，另一方面又是“社会中的政府”。作为“国家中的政府”，地方政府是党和国家权力的“条条块块”结构中的重要承接点。从纵向关系看，地方政府承接

① 乔尔·S. 米格代尔：《社会中的国家：国家与社会如何相互改变与相互构成》，李杨、郭一聪译，江苏人民出版社，2013，第 6 页。

② 王浦劬、汤彬：《当代中国治理的党政结构与功能机制分析》，《中国社会科学》2019 年第 9 期。

了上级政府的建设任务，承担同构性职责；从横向关系看，地方政府在同级党委的领导下，直接承担地方经济社会发展任务和公共行政事务。作为"社会中的政府"，地方政府尤其是基层政府深深嵌入到社会关系和基层组织体系中，在与社会组织和个人的互动中不断建构与被建构，其角色定位也被发明或重新发明。在社会主义市场经济条件下，随着"团结目标"向"利益目标"转型，并全面迈向"综合目标"，地方政府将更加呈现出多元复合的综合性甚至多维度政府形象。

价值观既能促进和调节政府与社会的治理行动，同时其自身也是被治理的内容。当前，社会公众的行为观念、利益格局、社会关系发生了巨大变化，构成社会秩序基础的传统结构性力量快速更替，尤其是基层政权的观念基础和组织体系深刻变化，地方政府的价值治理机制不得不作出相应调整。在价值目标吸纳上，如果端口闭塞滞后甚至脱离社会实际，将会对国家治理造成巨大的价值"贬值"风险；在价值治理运行上，无论是价值整合缺失，还是价值整合过度，都会阻碍国家治理效能的充分释放。当前，地方政府应更加重视探索建立具有强大社会适应性的价值吸纳机制，促进社会成员基于利益、价值观和情感而形成一种基于新型道德的"有机的社会团结"，加快构筑社会治理共同体，进一步强化党的思想建设的社会塑造能力，将党的领导切实转化为治理效能，从而增强制度的内生活力和可持续发展能力。

当然，价值治理作为国家治理的一种"软治理"形态，只有在与相应的治理制度密切协作的环境下才能发挥应有作用。而且，价值治理研究是对政治治理、经济治理、社会治理等各专门领域治理研究的有益补充，凸显的是文化研究的视角。不可否认的是，所有治理都包含治理意义的沉淀、结晶化和客观化过程，无论哪种治理制度的运作都无法回避价值治理维度。本文重回经典社会理论中的价值研究传统，从价值视角解释地方政府的行为逻辑，在"时间伸展"中动态地探寻价值治理的制度变迁，在制度效能上证实价值治理制度化的不足和完善路径，就是为了更好地发现"软治理"的制度伦理属性。但是，本文还未能发掘出制约价值治理作用机制的各种微观影响因素，也未能在个案中进行价值治理的经验呈现。所有这些，只能在进一步的研究中继续延展和丰富。

构建简约高效的基层管理体制：条块关系的视角*

周振超

摘要： 长期以来，会议多、文件多、留痕多、口号多、督查考核多、责任状泛滥、问责过度等形式主义问题困扰着基层政府，基层治理在一定程度上陷入了困境。深入考察中国基层管理体制的运作可以发现：条块关系是中国政府体制中基本的结构性关系，条块关系失衡导致的条块矛盾是基层治理之困的重要成因。构建简约高效的基层管理体制，夯实国家治理体系和治理能力基础需要理顺条块关系，加快形成分工合理、权责一致、运转高效、有法律保障的政府职责配置体系与运行机制，着力解决督查检查考核过多过滥、过度留痕的问题，完善问责机制等。

关键词： 基层管理体制　条块关系　条块矛盾　治理体系

一　引言

基层政府是党和政府联系群众的桥梁与纽带。“依据宪法规定，我国基层政权在农村指的是乡、民族乡、镇，在城市主要指的是区及其派出机构街道。”① 对中国这样一个超大规模的国家而言，如何实现良好的基层治理，既是历史难题又是现实挑战。如何通过基层政府管理体制创新实现政府权限的恰当定位、政府职能的不断优化、政府机构的有效运作，进而密

---

* 原文发表于《江苏社会科学》2019 年第 3 期，收入本书时有修改。

基金项目： 本文为 2017 年国家社会科学基金重大项目“中国政府职责体系建设研究”（项目编号：17 ZDA101）阶段性成果。

作者简介： 周振超，西南政法大学教授，博士生导师。

① 林尚立：《构建简约高效的基层管理体制》，《经济日报》2018 年 4 月 18 日。

切党群和干群关系、打通抓落实“最后一公里”，是长期以来困扰中国政府管理的一个重大问题。

党中央高度重视基层治理在国家治理体系和治理能力现代化中的基础性作用。党的十九届三中全会通过的《中共中央关于深化党和国家机构改革的决定》提出：“构建简约高效的基层管理体制。加强基层政权建设，夯实国家治理体系和治理能力的基础。……上级机关要优化对基层的领导方式，既允许‘一对多’，由一个基层机构承接多个上级机构的任务；也允许‘多对一’，由基层不同机构向同一个上级机构请示汇报。”

当前，受形式主义和官僚主义、工作作风和领导方式以及简单化理解属地管理和问责等因素的影响，以乡镇政府和街道办为代表的基层政府在运作中面临诸多困难，基层治理在一定程度上陷入了困境。其中，较为突出的现象是条块关系复杂、条块矛盾突出，基层政府负担重、压力大。习近平总书记指出：“过去常说‘上面千条线、下面一根针’，现在基层干部说‘上面千把锤、下面一根钉’，‘上面千把刀、下面一颗头’。这种状况必须改变！”①

面对新时代新任务提出的新要求，构建简约高效的基层管理体制的基本方向是什么？改革的内容有哪些？改革的路径怎样选择？这些是政府、理论界无法回避的问题。回答基层治理中为什么出现一系列问题这一问题，不能简单地归因于某些官员、政府部门的工作作风或方法，而应该探寻背后更深层的渊源机制。基于此，本文从条块关系的角度求解基层治理困境及出路，以期拓宽研究视野，进而提出构建简约高效的基层管理体制的对策建议，及时回应中央关心的重点问题、社会各界关注的焦点话题以及学术界研究的热点课题。

二 条块关系：基层管理体制中基本的结构性关系

条块关系是中国政府体制中基本的结构性关系，在各个不同的层次和领域深刻影响着政府过程的方方面面。长期以来，学界从条块关系的角度探讨“构建简约高效的基层管理体制”这一重大命题还缺乏专门的系统研

① 习近平：《努力造就一支忠诚干净担当的高素质干部队伍》，《求是》2019 年第 2 期。

究和理论回应。

“条条”“块块”“条块矛盾”“条块关系”等是一种形象的说法。“条条”，是指从中央政府延续到基层的各层级政府中职能相似或业务内容相同的职能部门。在基层治理中，“条条”是指上级政府的职能部门及其在基层政府中设立的垂直管理的下属机构，“块块”是指一级地方政府及其派出机构。从法理上看，街道办事处是城市政府的派出机构。事实上街道办在一定程度上承担着一级政府的职责。因此，街道办也可以被称为“块块”。若无特指，本文所研究的条块关系，主要包括市区县政府职能部门与乡镇政府的关系以及与街道办的关系两种类型。

（一）实行垂直管理的条条与基层政府的关系

在“上下对口、左右看齐”的机构设置模式下，市区县政府职能部门的设置与中央和省级政府大体相同。其中，税务、气象、地质、邮政、海关等机构实行垂直管理。当前改革的一个特点是垂直管理的普遍强化，不但垂直管理的条条数量在增加，而且一些双重管理的条条也加大了条条内部自上而下“统”的力度。

实行垂直管理的“条条”由上级“条条”直接管理本系统内的业务、人事任免、工资福利等工作。市区县政府对垂直管理的条条“看得见但管不着”，不能插手和干预条条业务范围内的事项，对它们也没有领导的权力。当垂直管理的“条条”遇到困难时，市区县政府要积极配合和支持垂直管理部门的工作。《中华人民共和国地方各级人民代表大会和地方各级人民政府组织法》第八十四条规定：省、自治区、直辖市、自治州、县、自治县、市、市辖区的人民政府应当协助设立在本行政区域内不属于自己管理的国家机关、企业、事业单位进行工作，并且监督它们遵守和执行法律和政策。

设在乡镇和街道的机构主要有乡镇政府与街道办的组成部门及上级“条条”的垂直管理部门两类。设在乡镇政府的垂直管理部门通常被形容为“七站八所”，随着改革的推进，一些地方的“七站八所”改为各种“中心”，由乡镇政府统筹管理。设在基层的垂直管理“条条”，较为典型的是派出所、国土所、统计站、税务所。这几个机构的工作任务、人员编制、工资福利等由上级职能部门负责，但是，其也要在一定程度上处理乡镇政府交办的事项。类似的机构还有供电、邮政、网信、金融、电信、食药监等部门。

可以说，实行垂直管理的“条条”与基层政府是一种相互支持的“伙伴型”关系：乡镇政府和街道办应当协助本行政区域内的垂直管理部门工作。实行垂直管理的“条条”，也要积极参与乡镇政府和街道办的工作。例如，乡镇政府开会的时候，“条条”会派人参加，但基层政府无法有效调度他们。

（二）实行双重领导的“条条”与基层政府的关系

除实行垂直管理的职能部门外，乡镇政府和街道办的绝大多数部门既受本级政府统一领导，又受上级政府主管部门的业务指导或者领导。一般而言，市区县政府职能部门与乡镇政府、街道办在行政级别上是一样的。差别在于，前者是政府部门，主管一个系统或行业；后者是一级地方政府，主管一个行政区域。从法律上说，二者没有行政隶属关系，只有协作关系，谁都不能向对方直接下命令。

市区县政府对乡镇政府和街道办的领导，相当程度上通过职能部门来实现。乡镇政府、街道办与上级职能部门搞好关系是其取得工作成绩的关键因素之一。

第一，市区县政府职能部门通过对乡镇政府和街道办中相对应办公室（中心）的领导或业务指导，影响乡镇政府和街道办的运作。《中华人民共和国地方各级人民代表大会和地方各级人民政府组织法》第八十三条规定：自治州、县、自治县、市、市辖区的人民政府的各工作部门受人民政府统一领导，并且按照法律或者行政法规的规定受上级人民政府主管部门的业务指导或者领导。乡镇政府和街道办的各个内设机构也受乡镇政府和街道办以及市、区、县职能部门的领导或业务指导，对于业务范围内发生的重大事务必须及时报告上级职能部门。

第二，市区县政府职能部门通过起草政策影响乡镇政府和街道办。市区县政府所制定的多数政策和政府领导的讲话一般是由其职能部门起草的，如果政策内容涉及几个部门，则成立由这些部门组成的联合起草小组。职能部门在政策制定上的相对“优势”地位，使它们在一定范围和程度上能够对乡镇政府与街道办的运作产生影响。乡镇政府和街道办必须遵守上级职能部门制定的政策规定和具体实施细则。“作为中国最基层一级党政首脑的乡党委书记，其实只是执行各条条下达的各项任务而已。若要发展地方经济，他们几乎没有什么真正的权力。或者说，义务多，权力少。”①

第三，市区县政府职能部门通过发通知、通报，或召开会议的方式直接与乡镇政府和街道办产生联系。乡镇政府和街道办经常就某项业务向上级职能部门请示或报告情况。对于不服从自己业务指导的乡镇政府和街道办，上级职能部门可以采取一定的手段强制其执行。上级职能部门手中掌握着资金、项目等物质性资源和达标评比权等非物质性资源。这些资源足以影响到乡镇政府和街道办负责人的前途以及地方的发展。在现行“压力型体制下”，当上级政府督促下级完成自己所布置的工作任务时，常常通过职能部门检查评比的办法进行。每项工作检查以后都要排名，排名的结果一般是前几名受表扬，后几名受批评。如果排名靠后，就会影响领导的政治前途，所以基层政府对各项检查都非常关注。尤其是对基层政府工作握有“一票否决”权的上级职能部门，基层政府更是轻易不敢得罪。

三　条块矛盾：当前基层治理中亟待解决的典型问题

一段时间以来，会议多、文件多、表格多、工作留痕多、口号多、督查考核多、责任状泛滥、问责泛化等问题困扰着基层政府。深入考察中国基层政府运作情况可以发现：条块关系失衡导致的条块矛盾是形成基层治理困局的重要因素。条块矛盾是中国基层管理体制中长期存在却一直未得到解决的深层次问题。近年来，这一矛盾又出现了许多值得关注的新现象、新特点和新趋势。

（一）权责失衡：“权大责小、权小责大”

目前的基层管理体制中，权责配置不尽合理，上级政府和“条条”“权大责小”，基层政府“权小责大”。一个普遍的现象是，乡镇政府和街道办有责无权，权力集中在市区县政府和“条条”手中，而多数责任却要

① 曹锦清：《黄河边的中国：一个学者对乡村社会的观察与思考》，上海文艺出版社，2000，第 94 页。

由基层政府承担。基层政府事多人少，要负责本行政区域内几乎所有的工作。相较于承担的职责，基层政府人手总体上数量不足，人员的专业性不够，真正能做事的干部数量有限。有时候，上级职能部门为方便自己工作，经常从乡镇政府和街道办借调一些工作能力强的干部，导致基层政府人手更加捉襟见肘，做事情时有心无力。

上级职能部门和基层政府权责不清。上级职能部门经常把本该自己完成的任务推给基层政府，但“下任务不下权”“下事情不下钱”。上级职能部门对基层政府的业务指导关系演变成了业务指导少、工作安排多。至于基层政府如何开展工作，来自上级职能部门的帮助少。基层政府的相应工作做好了，上级“条条”报成果；工作不到位，出了问题往往首先问责基层政府。基层政府面对行政区域内的一些治理难题缺乏执法权，也不能真正调动多个部门有效参与。基层政府面对条块分割的僵局、各自为战的困局无能为力。例如，在“中部某乡镇的一起环保事件中，分管环保的副镇长已第一时间向当地环保部门报告，但环保部门一直未进行处置。事件曝光后，这名副镇长还是被诫勉谈话，影响期半年。‘反正一有事，第一时间就是追基层干部的责’”。[①] 再比如，某个地方发生了安全事故，往往想到的就是追究当地基层政府的责任，这就是一种典型的不能分清条块责任的做法。条块职责不清给基层政府造成很大压力。基层政府多数时间忙于处理上级“条条”职责范围内的事项，无法充分行使自己应该履行的职责。

在“条条”上下连成一线的情况下，几乎每个上级职能部门在基层政府中都有自己的“腿”。基层政府的日常工作，相当一部分是在完成上级“条条”交办的任务。所谓基层政府的行动，在一定程度上变成了上级政府各部门的行动。正如基层干部所抱怨的那样，各“条条”把乡镇行政权分割得七零八落。例如，一些市区县的国土、安监部门把本属于自己的事情交给基层政府去做，自己则保留督查的权力。然而，乡镇政府和街道办缺乏足够的人手、技术、业务能力、执法权和处罚权，现实中，不得不在没有执法权的情况下替上级职能部门做事。正如某镇党委书记所说，所在乡镇条线上的环保、国土、住建、水务等职权现在都上收一级，原来乡镇七站八所实行双重管理，现在都收回“条条”上去了。“没有执法权怎么

① 徐海波：《基层干部有“五怕”，样样头疼》，《半月谈》2018 年第 16 期。

管理？想管也管不了，结果就是‘管而不理，想管没理’。”①

（二）职责失序：“上面千条线、下面一根针”

中国政府机构设置的重要特点是：政府层级越高，职能部门越专业化、职能部门公务员数量越多；政府层级越低，职能部门内部的分工越粗、职能部门公务员数量越少、专业化程度相应递减。在强调各层级政府机构“上下对口”、多数工作一竿子插到底的背景下，上级职能部门在下级政府几乎都有自己的“腿”。就基层政府而言，一个办公室甚至一个工作人员需要对口上面多个部门，一人多岗、身兼数职、一人多责的情况非常普遍。例如，镇街的经济发展办公室，对口市区县的发改委、商务委、农委、统计局、财政局等多个“条条”。乡镇党政办的几个工作人员，第一个人对口县委办和政府办，第二个人对口组织部，第三个人对口宣传部。某市文明办有六个工作人员“照顾”和指挥乡镇党政办负责宣传的一个工作人员，文明办的六个工作人员经常都往下布置宣传任务。很多时候上级职能部门缺乏统筹，不同部门或者同一部门的不同工作人员的要求不一致。这导致乡镇同样工作要做多遍，同样的内容要填写在来自多个职能部门的不同表格上，同一主题的稿子要投很多网站。某县有部局共约 150 个，而一个乡镇机关职数 50 人，副科和正科满编 11 人，除了书记、乡镇长和纪检专职书记 3 个人外，县里 150 个部局的对接任务要分解到 8 个副职头上，平均每个副职要对接 18.8 个县级部门。基层干部还要经常参加秸秆禁烧、信访维稳、拆迁安置、安全生产巡查等各种临时任务，疲于奔命。②

（三）考核偏差：“上面千把刀、下面一颗头”

在“条强块弱”的格局下，来自市区县政府及其职能部门名目繁多的督查检查考核和问责使基层政府应接不暇。督查检查考核工作是推动党中央决策部署贯彻落实的重要手段。但是，某些地方政府和职能部门频率过高的检查使基层政府疲于应对。对基层政府督查检查工作存在的乱象体现

---

① 郑生竹、李雄鹰：《基层“属地管理”之惑：要管没权，不管“背锅”》，《半月谈》2018 年第 18 期。

② 赵阳：《逃离乡镇！基层年轻干部断层之忧》，《半月谈》2019 年第 2 期。

在多个方面。第一，督查检查主体多，各个上级职能部门多头检查，重重检查。第二，督查检查项目多，经常检查，层层加码。第三，检查样板多，样本检查，层层示范。第四，督查检查方式方法单一，大多用召开座谈会、检查文件资料、现场察看场地等形式进行检查；被检查单位时常通过文件资料展示成绩。第五，督查检查频次过多，时间上过于急切。存在工作布置没有几天，就从上到下开始督查检查的现象。基层还没有来得及实实在在落实工作，上级职能部门的检查就到了。第六，对基层的检查多，帮助少。很多时候，检查虽能发现问题，但不能提供有效的解决途径和具体的改进措施。由于督察组都带着“尚方宝剑”来、带着问责来，下面为了迎接上级一次检查，会预演多次。督查检查的目的是解决问题、推动工作，但目前却在一定程度上变成了惩戒措施。

层层问责、防不胜防。一定程度上的问责是必要的。值得引起高度关注的是，一些地方出现了问责泛化、以问责代替管理的简单、粗暴的治理方式。在属地管理的名义下，基层政府承担着“无限的责任”，经常面对被问责的压力。中部地区一位镇党委书记介绍：一名信访户的户籍在当地，但其本人早已在外地安家多年。因为自感经营企业时遭遇企业所在地职能部门不公平对待，他常年进京信访。这样的信访诉求，原本与中部地区这个乡镇没有任何关系，但就因为信访户的户籍没有迁出该乡镇，每次他一进京信访，当地乡镇干部就要被追责。[①] 从某种意义上讲，基层工作的头绪越来越多、被问责的概率越来越大，不被问责成了支配基层政府日常运作的主要逻辑和指挥棒。

（四）形式主义、官僚主义现象时有发生

部分上级职能部门在工作上当“传声筒”和“甩手掌柜”，不考虑实际情况，把上级的政策不加分析地下达，把应该自己做的事情、容易被问责的事情、工作难度大的事情通过签订责任状的形式交给乡镇政府和街道办去做，自己忙于发文件和督查，出了问题盲目问责基层。为了增加发文的分量，经常采用多个职能部门联合起草文件的方式，把相应事情下放给镇街或者通过市区县党委、政府给镇街发文。这导致了责任状泛滥、一票

---

① 范世辉：《2018，基层治理十大靶点（一）》，《求是》2019 年第 2 期。

否决项目过多、干活的人少、问责的人多等现象。

上级职能部门加给基层的责任状泛滥，致使基层政府多数时间围着责任状和各种表格转。有些事情，基层没有相应的执法权限和资源支撑，上级职能部门通过签订任务书的形式把本属于自己的任务交给下级政府去做，对基层政府所做的主要工作是布置任务，设定时限要求和基本标准，安排完工作随后就是督导。至于基层政府能否完成、如何完成则不加考虑。一旦基层政府完不成任务，就会上纲上线认为其执行力不行，就要追责。基层政府有时为了完成任务不惜一切代价，弄虚作假，注重短期效应、急功近利。基层干部把相当一部分时间和精力花在了名目繁多的材料和报表上。这不仅浪费了大量的财力，也使得原本应深入基层一线的党政干部现在却主要在办公室内俯首在案、“埋头苦干”。一些职能部门急于出成绩、忽视常识和事物发展的规律，不熟悉、不考虑基层的实际情况，出台的政策“一刀切”，提一些不切实际的目标，政策制定不科学。

四　理顺条块关系的有效路径

党的十八届四中全会提出：“推进各级政府事权规范化、法律化……强化市县政府执行职责。”党的十九届三中全会强调：“构建简约高效的基层管理体制。”中央的战略安排为新时代从条块关系的角度入手破解基层治理难题，进而提升治理效能指明了方向。

（一）健全政府职责体系

科学设置市区县和乡镇街道的事权，明确各自的职责清单，理顺职责关系。中国政府间纵向关系长期以来没有得到理顺，“条块矛盾”之所以突出，从根源上看，是与“职责同构”这一中国政府职责在纵向上配置的总特点联系在一起的。[①] 条块关系复杂、条块矛盾突出的问题之一出在没有通过明晰职责进而确权上。在构建简约高效的基层管理体制变革中，为避免权力运行的混乱，需要明确上级职能部门、基层政府各自的权力清单

① 朱光磊、张志红：《“职责同构”批判》，《北京大学学报》（哲学社会科学版）2005 年第 1 期。

和责任清单，通过确权把重要关系稳定下来。在多数事情上分清二者的责任，即以哪一方领导为主。属于“条条”的责任，“条条”去承担，而不能把责任加给“块块”。2018 年 11 月 14 日，中央全面深化改革委员会第五次会议审议通过了《“街乡吹哨、部门报到”——北京市推进党建引领基层治理体制机制创新的探索》。“街乡吹哨、部门报到”的重要做法是：全面取消街道招商引资、协税护税等职能；制定街道职责清单，明确党群工作、平安建设、城市管理、社区建设、民生保障、综合保障等 6 大板块 111 项职责，其中，街道办作为主体承担的占 24%，其他均为协助、参与，使街道办集中精力抓党建、抓治理、抓服务。为此，需要拟定乡镇职责清单。通过理顺和明确职责，使街乡把该吹的“哨”吹到位。[①]

构建科学合理、权责一致、有统有分、有主有次的职责清单，一个基本的出发点是落实党的十九届三中全会提出的“尽可能把资源、服务、管理放到基层，使基层有人有权有物，保证基层事情基层办、基层权力给基层、基层事情有人办”。在借鉴北京市做法的基础上，进一步明确市区县政府和镇街的职责体系及相互间的职责关系，尽可能细化地列出职责配置表。列出职责配置表的目的是消除职责交叉重叠、机构重叠、职能部门履行职责时“各行其道”甚至“依法打架”等弊端，即在分清市区县和乡镇街道各自职责的基础上，职责该给哪一级政府就给哪一级政府，并且以立法的形式将权力、利益、义务和责任固定下来。

完善主体责任清单和配合责任清单，科学设计对基层政府的考核指标。上级政府出台的政策性文件，应该明确职能部门的责任，尤其是有执法权的部门一定要承担责任。未经同级党委政府同意和批准，上级职能部门不得以“属地管理”的名义将本属于自身的职责压给基层政府。在年终考核时，增加乡镇政府和街道办对职能部门及其派出机构的考核结果占被考核部门绩效的权重。

（二）完善条块的协调和协同机制

在职责同构的政府管理模式下，表面上看“条条”和“块块”都有权

---

① 中央组织部组织二局：《在为民办事中提升城市基层党建整体效应——北京市党建引领“街乡吹哨、部门报到”改革情况的调研报告》，《人民日报》2019 年 1 月 10 日。

力管一个方面，但实际上哪个都没有完全的资源和手段把事情真正做好。一项工作往往需要“条条”和“块块”的通力合作才能完成。在这种情况下，条块之间的协调至关重要。如果没有高效的分工协调机制，就容易使大量的决策无法执行。因此，需要密切条块之间的协调配合，构建伙伴型的条块关系，实现职责相互衔接和高效运行。

第一，建立市区县政府职能部门与基层政府的协商和沟通机制。经过畅所欲言、集思广益而产生的决策，才能在执行中得到基层政府的真正配合，进而减少双方的相互埋怨和指责。市区县政府职能部门在决策前要广泛和真正征求基层政府的意见，尊重基层政府的利益。在决策执行过程中，加强联系和沟通，经常性地交流信息。通过沟通，对于不完善的决策及时进行修正和补充。

第二，市区县政府职能部门之间的协调。由于利益以及观察和思考问题视角的不同，上级“条条”之间对同一问题经常出现不同的看法。为了不影响基层工作，建立健全部门联席会议制度，组织多个部门协同工作，是值得提倡的一种协调形式。这样既有利于多个部门协调、统一行动，又可避免出现一个新的管理对象就增加一个领导小组或临时机构的现象。部门联席会议制度的主要职能是：交换看法，共同查找各部门的问题，明确所要采取的对策和解决办法。在部门联席会议制度的运作上，可以采取以下三种方式：党委政府主要负责人定期亲自主持召开协调部门间关系的会议；健全部门间协调配合机制，上级职能部门就共同关心和职责上相交叉的问题进行协调与沟通，避免“自说自话”和互不相让的局面出现；建立部门间的信息交流机制。

第三，理清政府部门职责，坚持一类事项原则上由一个部门统筹、一件事情原则上由一个部门负责，加强相关机构配合联动，避免政出多门。科学界定政府部门的权力边界、明确相应的职责范围是现代国家治理的基本要求。针对多部门共同治理所暴露出来的问题，需要理顺各个部门的职责体系及其之间的职责关系，科学界定政府部门职责范围，合理设定职责层次，全面理顺权责关系，构建有效的协同与合作机制、协调机制，推进信息互联共享，形成上下联动、条块结合的工作推进机制。

第四，加大公务员轮岗的力度。任职经历会影响政府官员的视野、看待问题的思维方式和处理问题的基本方法。为了增进条块对工作的相互理解，适当加大公务员在市区县政府职能部门和基层政府之间的岗位轮换力度是必要的。

（三）规范上级职能部门的检查考核

改变对基层政府督查考核过多这一现象，必须坚持问题导向，聚焦基层所盼，通过完善体制机制的方式加以推进。当前，亟须制定贯彻落实《关于统筹规范督查检查考核工作的通知》的具体措施，不能走以文件落实文件、以会议贯彻会议的老路。

减少督查考核频次，在督查指标设置上要因地制宜，把查实情、找差距、促整改摆在考核的首位。一次检查若涉及多个部门，则应由党委协调、某部门牵头、多部门参与，组成联合检查组开展督查检查工作，改变多个部门单独、直接对口基层的情况。梳理各类考核事项，将名目繁多的考核合并成一次综合考核，按照工作的轻重缓急，将“阶段考核”与“年终考核”相结合、专项督查和综合督查相结合，尽量采取一次性督查和考核，以减少基层迎检频率，减轻基层迎检负担。完善督查检查形式，在会议、总结、简报、报表等方面进行精简，缩小会议规模，会议能套开就套开，能精简就精简，材料能用电子版的就不要用纸质版；更多倾听基层干部和群众的声音。

统分结合与城市居民自治体系的构建*

——以美奥小区B栋居民自治为讨论起点

罗兴佐　张德财

摘要：居民自治是城市基层民主的重要方式。在当前城市化快速推进的背景下，城市社区的类型日益复杂，居民自治面临新的形势和挑战。以社区事务统分结合为视角，可以探索社区、小区、楼栋三层居民自治体系。这样一种多元多层的居民自治体系不仅有利于拓展和深化城市基层民主建设，而且能提升城市社区治理效果。

关键词：统分结合　居民自治　基层民主　社区治理

一　引言

城市居民自治是我国基层民主制度的重要组成部分。早在2010年中共中央办公厅、国务院办公厅就印发《关于加强和改进城市社区居民委员会建设工作的意见》，指出要选齐配强居民组长、楼院门栋长，积极开展楼院门栋居民自治，推动形成社区居民委员会及其下属的委员会、居民小组、楼院门栋上下贯通、左右联动的社区居民委员会组织体系新格局。2017年《中共中央 国务院关于加强和完善城乡社区治理的意见》提出，要健全体系、整合资源、增强能力，完善城乡社区治理体制。在当前城市化快速推进、城市社区类型日益复杂的背景下，如何完善城市社区治理体系、提升其治理能力？本文将以案例的形式对此进行探索。

---

* 原文发表于《江苏行政学院学报》2019年第4期，收入本书时有修改。

作者简介：罗兴佐，西南政法大学教授，硕士生导师；张德财，中共江苏省委党校硕士研究生。

学界对城市居民自治的研究由来已久，大致可以分为三个阶段。一是《城市居民委员会组织法》颁布至2000年。这一时期的研究侧重论述社区自治的价值，强调基层群众自治是中国政治发展的自我创造产物，是有中国特色社会主义政治的具体体现。[①] 二是2000年后，随着“治理”概念开始流行于中国学界，以及2000年11月《民政部关于在全国推进城市社区建设的意见》的发布，学界对此问题的研究由“社区自治”转向了“社区治理”“社区建设”，强调“我们需要在都市形成、演化过程和这个过程中所生成的文化和社会遗产的背景上，探讨对今天社区建设的深化研究和理解”。[②] 三是2010年前后，学界关注村民自治实践中的“有效自治”问题，以及之后《村民委员会组织法》的修改增加了村民小组会议制度和2014年中央“一号文件”提出探索不同情况下村民自治的有效实现形式，部分学者开始探索居民自治的有效实现形式，认为居民自治的有效实现形式应该是一个多层次多样式多类型的体系。[③] 可以看出，学界对居民自治研究的推进契合了我国基层民主发展的实践，也为我们深化此问题的研究提供了有益的启发。

当然，学界对城市居民自治的研究仍存在诸多语焉不详之处。如人们通常用“社区自治”替代“居民自治”，但两者的内涵是有很大差异的。“社区自治”一般指以居民委员会为自治组织的自治，“居民自治”所表述的是自治的主体是居民，其自治方式可以是社区层面的，也可以是其他层面的，如小区、楼栋、单元等，因此，用“社区自治”替代“居民自治”遮蔽了许多自治层面的问题，需要将这些问题重新挖掘出来。事实上，居民自治是社区治理的基础，居民自治没有弄清，社区治理研究也容易流于空洞，脱离实际。这是本文希望澄清的第一点。另外，尽管许多学者提出要构建层次多元的居民自治单元，但我们需要进一步追问的是，多层次自治体系如何才能有效实现？社区同其他层次自治单元是什么关系？目前来看，相关研究大多停留在对自治单元下沉或细分的泛泛讨论上，尚缺乏对上述关键问题的探究。本文接下来将通过对一个居住小区多层次居民自治

① 林尚立：《基层群众自治：中国民主政治建设的实践》，《政治学研究》1994年第4期。

② 费孝通：《居民自治：中国城市社区建设的新目标》，《江海学刊》2002年第3期。

③ 徐勇、贺磊：《培育自治：居民自治有效实现形式探索》，《东南学术》2014年第5期。

实践经验的辨析，对上述问题作出一些回应。

本文的经验材料来自笔者2018年7月在重庆市C区F街道办辖区内的美奥小区调研。[①] 美奥小区建成于2000年前后，由6个开发商建设的6个楼栋13个单元组成，除B栋为电梯房外，其余均为楼梯房。2002年B栋业主陆续入住，2006年开始实行业主自治，截至调研期，自治效果很好，其自治机制对于构建合理有效的城市居民自治体系具有一定的启发意义。

二　楼栋自治的机制与逻辑

美奥小区B栋由两个单元构成，其中一单元11层40户，二单元13层47户。起初，楼栋物业由开发商代管，按每月0.5元/米^{2}收取物业费。由于物业收入少，物业管理人员不太尽力，业主严重不满，双方关系紧张。解决这种紧张关系的办法有两个，一是聘请新的物业服务企业，二是实行业主自治。单体楼栋物业收入少，很难聘请到物业服务企业，因此，原开发商的物业管理权被解除后，B栋业主便走上了自治之路。B栋从2006年开始自治至今，其内在运行机制是对自治事务进行合理统分，界定楼栋、单元与业主的责权利，并依托业主委员会、居民积极分子和完善的制度，构建了一个有效的自治形式。

（一）物业管理事务的合理统分

自治事务中最重要的是物业管理。要对物业进行统分管理，首先要对物业事务的公私属性及其边界进行区分，而物业的公私区分，除了涉及事务的物理属性外，更重要的在于人们是否认同这种属性。居民对物业的公私边界达成共识后，相应的责权利清单才能明晰，才能将属于公的范畴的事务统起来，通过业主委员会组织业主实施；属于私的范畴的事务，则由业主承担。居住小区设施设备由专有部分和共有部分构成，公私划分的关键在于共有部分的共同管理权如何实现。

① 2018年7月6~26日，笔者组织了32人的调研队伍在重庆市C区F街道办的6个社区进行调研。本文的资料来自此次调研，调研期间的数次讨论对本文提供了很多启发，在此对所有参与调研人员和接受访谈的街道办干部、社区工作人员和居民表示感谢。

从单体楼栋来看，共有部分认定并不容易，或者即使认定有共识，也可能因为利益分化导致一致行动难以达成。楼栋是分单元、分楼层的，不同单元和楼层的住户对楼栋共有部分的认知也有差异。如墙面脱落，其脱落部位也许是分散的，也许集中于某一单元的某一块墙面，若进行楼栋外墙整治，所有住户是否将其看作整体，或是否将其看作自己的事，直接关系到整治是否可能进行。事实上，居民对此的认知很容易产生分歧。如门面经营户，他们认为自己租用的门面不涉及外墙，他们只是经营户，不是产权所有人，可以不出资参与整修外墙；而门面所有权人则认为，门面已经租给经营户，谁使用谁出资，相互踢皮球，谁都不肯为此尽义务。不同楼层和面向的住户对外墙整治也有不同的认知。住在顶楼的住户认为，楼顶亦属于外墙，整治外墙也应该把楼顶一起整修；住在不同面向的住户，有些人认为应该从上到下彻底整治，有些人则认为哪里脱落就整治哪里。此外，常住业主和不常住的及打算卖房搬家的业主对外墙整治也有不同的态度。常住业主认为整治刻不容缓，否则容易发生安全事故；不常住和打算卖房搬家的业主却并不急，尤其是打算卖房搬家的，往后拖一阵子，说不定房子就出手了，整治不整治就不关自己的事了。下水道、楼道和电梯也存在同样的问题。下水道堵塞，住在高层的住户并不着急，因为他们受影响相对较小，而底层住户是一刻都不能等的，否则无法正常生活。电梯使用亦是如此，低楼层住户对电梯故障并不敏感，没有电梯爬楼也行，高层住户则不行，一旦电梯出现故障且长时间修复不好，他们就很容易对电梯管理者不满，急切要求将电梯修好。

从小区层面来看，美奥小区虽然并不大，但事务却十分复杂。这个小区最典型的特点是，开发主体多元导致共有部分管理责任的认定难以达成共识。小区 6 个楼栋由 6 个开发商建设，除一个休闲广场外，没有大家公认的公共设施，而这个休闲广场却属于区园林局管理。此外，小区共用一个化粪池，但无论哪个楼栋导致化粪池堵塞，居民都认为那是社区的责任，社区应该来疏通。在居民眼中，小区范围内“公”的事务都不是他们的事，他们对此没有责任，这些设施出了事就是政府和社区的事，居民就等着政府或社区来解决，解决不及时，居民还有意见，甚至可能引发上访。再如楼道的清洁卫生，要么业主缴纳清洁费，聘请清洁人员打扫；要么业主自己打扫，将垃圾放到指定地点。但有些业主既不想出钱，也不想出力，而总是等社区来清理。因为社区每周都要进行一次卫生大检查，搞得不好的地方，社区动员人力去清理，久而久之，他们也就理所当然地认为清洁卫生是社区的事了。小区是自己的，而管理是社区或政府的，这便是业主的公私逻辑。更有甚者，有些业主将专有部分的问题“公共化”，减轻甚至规避个体责任。比如玻璃炸裂，窗户是业主房屋产权的有机组成部分，窗户玻璃炸裂理应由业主自行更换，但有些业主认为，玻璃炸裂会影响行人安全，所有住户都应当出资更换破损的玻璃。

B 栋的自治之所以能够顺利运行，源于业主在公私方面有共识，在此基础上实现了对物业管理事务的合理统分。B 栋居民将物业分为楼栋的和单元的，楼栋的由业主委员会统起来管理，单元的则分解到单元负责人管理。如电梯管理，两个单元独自管理，包括收费、维护；下水道出了问题，也由两个单元自行疏通；而楼栋外墙整治、化粪池清理，则由业主委员会组织 B 栋全体业主出资、出力解决。当然，B 栋业主在公私方面的共识及对物业进行合理统分并不是一开始就达到很高的程度，而是在实践中不断增进的。城市居民自治的发生机制不是预先给定的，而是行动者在正式制度建构的政治空间中为了解决工作中的难题而无意识地创造出来的，但是机制在解决问题时表现出来的正面效果，则诱使行动者开始有意识地将同一机制扩展到其他难题的解决上，或者寻找其他机制来解决新的难题，在多重机制的共同作用下城市居民自治出现了。[①] 正是有了合理统分物业这个前提，B 栋自治才具有可能。

（二）业主委员会动员引导

物业的合理统分为自治的出现提供了前提，但统分的落实还需要一定的组织载体。分散的居民缺乏一致行动能力，且大多数人一般来说也缺乏参与公共事务的意识和能力。由少数居民组成自治组织，带动和引导大多数普通居民进行合作，并代替他们处理常规事务，就能够保障自治的有效运行。在 B 栋，这个组织载体就是运行良好的业主委员会。业主委员会由全体业主选举产生，受业主委托负责执行业主大会决议和处理业主自治常

---

① 郑雯睿、汪仕凯：《城市居民自治的发生机制：基于上海经验的研究》，《中国行政管理》2014 年第 1 期。

规事务，其中非常关键的一项工作就是负责统起来的物业管理事务。

如前所述，B栋的物业最初由开发商安排的两个物业管理人员负责安保、抄水气表和保洁。但两位物业管理人员责任心不强，业主对此严重不满。2006年初，经B栋业主商议，决定辞掉物业管理人员，成立业主委员会，在业主中聘请物业管理人员，负责楼栋的物业管理工作。2006年6月，B栋召开业主大会，选举产生了业主委员会，并通过了《美奥小区B栋业主委员会章程》《美奥小区B栋业主公约》等文件，确定了物业费的收缴标准，聘请了保洁员及一、二单元的电梯管理员（同时负责收费），确定了集资安装门禁系统方案。自此，B栋居民自治正式启动。

由于楼栋为新建商品房，各种设施运转良好，且聘请了保洁员、电梯管理员，日常管理由他们负责，因而并没有多少管理上的事务需要业主委员会来决策，有时出现下水道堵塞、屋顶漏水等问题，业主委员会通过电话联络商讨解决办法。楼栋管理平稳，业主也不关心业主委员会的运作。至2012年，首届业主委员会的7名成员中，1人病故，3人常在重庆其他地方居住，1人随女儿定居新加坡，仅3人还在本楼栋居住，业主委员会急需换届更新。

此外，随着时间的推移，楼栋的基础设施逐渐老化，外墙砖脱落、楼顶漏水频频发生，急需维修，业主委员会换届被提上了议事日程。2012年，B栋成功进行了业主委员会换届选举。此后，B栋业主自治的运行质量随着第二届业主委员会的成立而有了明显提升。

新一届业主委员会在统筹物业管理事务方面最重要的一项工作，是组织业主先后两次、历时4年，完成了影响居民生活安全和居住质量的外墙整治工作。2013年，业主委员会成功组织了首次外墙整治工作。此次筹资维修外墙没有遇到太大麻烦，原因有二：一是业主委员会刚刚改选，新成立的业主委员会热情高干劲大；二是业主绝大多数是首批购房者，近10年的居住使大家相互之间比较熟悉，加上刚刚经历第二届业主委员会换届选举，大家对楼栋的管理有了进一步的共识。不过，由于本次外墙整治仅限于一、二单元楼梯入口两侧墙面，其余墙面并未顾及，至2017年这些墙面的外墙瓷砖脱落已十分严重，整治已刻不容缓。2017年12月4日，业主委员会组织召开了B栋第二次筹资整治外墙动员会。一单元32户和二单元38户参加了会议，未参加会议的，业主委员会通过电话征求意见，一单元表态同意的有5户，二单元表态同意的有4户。会议通过讨论，同意业主委员会提出的外墙整治方案，即每户出资1000元，包括门面业主，由社区和业主委员会共同做工作收取，并要求一、二单元各推荐一人协助进行安全和质量监督工作。

住户的收费工作相对顺利，个别住户不太愿意交，收费人多上几次门，多说几句好话也就交了。门面业主的收费工作却很困难。为了让门面业主支持此次外墙整治工作，业主委员会和社区居委会以书面方式给门面业主发告知函，要求门面业主出资，但当具体负责人找门面业主收费时，仍没有门面业主交费。当然，十余户门面业主不出资并没有影响楼栋的外墙整治工程，因为自2016年以来，C区正在如火如荼地推进文明城区创建工作，政府对老旧小区改造投入大量资源，哪个小区、哪个楼栋能将居民动员起来、组织起来，就能获得政府的资金支持，且自筹资金多获得政府支持的资金也多。正是在此背景下，B栋居民在业主委员会的组织下筹资8万元，政府配套12万元，对外墙进行了大面积整治。此次整治工程不仅获得了B栋居民的认同和广泛参与，附近楼栋的居民也十分羡慕。

（三）积极分子有效参与

业主委员会能发挥作用，除了有业主的配合外，还得益于积极分子支持。同时，分解到单元、业主的物业管理事务，也需要积极分子率先垂范，形成良好的合作局面。在B栋，为降低管理成本，业主委员会成员并没有报酬，清洁员、收费员和电梯管理员的报酬为260元/月。业主委员会成员完全是出于公益目的，为业主服务；物业管理人员每月260元的报酬实际上也是没有人愿意干的，能接下这些活的都是热心公益的老同志，因为这些琐碎的事情，无论你怎样干，都难免不会遭到个别业主的埋怨。没有良好的心态，没有一颗为居民服务的心，任何人都干不长，甚至到最后在业主中就找不到干这些事的人。在此过程中，积极分子的参与是自治有序开展的重要依托。

居民自治中有三类积极分子。一是半正式社区工作人员，如居民组长、楼栋长、巡逻员等。他们是社区居委会的重要帮手，如入户宣传各种政策、统计居民信息，负责片区环境卫生，他们在社区治理中发挥重要作用。二是社区中的群众积极分子，能在公共事务中做很多义务性的服务工作。如B栋的清洁员、收费员和电梯管理员，他们任劳任怨，热心公共事务、不怕麻烦、受得了气。三是业主委员会成员，他们虽通过选举成为业主委员会成员，但并没有任何补贴，都是义务性地管理楼栋事务。正是因为有这些积极分子的参与，居民才能被有效组织起来，自治才可能延续。

（四）营造良好“楼风”

物业管理容易发生各种各样的纠纷，纠纷的解决依赖制度的落实，而持续的制度化治理能营造良好的“楼风”。B栋在自治之初，业主委员会就以书面形式给全体业主发出公开信，告知楼栋管理的相关规定，并制定了《美奥小区B栋业主公约》，对物业费的收取和使用、楼栋环境和卫生维护等做了要求，对不合作行为明确了处罚措施。

无论是业主自治、业主委员会换届，还是日常管理，B栋都特别注重制度建设，用制度来管人管事。如业主委员会在换届选举中，制定了《美奥小区B栋业主委员会换届选举办法》《美奥小区B栋业主大会规程》《美奥小区B栋业主委员会委员候选人报名通知》《美奥小区B栋业主筹备组业主代表承诺书》等文件。为组织好外墙整治工作，除给每家每户发了多份开会通知和《告全体业主的一封信》外，还将《外墙施工方案及预算报价表》在小区多个地方张贴。在日常管理中，有《美奥小区B栋业主大会议事规则》《美奥小区B栋业主委员会章程》《美奥小区B栋管理规约》《美奥小区B栋一单元业主公约》等制度，这些制度在日常管理中发挥了重要作用。

此外，B栋的物业管理费管理亦十分规范。管理人员按要求每季度公布一次物业管理费收支情况，半年和全年分别汇总公布一次。业主对公布的数据可以进行询问，甚至查账。所有票据必须保留三年以上。同时，对极个别不交物业费的业主，业主委员会将名单张贴于楼道和电梯内，同时提醒欲买房的市民务必向业主委员会咨询该房主有无相关欠费情况。

由于长期坚持制度管事管人，B栋的业主尽管在不断地更换，但入住的新业主必须遵守已有制度，接受业主委员会管理。曾有新业主认为，电梯按楼层收费不合理，业主委员会回复若要改变这一收费制度，必须召开业主委员会讨论，否则就必须遵守。同时，业主委员会亦告知业主，收费的结余主要用来维修电梯，因为当初业主购房时并未缴纳大修基金，若电梯出现故障甚至需要更换时，所需资金巨大且急切，有了这笔资金就能坦然应对，这样新业主也能理解。目前两个单元均结余十余万元电梯费。另外，有些卖房的业主找各种借口想分掉这笔经费，均被业主委员会拒绝。电梯费的收取方式、结余留用考虑等之所以能坚持下来，得益于管理制度规范、过程透明，并在实践过程中形成了 B 栋特有的“楼风”。正是有此“楼风”，B 栋的自治才能持续，其他小区或楼栋之所以搞不了自治或自治不能长久，一个重要原因就是这些小区或楼栋无法形成良好的“楼风”。

三　统分结合与三层自治体系的构建

B 栋的自治实践表明，有效自治的前提是对自治事务进行合理统分，在此前提下，充分发挥业主委员会、积极分子和制度的作用。进一步说，哪个单元能对自治事务进行合理有效地统分，这个单元就可能成为有效的自治单位。因此，以合理统分自治事务为前提，辅以有效的自治组织、居民的积极参与及相应的制度，就能为多元多层居民自治体系的构建提供现实基础。

（一）产权与治权的统一与分离

“作为物业产权所有人的业主拥有专有部分的专有权、共有部分的持分权以及成员权，也就是建筑物区分所有权（物权）；社区自治权（治权）主要指业主自治，即为业主的自我管理权，并且是由业主的建筑物区分所有权衍生而来并以之为基础。”① 产权与治权的实现方式及其关系，是辨析居民自治体系运行机制的基础。

现行法律对治权实现形式有着具体规定。《物业管理条例》（以下简称《条例》）规定，房屋的所有权人为业主；物业管理区域内全体业主组成业主大会；业主大会应当代表和维护物业管理区域内全体业主在物业管理活动中的合法权益，一个物业管理区域成立一个业主大会；同一个物业管理区域内的业主，可以选举产生业主委员会；业主委员会委员应当由热心公益事业、责任心强、具有一定组织能力的业主担任；业主委员会代表业主

① 陈鑫：《业主自治：以建筑物区分所有权为基础》，北京大学出版社，2007，第 3 页。

与业主大会选聘的物业服务企业签订物业服务合同，及时了解业主、物业使用人的意见和建议，监督和协助物业服务企业履行物业服务合同；等等。

自治事务的统分涉及产权和治权的统一与分离。“社区的产权结构、产品属性和社群属性等都是影响社区治理政策选择的重要变量。”① 理论上说，产权与治权既可以统一，也可以分离。产权与治权的统一，需要构建有效的自治模式；产权与治权的分离，则必然是委托—代理模式。

产权与治权的分离，即业主将物业管理权委托给物业服务企业，通过物业服务企业来治理。这种治理模式的核心机制是花钱买服务。业主委员会代表业主与业主大会选聘的物业服务企业签订物业服务合同，因此，这一治理模式涉及业主、业主委员会和物业服务企业三者之间的关系，博弈主体增多，博弈成本增加，治理难度也相应加大了。

一是业主与业主委员会的关系，这一关系的核心是合作，基础是信任。但小区是一个陌生人社会，业主之间有效的交流互动有限，业主对业主委员会的信任有限，加上业主对业主委员会的监督有限，业主委员会通常难以有效组织业主；另外，业主委员会成员没有报酬或报酬很低，工作中还经常遭遇业主的不配合甚至抵制、嘲讽，很多成员干了几年就不干了，业主委员会常处于残缺状态，其履职能力有限。因此，在小区层面，以信任为基础的业主与业主委员会之间良好关系的建立十分不易。

二是业主与物业服务企业的市场关系。因为对物业服务水平的评价具有主观性、模糊性、差异性特点，物业服务企业通常难以得到业主的一致好评，一旦有业主出来批评物业服务企业，物业服务企业就很难得到其他业主的支持，且多数情况是有更多的业主加入对物业服务企业的批评中，从而容易激化业主与物业服务企业之间的矛盾。在此过程中，业主委员会通常左右为难。业主委员会若担心物业服务失控而站在物业服务企业一边，很容易被业主怀疑其与物业服务企业相互勾结，进一步降低业主对业主委员会的信任；业主委员会若站在业主一边，又很容易激化业主与物业服务企业之间的矛盾，严重的可能导致物业服务企业撤离，引发小区物业服务缺位，给小区生活带来严重问题。

---

① 陈建国：《城市社区治理的政策选择：一个规范分析框架》，《公共行政评论》2010 年第 2 期。

相比之下，建立在产权与职权统一基础上的业主直接治理，运行起来就要简单很多，也更容易取得积极效果。业主直接治理，一般通过业主委员会实现，如B栋的自治模式。这种治理模式的核心机制是合作，业主能在物业管理的公私问题上达成共识，自觉履行职责，该统的事务能统起来，该分的责任也能分下去，从而实现有效治理。由于这种直接治理模式建立在业主合作的基础上，其规模不能太大，规模大了就很难解决“搭便车”问题。因此，规模较小的小区或楼栋比较宜于应用这种治理模式。这种治理模式的显著特点是，治理规模小，业主责任清晰，治理过程中所要处理的就是业主与业主委员会的关系。要构建业主委员会与业主的良好关系，业主委员会成员必须是热心公益事业、责任心强、有一定组织能力和闲暇时间的业主，他们义务为业主服务，物业管理低成本运行，而业主必须讲道理，顾大局，自觉履行义务，尊重、包容管理人员。业主与业主委员会之间的关系较好，业主的诉求能得到满足，业主委员会的管理也能得到业主的支持与配合，小区或楼栋自治就能持续。

（二）居民自治体系的构建机制

首先是社区自治事务的分解与下沉。“城市社区空间的异质性、私有化和碎片化使得城市变得难以治理，需要再造可治理的邻里空间。”① 小区治理遭遇的难题反映了社区层面自治的难度，其症结在于社区层面统的事务过多，而该分的事务又落不了地。城市社区治理事务统分的核心是明确社区治理事务的主体及责任。当前，在居民自治体系的构建中，需要在社区、小区、楼栋三个层面解决自治事务的统分问题，其核心是，该统的一定要统起来，该分的一定能分下去，在统分结合的基础上构建社区、小区、楼栋三层自治体系。

作为一个制度性建构自治组织的社区，它既是居民与政府的连接纽带，也负有协助政府完成相关政务和组织居民实行自治的职责。然而，“政府对居委会的改造实践一直在进行，不论是社区居委会的规模调整、直接选举的推行，还是议行分设、建立社区服务站，似乎并没有让居委会

---

① 孙小逸、黄荣贵：《再造可治理的邻里空间——基于空间生产视角的分析》，《公共管理学报》2014年第3期。

真正自治起来，反倒形成了日益内卷化的权力结构”。[①] 作为社会治理基本单元的社区之所以自治困难重重，其症结在于社区的大包大揽，缺乏对自治事务的合理统分。为此，社区除必须由自己完成的政务和自治事务外，还要善于将可以分解的政务和自治事务下移至小区与楼栋。[②] 具体而言，社区要在资源配置、人员组织、舆论营造上发挥统的功能，而将服务事项的落实、物业纠纷解决等事务分解到小区或楼栋。虽然社区自身资源有限，但社区是国家政策的落实者、国家资源的承接者，尤其在当前治理重心下移，公共服务资源下沉的背景下，社区在资源供给方向上有一定的发言权。如小区内休闲广场的完善、健身器材的配置，乃至小区内的亮化工程、安全工程，国家均有相应的项目资源支持，这些资源优先投放到哪个小区、楼栋，投放多少，社区有一定的发言权。社区可以通过这些资源的供给，获得居民的认可，树立威信，为社区治理夯实社会基础。

资源输入需要有具体的组织去落实，社区中的正式组织包括居民小组、业主委员会和物业服务企业。在居民小组体系内，除居民小组长、楼栋长、网格长、网格员等管理人员外，还有党组织和党员，社区可以通过对这些人员的配置，为社区治理提供组织支持。如社区可以动员业主委员会成员参选居民小组长，建议物业服务企业聘用楼栋长、网格长、网格员参与物业服务，这样，将社区管理人员融入业主委员会和物业服务企业，社区治理也就有了组织基础。

其次是创新社区基层组织同业主自治体系的融合机制。“业主委员会是商品房社区自主治理的核心和标志。”[③] 从法律角度而言，业主委员会是业主为了监督物业和方便自治而推选产生的自治组织，业主委员会与物业

---

① 何艳玲、蔡禾：《中国城市基层自治组织的“内卷化”及其成因》，《中山大学学报》（社会科学版）2005 年第 5 期。

② 2014 年重庆市南岸区进行“三事分流”社区治理创新，即在治理过程中将居民诉求和矛盾问题按照大事、小事、私事进行分类处理，大事是政府管理事项及公共服务，由政府部门负责解决；小事是村居公共事项及公益服务，以村（居）委会为主导，社区自治组织、社区社会组织和社区单位共同协商解决；私事是村（居）个人事务和市场服务，由居民群众自行解决或寻求市场服务。“三事分流”的实质就是厘清政府、社区、居民三者的关系，并以此为基础对社区治理事项进行合理统分。参见《南岸：三事分流再创社区治理新高度》，《重庆日报》2015 年 11 月 19 日。

③ 王汉生、吴莹：《基层社会中“看得见”与“看不见”的国家——发生在一个商品房小区中的几个“故事”》，《社会学研究》2011 年第 1 期。

的关系是监督与被监督的关系，业主委员会代表业主监督物业服务企业服务的提供水平和提供质量。业主委员会作为自治组织，其成员多无报酬，主要出于公心。但总有部分业主认为业主委员会有利可图，怀疑业主委员会与物业服务企业相互勾结，谋取利益，甚至在小区里到处说风凉话，这对本来就没有报酬和出于公心的业主委员会成员容易造成伤害，久而久之，业主委员会成员便不愿意继续为业主服务，业主委员会也就名存实亡了。业主、业主委员会和物业服务企业三者之间的关系要达至动态平衡，信任、合作是基本要素。但小区的陌生属性和物业服务企业的竞争属性，使得稳定的信任与合作难以建立。一些小区开展多种形式的文化娱乐活动，其目的就是想通过这些活动增进业主之间的了解，培育小区内的社会资本；一些物业服务企业提供各种便民服务和物业费优惠，也是想获取业主的认可与合作。

但这些活动与举措要想有效果，除了要常态化实施外，还要有一些特殊的机制，其中最重要的是要构建小区治理中积极分子的保护和激励机制。小区治理中总是存在积极分子和消极分子的，虽然消极分子总是少数，但其破坏力很大。如在小区物业管理中，由于物业服务评价的主观性和模糊性，人们对此有很大的想象空间，若有消极分子出来挑事，进行反面宣传，他们的行动就有极强的煽动性，就很容易激化业主与物业服务企业之间的矛盾。积极分子倡导公心，讲合作与理解，但在一个陌生人社区中关于物业管理问题往往很难得到人们的广泛支持，甚至当积极分子站出来与消极分子进行理论时，积极分子的帮腔者亦很少，积极分子备受挫折和打击，消极分子就更加嚣张，小区治理就更加困难重重。因此，要构建业主、业主委员会和物业服务企业三者之间的和谐关系，就需要构建一套保护和激励积极分子、排斥和边缘化消极分子的社会机制。社区可以通过文化活动进小区、组织志愿服务、培训社区管理人员等方式，在社区营造和谐、合作、信任的舆论氛围。有了这样的舆论氛围，社区治理中的积极分子就能得到保护和激励，消极分子自然就会被排斥和边缘化。在此过程中，要创新社区组织体系与小区自治体系的融合机制，探索二者结合途径。如以小区为单元建立党支部，支部书记通过选举进入业主委员会，通过支部建设调动小区党员参与小区治理的积极性，并通过党员的示范作用激活、引导小区中的积极分子，在小区里营造和谐、合作的氛围。事实上，只有具备这样的机制，以培育社会资本、倡导居民合作的各种活动才可能有效果，自治事务的统分及其实施才有可能。

最后是提高楼栋等自治单元的自治效率。楼栋自治事务的统分一是合理划分楼栋与社区、小区的事权，二是合理界定楼栋、单元与业主的权利义务关系。总体而言，楼栋事项多为私事，如下水道堵塞、外墙整治、楼道灯更换等，这些事项理应由居民通过自治解决。其实，门栋自治在不少地方已有实践。为解决小区没有物业导致治安环境差、物业管理事项难等问题，武汉满春街某小区几位门栋热心人在与居委会沟通后，动员门栋居民自己出资安上电控防盗门、更换门栋灯泡等项目。之后，在居委会的指导下，经过民主推荐与选举，十余名门栋自治骨干成立“门栋自治管理委员会”。在此基础上，居委会又相继在小夹社区所有的26个门栋成立了管委会。[①] “门栋自治”之所以可能，其关键就在于它分解了社区自治的范围，也就很自然地、最大限度地吸引了更多的居民参与，成为居民“看得见，摸得着”的家门口民主。[②] 在楼栋自治模式中，业主不仅可以参与自治决策，而且能够直接参与物业服务。同时，业委会还搭建各种志愿小组，为业主发挥特长提供便利，业主都把小区的事当成自己的事，业主的积极性被极大地激发出来。[③] 美奥小区B栋的自治也是楼栋自治的一个成功案例。这些成功的楼栋自治，一方面表明楼栋比较便于统分自治事务；另一方面也表明，楼栋是一个相对合适的自治单元，“相对较小社区社会空间更能使居民形成集体行动，使其在参与治理过程中有明显受益感，进而形成习俗性产权和社区规范”[④]，从而便于居民自治。

四 结语

社会自治是改革开放以来我国基层社会治理的大方向、大战略，城市

---

① 余坤明、陆伟东：《门栋自治：社区自治的新拓展》，《中国民政》2005年第9期。

② 曾舟记、屠静：《试论培育多元性社区居民自治形式——由武汉市满春街社区民间组织成长引起的思考》，《学习与实践》2007年第7期。

③ 陈鹏：《城市社区治理：基本模式及其治理绩效——以四个商品房社区为例》，《社会学研究》2016年第3期。

④ 青木昌彦：《比较制度分析》，周黎安译，上海远东出版社，2001，第35页。

居民自治是城市基层治理体系的有机组成部分。当前，随着国家治理重心的下移及大量的国家资源投向基层，基层社会面临越来越多的任务和矛盾，基层社会急需构建有效的治理体系。美奥小区 B 栋的自治实践表明，居民自治要想有效回应现实治理需求，实现有序自治，就必须因地制宜，对自治事务宜统则统，宜分则分，统分结合，构建多层多元的居民自治体系。

《村民委员会组织法》和《城市居民委员会组织法》分别是农村和城市基层自治的制度保障。经过二十余年的实践和探索，2010 年，全国人大常委会对《村民委员会组织法》进行了修改，将农村基层自治的单元由之前的村民委员会扩展到村民小组和自然村，大大拓展了农村村民自治的实现形式。然而，自 1989 年《城市居民委员会组织法》通过以来，我国城市基层社会的性质、结构已经发生了巨变，城市基层治理面临的任务和要求已大大不同于以往，该法的某些规定已严重落后于实践的发展，其中最突出的是单一的居民自治单元已远不能满足基层治理的需要，除居民委员会外，居民小组、小区、楼栋是否可以成为自治单位？事实上，近三十年来，我国城市居民自治的创新活动十分活跃，已经探索出了一些行之有效的居民自治形式。如何根据城市发展的现状与需要构建城市基层自治体系，这些均需要通过理论研究进行总结和回应，并以此为基础推动相关法律法规及政策的修改和完善，推动城市基层民主建设向纵深发展。

国家法治建设县域试验的逻辑与路径*

周祖成　池　通

摘要：县域在国家法治建设中处于极为重要的地位，既是法治改革民众参与的重要试验场，又是法治社会效果的检验场，能够实现对改革风险的有效控制。作为法治建设的试验场，县域法治建设应该遵循观念—制度—行为—效果的路径，通过民主政治的基层实践，塑造和强化领导干部、执法人员和民众的法治观念；以决策机制、执法权、司法权运行法治化为制度导向，建构符合法治原则与精神的决策制度、领导干部选拔任用制度、执法制度、司法制度和民众参与制度、权利保障与救济制度等，筑牢县域法治的制度基础；同时，也要对县域法治试验的效果进行评估，评估量化法治实践并引导县域法治的科学构建，应注重评估方法选择和指标设定的科学性、合理性，强调评估过程的公开性、评估结果的反馈性，推动县域法治试验的科学理性发展。

关键词：法治建设　地方法治　县域试验　法治评估

在我国，县级政权是国家政权系统的基础，其有着完整的地方政权建构体系，在国家治理中处于极为特殊的地位。[①] 一方面，县级政权是贯彻

---

* 原文发表于《政法论坛》2017 年第 4 期，收入本书时有修改。

基金项目：本文系国家社科基金重大项目“全面推进依法治国与全面深化改革关系研究”（项目编号：14ZDC003）的阶段性成果

作者简介：周祖成，西南政法大学教授，博士生导师；池通，西南政法大学博士研究生。

① 自党的十八届三中全会提出要“推进国家治理体系和治理能力现代化”之后，对国家治理的研究已经明显地从政治学领域扩及法学诸领域，而且这一命题迅速成为法理学界研究的热点问题。但国家治理这一概念是作为政治学的一个重要概念而提出的，所以在这里引入政治学视角的阐释有助于理解县域治理在国家纵向治理体系中的特殊性。县域政治主要涉及我国地方的基层政治系统，其显见的三个特征为：一是区域性，县域政治发展是县域范围内的政治发展，其既将政治秩序和政治系统能力的增强作为政治发展的核心，又存在区域的非均衡性；二是基层性，县域政治发展既因基层民主冲动（转下页注）

国家方针政策的重要环节，其行政治理能力直接关系到国家方针政策的落实与社会实效；另一方面，县级政权的管理与治理直接面对社会和民众，在贯彻国家方针政策的同时要有效解决民众生活中的现实问题，守护一方安宁并促进其发展，确保民众利益和社会有序。“就整个县域社会而言，它融合了现代与传统、城市与农村、工业与农业，纠集了各种诉求和各种矛盾，现代化变迁在这里表现出相当程度的复杂性。”① “郡县治，天下安”，县域治理事关国家长治久安。县域的有效治理，能为国家治理奠定良好的基础，并促助国家与民众之间达成衔接与协调机制，提升民众对国家政权的认同度，增强其社会责任感，保持国家与社会的融洽平和、协调发展。县域治理无效，就会损减政府公信力，恶化民众生存的政治和社会环境，引发官民冲突，造成区域性政治与社会的治理危机，严重影响稳定与发展。依法治国不仅是宏观的制度规划和顶层设计。中共十八届四中全会为中国的法治道路做了顶层设计，而如何贯彻中央的顶层设计则要落实为具体的地方改革和机制创新，微观和实践层面的具体法治是全面推进依法治国的基本内容。在当前全面深化改革和建构社会主义法治国家的背景之下，对县域法治试验的内容、价值、路径及评估的探讨，是将依法治国的研究进路从宏大叙事导向微观求证的有益尝试。

一　法治逻辑：县域治理的基本面向

县域治理是政权的基础也是法治的基础，法治建设的重心在县域，不仅因为县域国土面积大人口多，更重要的是县级政权的行为对社会和民众产生直接影响，是国家形象的重要载体，是国家法治的重要窗口。县域法治试验能为国家法治建设提供基层场域的实践素材，促成国家法治的根深

（接上页注①）较强而面临政治参与的压力，又因中央控制相对较弱而面临更重的政治制度化的任务，由此，县域政治发展在很大程度上影响着全国的政治稳定；三是乡村性，县域政治发展受农村文化水平制约而在民主化方面更多地体现为渐进性，农村社会的急剧变动带来利益关系的调整，从而导致政治权力关系和政治权利关系的变化，因而县域政治发展包含了政治关系合理化的重要内容。更为具体的阐述参见吴家庆《我国的县域政治发展刍议》，《政治学研究》2006 年第 3 期。

① 冯波：《县域社会治理更需要法治保障——以西吉县社会治理为例》，《检察风云》2016 年第 6 期。

叶茂，并作为一种基础性的动力机制推动国家治理体系和治理能力现代化。[①]

（一）县域治理的非法治化倾向

长期以来，我国的社会治理存在地域和层级的不平衡状况，虽然县域治理在国家治理体系中具有承上启下的作用，但县域治理的基层性和复杂性使得其在整个治理体系中最为滞后，问题繁多。其中，县域治理的非法治化倾向是最为突出和关键的问题之一。在全面深化改革的关键时期，随着当前经济增长动力转换和社会发展理念革新，经济社会发展已然进入新常态，县域权力运行和经济社会发展过程中的问题则更加凸显。“无论在中国的传统政治体制中，还是在近代以来的制度变迁中，县作为基层最完备的国家体现物一直受到统治者的重视，不仅是整个制度稳定存在的基础构件，而且是体制变革的突破口。”[②] 在县域民主治理实践中，民主决策、民主管理、民主监督形式主义倾向严重，具体程序不完善，责任追究和救济机制缺失，县域民主政治难以真正实现；在地方立法方面，由于部门利益和地方利益作祟，或者受地方立法能力和水平限制，下位法与上位法相冲突现象仍然存在，有些法律法规或部分具体条款已经不再适应县域经济社会发展和基层治理的现实需要，亟待修正；在行政执法方面，由于行政管理体制改革不到位，基层政府职能转变不到位，基层法制机构不健全，执法人员素质相对较低，执法力量相对薄弱，执法经费不能得到有效保障，加上受传统管制思维和行政方式的影响，基层政府依法行政能力不强，违法行政随意执法等问题突出[③]；县域司法方面，基层司法改革面对

---

① 将县域治理的法治化置于“国家治理现代化和法治化的逻辑互动”中来理解，能够更为深刻地揭示在以善治为价值诉求的现代治理模式中建构县域法治话语体系的重要意义。如张文显教授认为：“国家治理法治化构成国家治理现代化的核心指标和主要标志，国家治理现代化则引领和驱动法治现代化。在法治与国家治理、国家治理现代化与法治现代化的这些复合关系中，我们透视到了它们之间的逻辑联结。现代法治的核心要义是良法善治。正是现代法治为国家治理注入了良法的基本价值，提供了善治的创新机制。国家治理现代化的实质与重心，是在治理体系和治理能力两方面充分体现良法善治的要求，实现国家治理现代化。”具体参见张文显《法治与国家治理现代化》，《中国法学》2014年第4期。

② 杨雪冬：《市场发育、社会生长和公共权力构建：以县为微观分析单位》，河南人民出版社，2002，第52页。

③ 李占宾：《基层治理的现实困境及法治化路径》，《河南师范大学学报》（哲学社会科学版）2016年第1期。

国家层面推行的司法改革部署，其在内部机构改革、员额制、办案责任制、经费保障等方面还有很多关系没有理顺，同时，县域司法权的行政化倾向严重，更易受地方行政权力的干扰，从而无法全面实现司法改革的目标设定。

要想实现国家治理体系和治理能力的现代化，必然要用法治思维和法治方式深化改革、推动发展、化解矛盾。进行县域法治试验，对县域的政治权力运行、执法司法等基本环节进行法治层面的规范化处理，才能逐步消除县域治理非法治化的乱象，才能最终实现法治国家的建构，这也是强调推进县域法治试验的重要原因。

（二）嵌入性：县域法治试验与地方法治框架

“超越国家整体主义法治观的分析模式，按照法治发展的阶段性和渐进性，可以把法治类型化为国家法治和地方法治”，“地方法治，是指国家主权范围内的各个地方，包括以行政区划为特征的地方省市、区县，也包括跨越行政区域的地方联合，在法治中国的推进过程中践行法治精神，落实法治理念，以实现国家法治为目标，基于法治型社会治理的需求，逐渐形成并日益勃兴的一种法治发展现象，是建设社会主义法治国家在地方的具体实践”。[①] 地方法治的具体实践和法治现象，呈现出构建中国特色社会主义法治国家进程中的阶段性和渐进性特征，县域法治试验作为地方法治体系中的重要一环，其必然带有地方法治建设的基本属性，必然要依循地方法治的框架和逻辑。在地方法治的框架内展开的县域法治试验，其目的共融于地方法治建设的价值诉求之中，即实现地方的法治图景，最终达全宏观层面的法治国家。“县域法治”也是在依法治国的背景下提出的，并在全面贯彻落实宪法和法律的实践中走向深化。法治建设的难点和着力点都在基层，“作为承上启下的一级行政区域，县域推行法治，即‘县域法治’，具有重要的理论意义和实践意义”。[②]

---

① 付子堂、张善根：《地方法治建设及其评估机制探析》，《中国社会科学》2014 年第 12 期。

② 李树忠：《依法治国语境下的县域法治》，《中国政法大学学报》2013 年第 6 期。

全面推进依法治国，不仅需要在国家层面加强科学立法，继续完善中国特色社会主义法律体系，自上而下地推动宪法和法律的实施，而且，各省、市、县作为地方也应积极投身于依法治国的伟大实践。县域的政治与行政地位及其与民众的直接关联性，使其在国家法治建设中处于极为重要的地位。县域法治是微观化和具体化的法治，“通过对具体案件和法治事件的参与和观察，生活于县域中的人们能够深刻地体会什么是公正，什么是法治，以及当下社会离法治还有多远”。[①] 只有最基层的民众参与到法治实践中，推动县域法治试验的成功，才能从根本上实现我国国家治理体系和治理能力的现代化。当下，不同层次的地方立法都应该关注县域的法治试验，县域法治试验可以成为法治相关制度改革和民众参与的重要试验场，也可以为地方立法提供素材，同时也是法治社会效果的检验场，能够达成对改革风险的有效控制。县域法治试验要求发挥地方的主动性，对县域法治建设的理念层面、制度层面和操作层面进行探索实践，为国家法治建设提供县级层面的经验和积累，在国家层面，也必须根据地方法治的规律和逻辑出台相应的政策和法律进行激励与规范。

（三）县域法治试验的基本运作逻辑

县域法治建设应该遵循观念—制度—行为—效果的逻辑路径，观念是前提，制度是基础，行为是关键，效果是评判标准。国家对县域法治建设的支持重点是给予相应的制度激励和法律规范。国家要通过制度引导县级政权以现实问题为导向，关注民生，尊重人权，因为政策和法律是为解决现实问题服务的，本身并非目的，如果把政策法律视为目的，必然会以损害民众利益的方式来满足政策法律的要求，其结果就是让社会以法律为基础，而不是让法律以社会为基础。在法治建设中，确实存在政策法律目的主义导向，实际上仍然是权力本位思想的体现，以法律的名义实施了违背法治的行为。县级政权必须对社会和民众负责，切实解决现实问题，调动民众积极性促进地方经济与社会发展，要用政策法律来为地方经济社会发

① 徐祖澜：《依法治国的微观求证与实践探索——县域法治在地方法治体系中的价值》，《兰州学刊》2015 年第 10 期。

展服务，这是首先必须有的理念。[①]

全国各地情况不同，国家不可能对县域法治建设进行具体行为规制，但可以为县域法治建设提供良好的制度与法律指引，以法律规定县域法治建设的价值追求和行为导向，合理配置县域法治运作中的权力和责任，激发民众参与积极性，保障公众利益。在改革要于法有据的法治要求下，为县域法治建设提供基本法律保障很有必要，建议国家制定“县域法治建设促进法”，在对县域法治建设提出明确目标的同时，对如何建设进行符合宪法与法治要求的价值指引，确保县域法治建设以民众利益和社会问题为导向良性展开，防止法治建设形式化、政治化和“大跃进”式的泡沫化。法治不能以行政的方式来推动，只有依法，才能确保有序并与民众利益一致，不至于沦为因人而异的政绩工程。“政治是一把双刃剑，既表现为社会所必需的公共诉求和权威性力量，同时也是有可能趋向于邪恶的力量”，要通过法律使法治成为政治与社会行为的内在逻辑与基本方式，“保证个人的尊严和自由，保证社会的理性发展，就必须在保证政治与社会的距离的同时，防范政治的不确定性和非理性化，实现政治的规范化、程序化运行”。[②]

建议由省市两级政府牵头成立县域法治建设领导小组协同县委、县政府推行县域法治建设。在国家出台法律之前，各省、自治区、直辖市可以出台地方性法规对县域法治建设进行规范和指引。由于对县域法治建设的重要性和特殊性认识不足，各地的法治建设规划大都没有把重点放在县域法治建设上，基本上没有提出县域法治的概念，更没有制定将县级区域作为法治建设试点的方案。实质上是没有把握地方法治建设的系统性，更多从法治涉及的点考虑问题，如立法、执法、司法、队伍建设等方面，这固然有必要，但法治各方面在社会运行中的协调性、民众的参与和认同度、社会条

① 在探讨县域治理法治化过程中，不能忽视的问题是“县域经济发展显然成为城乡改革的核心议题”，这一“核心议题”恰好揭示了县域治理的价值导向，必然要以经济发展为基础进而实现社会的全面发展。县域法治试验的核心价值导向也应该被界定为在社会主义市场经济条件下的现代性努力。如同有的学者提出的那样，“运用‘行政—政治—公司’三位一体统合治理分析框架，以解释地方政府在推动经济发展中的作用。通过行政审批权获得对土地等核心资源的垄断权力，通过政治动员发挥主导力量，通过公司制承担经济发展主体的角色，县域政府的权力、意志、绩效三者空前地互为推动，产生出新的活力”，而这种以市场为导向，以拟公司化为运行模式的县域政府治理新模式正好暗合了县域治理的法治化路向。参见折晓叶《县域政府治理模式的新变化》，《中国社会科学》2014 年第 1 期。

② 周祖成：《法律与政治：共生中的超越和博弈》，《现代法学》2012 年第 6 期。

件的规制等，也不容忽视。县域是进行国家法治建设实验的最佳场域，可以在一个自洽的区域进行各方面制度的运行性试验并分析问题与效果，在试验中不断改进，为进一步推广提供合理依据。改革可以由点到面，法治建设同样可以如此，立足于县域逐步进行横向和纵向扩展是国家法治建设一种比较可取的方式。特别是，立足于县域，有利于探索民众参与法治建设的途径和方式，有利于调查民众对试点的态度和评价，确保法治建设与民众利益的协调一致，不至于成为政府的单方行为和对民众的强制性要求。有学者提出了法治建设的双轮驱动模式，这在一定程度上是对民众作用重要性的认可，也是矫正法治建设中出现权力本位和行政色彩太浓等问题的重要途径。

二　县域法治试验的环节与路径

“法治中国作为法治在当下中国的政治表达，正在从一个命题具体化为全面改革的行为逻辑。”[①] 其实，从更为广泛的层面言说，法治中国不仅仅是全面改革的行为逻辑，更是整个国家和社会不断实现物质文明和精神文明的行为逻辑。法治中国的实践内容是什么？这在学界多有争议[②]，但从法治建设的逻辑起点（权利保障）、权利的实现机制、法治建构的着力点（权力控制）、法治建设的逻辑取向（国家法治和社会法治的协同推进）等几个方面进行分析[③]，法治国家的逻辑构成可以概括为权利保障、权力

① 汪习根：《论法治中国的科学含义》，《中国法学》2014 年第 2 期。

② 对法治中国的逻辑构成，当前学界至少有三种不同看法：一是认为法治中国包括国家法治、地方法治和行业法治，或者法治政党、法治政府和法治社会三个部分；二是认为法治中国由法治国家、法治政党、法治政府、法治社会四者构成；三是认为法治中国包括法治经济、法治政治、法治文化、法治社会和法治生态文明。具体参见黄文艺《对“法治中国”概念的操作性解释》，《法制与社会发展》2013 年第 5 期。

③ 本文参照了葛洪义教授的分析进路。葛洪义教授从我国法治建设实际情况出发，分析了法治政党、法治政府、法治社会等概念之间的逻辑关联，提出了法治中国的逻辑理路，其主要内容包括法治建设的逻辑起点（权利保障）、权利的实现机制、法治建设的逻辑取向（不依赖公权力的社会法治路径）、法治中国的着力点（权力控制）。其中在法治建设的逻辑取向问题上，葛洪义教授提出法治建设应该从社会而不是国家开始，重点要解决好如何通过法治的方式让社会自身充满活力的问题，也就是如何能够使社会自下而上地解决自身存在的问题，而不是依赖政府与公权力。关于这一点，笔者认为，在我国的政治架构之下，法治建设的逻辑取向应该以国家为主导，实现国家和社会法治的协同推进。具体参见葛洪义《“法治中国”的逻辑理路》，《法制与社会发展》2013 年第 5 期。

控制及多元主体的协同参与。由此，结合对法治实践的一般性逻辑描述，可以将县域法治实践的内容具体化为：决策法治化（民主政治实践）、行政权运行法治化、司法权运行法治化、公众参与法治构建（从法治意识培育到参与机制法治化）等几个基本环节。

（一）民主实践：决策法治化

依法决策是依法治国理政的逻辑起点，构建法治国家的首要环节是规范决策主体的决策行为，保障决策的法律化和规范化。县域法治的首要问题是党委政府决策权依法运行的问题，也就是民主政治的基层实践，县域法治试验的根本和核心问题是权力在县域的依法运行问题。依法决策是依法治县的前提，县级党委政府的决策能力直接关系到地方发展和群众利益，所以县域法治建设必须坚持以规范权力为重点，让权力在制度轨道上运行。基于民主政治实践的决策民主化和法治化，“一方面有利于吸纳来自民间的智慧和思想；另一方面又提供了一种通过和平、理性的方式修正决策失误的纠错机制，使决策体制具有了自我调整、自我更新的能力”。[①] 这也是防止权力滥用和控制权力腐败的有效方法。在决策机制中，党委是关键的政治动力源。“中国共产党的政治理念是人民民主，人民代表大会制度及民主集中制的组织原则就是这种理念的集中体现，这套制度体现的是专业化、技术化，权力的监督制约，内涵着现代制度理念和制度设计。县级政治体系基本上是对上一层级的复制，它是职能和机构最完备并拥有一定管辖层级的底层政治系统。”[②] 具体来讲，既坚持党的领导，又理顺党和人大、行政、司法的关系。党委要善于通过国家政权机关实施党对国家和社会的领导，支持国家权力机关、行政机关、审判机关、检察机关依照宪法和法律独立负责、协调一致地开展工作。在坚持党委领导的权力架构下，县域决策体系中的主体是党委和政府，而法治建设关键在“少数”，党政主要负责人要有法治担当

---

① 周光辉：《当代中国决策体制的形成与变革》，《中国社会科学》2011 年第 3 期。

② 樊红敏：《县域政治运作形态学分析——河南省 H 市日常权力实践观察》，《东南学术》2008 年第 1 期。

精神。[①] 作为法治建设的重要组织者、推动者、实践者，领导干部的法治素养对法治建设极为重要。要通过制度建设保证领导班子具有法治思维并运用法治方式处理问题。

首先，领导班子中应逐步配备具有法学教育背景的成员。要实现县域治理的法治化，决策主体应当率先具有法治观念和法治思维。对县域各级主要领导及执法司法人员进行法治培训是县域法治建设必须开展的基础性工作。培训原则上在县城进行，基本上可以分为三类：一是针对党委领导干部的法治培训，二是针对执法司法的法治培训，三是针对其他职能部门的法治培训。培训内容应根据培训对象进行差别化设置，除法治基础理论外，其他内容都应该结合相关工作实际设置课程，力求培训生动并产生实效。另外，对培训效果要进行动态考核。凡接受培训的人员，都要对其工作进行为期三年的法治考核，可以制定法治考核指标体系进行定量、定性和社会实效、社会评价等多维考核。要把培训效果的动态考核纳入整体的法治评估考核体系中。

其次，重大决策必须进行合法性论证。县域决策主体应将法治思维外化为依法决策的能力，主动适应我国法治建设的新常态，构建与依法治国方略相适应、与法治中国新常态相匹配的决策思维新模式。党的十八届四中全会把公众参与、专家论证、风险评估、合法性审查、集体讨论决定确定为重大行政决策的法定程序，这是县级党政机关推进科学决策的法律遵循。在新的历史条件下，县级党政责任人尤其应注重立项、论证等各个环节的法定程序，坚持以法治要求推进科学决策，以科学决策体现法治精神。[②] 必要时，要聘请专门的法律顾问或者设立专门的法律顾问制度协助领导班子决策。

最后，要把法治建设成效作为衡量县域决策主体工作实绩的重要内容，纳入政绩考核指标体系。完善领导干部绩效考核和评价机制，激发县

① 习近平在会见全国优秀县委书记时指出，在我们党的组织结构和国家政权结构中，县一级处在承上启下的关键环节，是发展经济、保障民生、维护稳定的重要基础，也是干部干事创业、锻炼成长的基本功训练基地。县委是我们党执政兴国的“一线指挥部”，县委书记就是“一线总指挥”，是我们党在县域治国理政的重要骨干力量。参见习近平《在会见全国优秀县委书记时的讲话》，《人民日报》2015 年 9 月 1 日。

② 张汉平：《抓好县域法治建设中的“关键少数”》，《学习时报》2015 年 6 月 1 日。

域法治实践的创造性。重视提拔法治意识强、善于用法治方式解决问题、推动发展的优秀干部，引导领导干部自觉运用法治思维、法治方式去思考和解决问题。考核体系设计要具有针对性、可测性、实效性，坚持定性与定量相结合、属地考核与上级考核相结合、部门负责与公众参与相结合、主管部门评价与行业评价相结合。考核不合格的人员，要自己提出整改方案并接受再培训，连续两次考核不合格的工作人员，由相关部门提出警告，经警告后仍然考核不合格的，领导干部就地免职，工作人员降级并调换到非执法部门工作。对于违反重要指标的行为，实行一票否决制，如滥用职权、徇私舞弊、腐败、发生重大群体性或者其他与管理有关的恶性事件等。同时，要把民众的评价作为领导干部法治考核的重要指标，凡民众评价不合格的领导，必须先调离该领导岗位。为确保考核的公正性，考核由外地独立第三方机构依法进行。

（二）权力控制：行政权运行法治化

依法行政是依法治国的关键，也是现代政治文明的重要标志。执法是法治的核心环节，对行政权的法律控制是县域法治建设的重要内容。长期以来，县域治理迫于维稳和相关业绩考核的压力，在某些方面采取偏离法治轨道的运动型治理模式，通过政治权威在短时间内集中体制内资源解决某项重要而又难以解决的问题，比如“土地财政”主导下的强拆问题。“运动型治理以及带有运动型治理色彩的治理方式打破了行政主体、方式、程序、责任的界限，淡化日常治理的严谨与坚持，违背法治的精神，是权力高于法律、法律无法约束权力的体现。”① 运动型治理破坏法治有序性和规范性，运动型治理是权力治理而非法治治理。政治行政化动员模式通过整合分化的政治结构，使县域政府实现了经济的增长奇迹并走向赶超型现代化，但由于在这一模式下，自下而上表达功能的弱化和缺失，民众难以有效地在面对拆迁、补偿等涉及自身利益问题时，进行制度化的表达和讨价还价，由此造成官民的不信任和对立，这已经成为常态。② 而县域行政

① 欧阳曙：《安县：法治的异化——县域法治的个案研究》，《社会科学论坛》2016 年第 1 期。

② 樊红敏：《政治行政化：县域治理的结构化逻辑——一把手日常行为的视角》，《经济社会体制比较》2013 年第 1 期。

权的法治化是解决这一问题的基本路径。在县域治理的试验场，行政权涉及的事项和群众的利益息息相关，所牵涉的利益格局较为微观，需要处理的行政事务比较繁杂，很容易出现以权代法、背离法治轨道的行政执法行为。行政权力运行法治化是县域法治试验的关键，必须依法规束行政权，杜绝行政权运行的恣意化。

县域法治试验要求执法主体、范围、方式、程序、责任的明确性、特定性，不能跨越界限，越权擅权。应推行责任清单和权力清单制度，严格责任追究，为“法定职责必须为、法无授权不可为”定清单、划边界。为保障执法制度符合法治要求，要聘请第三方独立机构对现行执法制度和规定进行全面清理，从法治的角度论证其合理性及其存在的问题，提出建议；要对各部门近两年的执法成效与社会评价进行评估，分析存在的问题，提出改进对策；要对执法中的权利救济情况进行调查分析；要进一步完善执法公开制度，确保执法公平公正；要建立执法监督核查制度，完善监督体系，加强行政权力运行的制约监督；强化政务公开，推进阳光政务，确保执法行为始终在法治的轨道上运行。了解执法对象对执法行为的满意度，对有证据证明的违法执法行为和简单粗暴的执法行为进行通报处理，并依法追究相关法律责任。行政主体要把保障和改善民生作为县域法治建设的基本价值诉求，切实运用法律手段解决好教育、就业、住房、社会保障、征地拆迁等热点民生问题。要规范信访行为，依法治理信访秩序，实行诉讼与信访分离，引导群众依法理性表达诉求。① 在县域治理法治化的话语背景下，实现基层安全稳定和谐发展。

（三）正义防线：司法权运行法治化

司法是社会的权利救济机制，既是法治的重要显性指标，也是法治的重要保障。“我国3000多个县级法院是人民司法的基础，在县域、乡村治理中发挥着重要作用。将法治思维、法治方式与县域、乡村治理相融合，不断完善我国的审判体系，提高审判能力，为实现国家治理现代化打下坚实基础。”② 县域司法权运行的法治化是县域法治试验的核心内容之一，县

---

① 张本强：《新常态下如何推进县域法治建设》，《当代贵州》2015年第10期。

② 周强：《在县域治理中发挥好司法作用》，《人民日报》2014年7月21日。

域法治试验中的司法权运行问题可以分解成司法机关内部机制和外部机制两个面向的问题。首先是司法权运行的内部问题，主要涉及当下全面深入推进的司法办案责任制、法官检察官员额制、司法机关人员分类管理等司法改革问题。县域司法既包含城市所在地的现代化司法场所，又包含农村所在地的非固定、非正式的司法场地，所以“县域司法承载着创城任务，既要‘落实规则’，又要‘恢复秩序’，既要追求司法的规范化又要实现司法的有效性。司法作为一种实践性的治理事业，回应和关注既是司法适应社会发展的需要又是司法满足人需求的必要”。[①] 县域司法试验，要认真落实中央深化司法体制机制改革的各项部署，积极稳妥地推进司法体制和工作机制改革，优化司法职权配置，完善司法保障制度，加强司法队伍建设，提高司法队伍素质，大力推进司法规范化建设，全面规范自由裁量权。同时也要通过做好日常审判和执行工作，完善诉讼服务中心、人民法庭以及巡回审判诸项制度，筑牢公平正义的最后一道防线。

司法权运行的外部问题是处理司法和行政的关系、司法权的法律监督等问题。行政力量天然具有扩张性，如果不予遏制，它将日益侵蚀司法的领地，压缩司法活动的空间，损害司法的权威并抑制司法的功能。[②] 法治建设的重要目标是行政权力的规范运行和公民权利的有效救济，这两方面都离不开司法的作用，没有权威、公正的司法，权力规制和权利救济都不可能切实有效，法治也就不可能名副其实。其一，必须合理界定司法与行政的关系，司法不是行政的附庸，与行政机关不存在隶属关系，要改变把司法机关视为政府工作部门的观点和做法。其二，要明确规定必须引入司法审查的行政行为，通过司法审查确保行政权力规范运行。一方面要对社会纠纷引入全面司法审查机制，通过司法审查和司法调解及时化解社会纠纷，对限制人身自由的行政处罚必须引入司法审查；另一方面是要积极推进司法改革，树立司法权威，以权威的司法达成对行政行为的司法审查，通过司法审查促成规制行政权力的功效。其三，要明确规定司法不能提前介入的行政行为，不能让司法为特定的行政行为保驾护航，这有违司法性质和功能。其四，取消或者提升司法机关的行政级别，如果不能比所在地

① 潘怀平：《城市化与乡土化：基层司法权力运行机制实证研究》，《法学》2013 年第 9 期。

② 龙宗智、袁坚：《深化改革背景下对司法行政化的遏制》，《法学研究》2014 年第 1 期。

的行政机关行政级别更高，至少应当平级。对县域而言，司法机关的行政级别应该与县政府平行，即为正处级或者副厅级，不受县政府直接管理，实现司法设置相对独立。这与当下司法机关人财物统一管理的改革思路基本一致。[①] 司法机关没有权威和地位，不可能有公正高效的司法功效。其五，改变行政领导到司法机关任职的制度通道，对司法部门领导实行独立的专业化遴选制度，确保高水平法律人才担任司法机关负责人。

（四）动力机制：公众参与法治构建

从国家治理层面看，“公民参与也是实现善治的必要条件，日益受到重视的参与式治理，是实现善治的重要方式。公民参与不仅对于保障人民的主体地位具有实质性的意义，而且对于制约公共权力和保证国家政策满足公众利益具有程序性的意义”。[②] 公民是法治秩序中的行为主体。公民参与法律是法治秩序运行的重要促动力量。县域法治实践直面群众，公众参与缺位，公权容易异化。县域法治需要搭建公众参与法治实践之平台，激发公众法治热情，形成全社会法治建设的聚焦效应。公民参与法律的广泛性与真实性是衡量一个社会法治进程的重要标尺。法治秩序的运行与发展是以公民参与法律为支撑的，公民参与法律对我国法治运行的各个环节，尤其是立法、执法和司法环节产生巨大的推动力量，成为支撑法治运行的主体性力量。[③]

公众参与法治构建，首要的任务是搭建制度通道，确保民众对法治建设的参与和监督。法治只有契合民众的要求才能产生制约权力和保障权利

---

① 龙宗智教授认为，这是司法改革向体制动刀的标志，也是学界普遍支持和长期呼吁的举措。不过具体施行中要注意两个问题。其一，应当注意各种制约因素的影响。司法机关在许多方面还需要依靠地方，如干部提拔交流、协助裁判执行、协调涉众案件的纠纷解决以及法院、检察院的建设等。因此，就人财物统一管理和司法的“去地方化”，不妨先试行、后实施，先局部、后整体；最好能先易后难逐步推进。其二，人财物统一管理可能导致上级法院对下级法院的行政性约束力明显增强，上下级法院关系行政化的问题不仅不能解决，反而可能有所强化。对新的体制条件下上下级法院之间的关系，应当研究应对措施，并由最高人民法院出台规范，在人财物的统一管理与审判权的独立运行之间建立“隔离带”。参见龙宗智、袁坚《深化改革背景下对司法行政化的遏制》，《法学研究》2014 年第 1 期。

② 俞可平：《没有法治就没有善治——浅谈法治与国家治理现代化》，《马克思主义与现实》2014 年第 6 期。

③ 李泽：《公民参与法律构成法治运行的主体性支撑》，《求索》2008 年第 1 期。

的功效，没有民众的参与，法治可能成为一次权力扩张和再分配的过程。民众要作为在场者参与国家法治建构，国家要保障民众成为法治建设的主体，包括参与法治建设的相关决策与制度实施。“这种自下而上的群众参与法治建设的机制在试图探索适应中国社会发展更加有效和更具回应能力的法治模式。强调政府与人民群众对社会公共生活的共同治理，蕴含着平等、灵活、对话、开放与包容的立法理念。”[①] 作为县域来讲，其经济条件、文化基础、民族结构、风俗习惯等都是法治条件。

法治的立足点是民众的权利和利益，民众基于自己的利益提出法治诉求，要求国家进行制度回应，这是法治的内涵和实质，并非单纯表现为国家权力运行方式的改变。为此，必须首先了解民众对国家权力的诉求以及国家权力在回应民众诉求方面存在的问题。应当对近三年典型社会冲突、民事行政纠纷进行分析，这是把脉社会问题的重要方式；应当对县域范围不同民众对政府的诉求进行多维调研；要通过改革提升国家机构服务民众利益和促进社会发展的能力；要进一步解放思想，让民众充分表达对相关管理机构的意见和看法，不能因言获罪；要破除官本位和驭民思想，让民众成为真正的权力主体，只有贯彻宪法关于“一切权力属于人民”的思想，让人民真正行使权利（权力），权力运行中可能产生的恶劣状态才可以得到有效改变。民众能够对官员和执法起到制度性制衡作用，是确保治理为民、执法为民的重要制度机制。没有民众有效参与的法治，不可能切实回应民众的利益诉求，不可能切实制约国家权力。县域试验可以此为突破口，从制度上理顺民众与国家管理治理的关系，从制度运行中不断矫正运行中的偏差，达成社会与国家权力的有机对接和融洽协调，在各自的轨道协同推进县域法治实践。

三　县域法治试验的评估机制

法治评估作为法治实践的量化方式，“具有协调平衡利益冲突，提供修复受损秩序载体，优化法治资源配置，搭建创新制度安排平台以及实现

① 胡铭、张健：《法治中国建设中的公众参与：从“自上而下”到“双向互动”》，《观察与思考》2014 年第 4 期。

公平正义等功能”。[①] 在推进县域法治试验过程中，构建一套全面法治评估体系尤为重要，县域法治试验的评估体系应该在“试错”中逐步实现规范化、体系化和制度化，并作为地方法治建设的新增长点推动县域法治及经济社会建设整体目标的实现。

（一）法治评估：县域法治试验的量化评判

要理解地方法治评估的兴起，必须厘清地方法治建设与相关评估机制的逻辑关系，“地方法治在建构过程中应当与法治评估同步，要求做好顶层设计，进行地方立法评估，健全地方法治工作绩效考核机制，运用法治指数从整体上评估地方法治化水平，在坚持国家法治统一性的前提下加强地方法治建设，优化地方法治评估机制，是全面推进依法治国的具体行动，也是从整体上实现法治中国最终目标的必然要求”。[②] 对法治如何评估是当下热门的理论与实践问题。在国际层面，通过指标设置进行的法治状况评估，已经成为分析该国投资环境、水平及制度实施状况的重要依据，代表性的有1996年世界银行推出的全球治理指数中的法治评估指数，2006年美国律师协会等律师组织发起的“世界正义工程”的法治指数等；受全球法治发展指标化和指数化的影响，国内出现了以香港、浙江余杭为代表推行法治指数评估，以深圳市为代表推进法治政府评估等地方法治评估的实践热潮。[③] “整体而言，对量化方法认识不足所造成的运用混乱，使得国内法治评估陷入了一种尴尬境地：各地的指标体系与评测方法看似能够自成一派，但其解释力与认可度却极端有限，甚至于在不同的评估体系之间都难以获得互相认可，也难怪有学者担忧法治评估最终会演变为一场自说

① 徐汉明等：《论法治建设指标体系和考核标准的科学构建》，《法制与社会发展》2014年第1期。

② 付子堂、张善根：《地方法治建设及其评估机制探析》，《中国社会科学》2014年第11期。

③ 从省级层面到市、县（区）层面，我国多地开展了法治政府建设指标评估体系、法治指标评估体系的实践探索。省级层面的包括北京市、湖北省、广东省、江苏省、四川省、广西壮族自治区、江西省、河北省等；市级层面的有深圳市、青岛市、苏州市、惠州市、温州市、德阳市、三亚市等；区县级层面的有杭州市余杭区、青岛市市南区、苏州市吴中区、深圳市宝安区、河北省永年县（现为邯郸市永年区）、贵州省普安县等。具体参见钱弘道、王朝霞《论中国法治评估的转型》，《中国社会科学》2015年第5期。

自话的景观式建筑。”①

对县域法治评估的推进应当秉持审慎理性的态度。现有评估侧重法治建设效果评估，没有从改革与制度调整的角度进行评估，这可能难以从根本上改变制度格局和促进法治发展，甚至还可能偏离法治的方向。在大规模援引统计学知识、政府绩效评估实践、国际评估方法的同时，法学界并未就“法治”需要何种量化方法进行深入的思考，对县域法治评估应当遵循渐进的原则，偏重制度与问题评估，注重民众权利保障和救济状态评估，实行定量和定性的多维评估，对政府制度和行为进行全面评估，强化公开和反馈，使评估过程更加科学并对评估对象产生实效。

（二）县域法治试验评估的基本路径

1. 评估应遵循的原则

设计县域法治试验的评估指标体系，至少应当符合法治框架、科学有效的原则。具体来讲，其一也是首要原则就是评估的“嵌入性”和语境化②，要嵌入基本的政治和法治语境中，不能背离国家法治的框架。“中国的法治评估从属于依法治国方略，从属于法治现代化这一框架，属于中国经济体制和政治体制改革的重要环节，具有转型期的时代特点。”③ 其二要依循客观中立的评估原则。将由地方政府主导的法治评估向第三方和社会多元主体参与的中立性法治评估机制转变，以保证地方法治建设评估的客观性和科学性。其三要实现法治评估对法治实践的贯穿性，对县域法治实

---

① 周祖成、杨惠琪：《法治如何定量——我国法治评估量化方法评析》，《法学研究》2016年第3期。关于学界对中国当下法治评估理论及其实践的梳理、评述和反思，还可参见付子堂、张善根《地方法治建设及其评估机制探析》，《中国社会科学》2014年第11期；周尚君、王裕根《法治指数评估的理论反思与前瞻》，《广州大学学报》（社会科学版）2015年第3期；朱景文《论法治评估的类型化》，《中国社会科学》2015年第7期；孟涛《论法治评估的三种类型——法治评估的一个比较视角》，《法学家》2015年第3期。

② 有学者认为，“国家治理利益取向与过程的民主性或曰国家治理的合法性程度，则作为持久的基础性约束发挥着愈来愈显著的影响力并深刻影响其治理效能。而历史地看，任何国家的治理都逃脱不了政治法律文化的嵌套，而毋宁是以特定政治法律文化传统为视野的基于现实政治需要的‘视域融合’过程，由此对文化及其作为其内核的主导性价值的考察必不可少”。这种表述对“嵌入性”的理解由政治话语扩及文化价值话语，也是在法治评估中值得注意的问题之一。具体参见魏治勋《“善治”视野中的国家治理能力及其现代化》，《法学论坛》2014年第2期。

③ 钱弘道等：《法治评估及其中国应用》，《中国社会科学》2012年第4期。

践进行全过程、全方位、多维度的评价。其四要体现评估的地方性特征，县域法治试验的评估要和县域政治经济社会实践紧密结合在一起。县级党政司法机关应根据国家法治建设的整体要求，结合本地实际使国家的法治建设整体战略在本地得到全面的体现贯彻和执行。其五是定性评估与定量评估相结合，在获取定量数据的基础上，借助价值判断体系审视和评判量化指标并得出结论。

2. 评估主体的确定

在政府推进型法治发展模式下，尤其是地方性特征明显的县域法治评估，很容易出现功利性倾向和公权力的自我利益中心化立场。钱弘道等认为，将公共政策评估中的“利益相关者”理论引入法治评估是一种有效的方法，该方法将普通民众作为法治评估主体，在评估中植入了更多民意因素。① 笔者认为，县域法治评估要逐渐剥离地方政府的权力主导和意志干扰，把地方法治建设绩效考核与法治评估予以分离，在具体评估程序的设计和运行上，可委托有专业法治评估能力和经验的社会机构、科研院所来进行。“从长远看，建议由国家层面的相关部门进行评估，或由国家相关部门委托科研院所进行。在条件成熟的情况下，也可委托相关社会组织运作。”② 同时，作为评估主体，其既要对职能部门或相关机构提供的评估数据作出复核和验证，也要主动组织公众参与监督法治评估过程。

3. 评估内容和指标体系的设置

对当前法治评估的具体方式做类型化处理，可以得出价值性进路和制度性进路两种法治评估路径。“价值性进路是从‘理论’到‘现实’的过程，是以法治价值要素为标准对法治现实进行的评估，强调评估地区法治价值实现的程度及与法治理想的差距。而法治评估的制度性进路，则是从‘现实’到‘现实’的过程，更强调通过对现行法律制度及其实施状况的分析和研究对法治建设情况进行评估。”③ 作为县域法治评估的先行者，浙江余杭法治指数评估根据制度性进路，以余杭区法治建设的9个目标（党

① 钱弘道等：《法治评估及其中国应用》，《中国社会科学》2012年第4期。

② 付子堂、张善根：《地方法治建设及其评估机制探析》，《中国社会科学》2014年第11期。

③ 全球法治评估主要体现出价值性进路的特征，以中国为代表的地方法治评估更多体现出一种制度性特征，比如香港的法治评估以及以浙江余杭为代表的中国大陆地区的法治评估。具体参见张德淼、李朝《中国法治评估进路之选择》，《法商研究》2014年第4期。

委依法执政、政府依法行政、司法公平正义、权利依法保障、市场规范有序、监督体系健全、民主政治完善、全民素质提升、社会平安和谐）为指向确定评估内容和指标体系。[①] 县域法治评估，要以制度层面的评估为切入点和基础，用量化指标和具象化的评估事项检测法治实践的问题与不足。同时，还要吸纳价值性评估的伦理性、灵活性和主动性，“例如，在人权问题上，可以从人权保护的角度评估相关法治价值的实现状况，也可以将评估得出的结论与国际上的人权责任指标等相关内容进行比对，提炼出中国在人权法治保护上的真正需求”。[②]

县域法治评估并不仅仅是评断县域法治试验在宏观制度架构和制度环境中是否达至法治实践的价值预期，而应根据县域法治建设的实际状况，提出完善区域法治建设和评估的具体对策，以推动县域法治目标的落实，最终实现法治评估对地方法治建设的激励和导向作用。所以县域法治评估在强调指标体系的普遍性价值诉求外，还要体现差异性。“我国地方法治量化评估，与地方法治试验紧密相关，尚处于试错阶段，过于强调法治指数评估体系的普遍性，虽然一时满足了可比性要求，却可能使评估体系难以反映地区法治发展中的特殊性而不能起到有效助推地方法治建设的作用，最终将影响整个国家法治建设进程。”[③] 具体来讲，评估体系中一级指标的内容设置，要更多地吸纳价值性进路的理念和内容。二级指标及更次级指标的设计则要体现科学性、可操作性，要展现不同县级区域法治实践的地方性，要注重吸纳地方的经济发展模式、风俗习惯、人口构成、资源和地理环境等作为指标设置考量因素。在指标权重设置、指标内涵阐释等方面，评估主体要善于利用网络、信息技术和数据处理技术，对县域法治试验的指标信息进行客观、精确化处理，使评估结果经得起实践和公众检验。

4. 评估结果的应用

“评估工作本身尚无法直接助推地方立法质量的提升，只有在地方立

① 针对法治实践的量化评估，钱弘道等认为，虽然制度性进路范围较窄，但易于进行指数的确定。具体阐述参见钱弘道等《法治评估及其中国应用》，《中国社会科学》2012 年第 4 期。

② 张德森、李朝：《中国法治评估进路之选择》，《法商研究》2014 年第 4 期。

③ 周尚君、彭浩：《可量化的正义：地方法治指数评估体系研究报告》，《法学评论》2014 年第 2 期。

法评估活动的基础上形成地方立法评估成果，并且将该成果切实应用到地方法治建设的实践中，地方立法评估作为地方立法科学性、民主性、妥适性之促进与增强的目的才可能得到实现。”[①] 同样，对县域法治试验的评估，只有将其成果应用到具体法治实践中，法治建设目标才可能达成。针对县域法治试验的评估状况，首先要建立评估责任追究机制，针对评估客体违反法律法规，背离法治精神的行为要及时追究责任；要及时通过各种传媒通道包括网络渠道将县域法治试验的评估结果进行公示，使县域法治建设的责任主体直面生动而具象的法治实践，通过舆论压力促成党政机关、司法部门及时知悉情况并整改。另外，要建立县域法治评估的激励机制，充分发挥法治评估结果的激励功能，依据评估结果实施奖惩，将评估结果与重要人事任免挂钩，结合法治理念教育，使县域法治建设主体在双重动力机制下积极参与和推进法治建构。

① 陈伟斌：《地方立法评估成果应用法治化问题与对策》，《政治与法律》2016 年第 3 期。

第二编

政策研究

国家文本与地方规则：救灾治理中的基层政策执行研究*

——以汶川地震灾区元镇为表述对象

申恒胜　王　玲

摘要：本文以基层政府对国家政策的执行为切入点，剖析汶川地震重灾区元镇的救灾治理个案，通过考察基层权力对救灾的介入过程，分析国家文本与地方规则如何影响权力的具体实践形态，以展现灾害场景中基层政府的行为路径及其逻辑。研究发现，在救灾治理中，国家政策与基层政权呈现出“互嵌”式的运作机制，基层政权集承接、转换、利用等多重角色于一身。元镇的个案研究表明，国家的救灾政策得到了较好执行，但为地方社会具体情态所型构的基层权力仍在政策执行中出现偏离行为，需要国家的纠偏及政策执行的制度化。

关键词：国家文本　地方规则　政策执行　分类治理　政权经营

一　引论：国家治理中的基层政权与政策执行

时至今日，国家与地方政府尤其是基层政府之间的关系仍旧是一个重要的学术论题。尽管国家处于整个权力结构的顶端，但国家与那些掌握基层权力并与之共同形成权力结构的地方精英并不完全紧密联系在一起。尽管这种冲突是比较隐蔽和微妙的，但仍深刻影响着国家与地方的关系。于

* 原文发表于《中国农村研究》2016 年第 2 期，收入本书时有修改。
基金项目：国家社会科学基金青年项目“惠农政策执行中的基层权力运行与规制研究”（项目编号：13CZZ051）；教育部人文社会科学研究西部项目“身份、行动与灾区社会治理——川陕四村灾民行为研究”（项目编号：15XJC810005）阶段性成果。

作者简介：申恒胜，西南政法大学副教授；王玲，西华师范大学管理学院副教授。

是，作为国家象征的“帝国权威”和对一般民众具有更实际影响的“地方权威”（士绅、地方官僚）之间的关系与互动问题，成为传统政治研究的重点。魏丕信在对18世纪中国的官僚制度与荒政的研究中发现，地方权力精英在不同情况下扮演着不同角色。他们在国家权力与人民大众之间，或者作为中转器，或者作为庇护所。[①] 官僚体系的内部结构及其运作极为复杂，当中央政策经由各级行政体系抵达乡村社会时，就必须面对文本化的政策与多元化的社会之间的隔阂。尽管国家政策看起来是具体的和明确的，但当基层官员面对自由散漫的灾区人口与复杂的社会现实时，必须不断地对国家政策进行细化和变通，才能转化成切实可行的具体行动。魏丕信认为，政策执行中的变通正是在非正式官员这一层级产生的，非正式官员既包括那些遍布乡村的下层代理人，也包括那些地方官员的随从们。[②] 在救灾中，地方官员掌握资源的权威性分配及其过程，尤其是在清查受灾人口与发放赈济环节，最容易产生失范行为，因而最受中央政府的关注。尽管国家力图发展一种不受地方社会精英所控制的基层权力机构，实现官僚化国家的“分离”理想，以使政权从形式和结构上与社会相分离，但它却无法使自身完全官僚化。[③]

随着近代士绅阶层的劣化及革命话语下这一阶层的整体性瓦解，国家接管了整个救灾过程并借此整肃官僚体制以破除地方政权的营利性与机械性。孙立平等曾用“总体性社会”[④] 这一概念来描述集体化时期国家与社会的具体存在样态。冯仕政则指出，新中国诞生的“革命教化政体”基于强烈的历史使命感和绩效合法性压力而不断打破制度、常规和专业分际，以凸显国家的变革取向。[⑤] 在国家对关键性资源高度垄断、对社会生活全面控制、对政权体系严格规训下，基层政权被真正统合进国家的“权力集

---

① 魏丕信：《十八世纪中国的官僚制度与荒政》，徐建青译，江苏人民出版社，2006，中文序言第9页。

② 魏丕信：《十八世纪中国的官僚制度与荒政》，徐建青译，江苏人民出版社，2006，第85页。

③ 杜赞奇：《文化、权力与国家：1900—1942年的华北农村》，王福明译，江苏人民出版社，2003，第52页。

④ 孙立平等：《改革以来中国社会结构的变迁》，《中国社会科学》1994年第2期。

⑤ 冯仕政：《中国国家运动的形成与变异：基于政体的整体性解释》，《开放时代》2011年第1期。

装器”[①] 中，以致完全沦为国家的代理人。国家控制社会与汲取资源的能力得到全面增强，基层政权对政策的贯彻执行能力也大大增强。由新制度培养并受其庇护的地方权力精英，可以不顾当地民众的意愿而推行国家的政治、经济、社会等政策。然而，大规模的国家政权建设导致了地方组织机构的扩张，“这种组织结构一旦生成，便会有自己的生命，自己的运行逻辑，甚至追求自己的而不是最高公共权威的利益”。[②] 上级为了更好地推行政策，也在某种程度上默认其行为。即便在国家控制最严厉的时候，基层干部也会选择在国家命令与地方利益之间保持某种微妙的平衡，不断根据具体情势决定自己的行动策略。[③]

改革开放后，随着乡镇政权在基层治理中主体性地位的凸显，它更注重通过各种形式扩充自己的政策和制度空间，其对待上级政策与命令的态度更具实用性。郑永年指出，基层政权的金钱主义观念取代了传统时期甚至毛泽东时代所倡导和秉持的道德主义，致使部分基层政权已高度非道德化或者道德虚无化。[④] 受政绩的激励，地方政府在土地财政支配下进行大规模的征地行动，并进行招商引资，造成资源约束下政府与公众关系的紧张以及社会环境的破坏。黄宗智等发现，即便在 1994 年中央进行“分税制”改革后，地方政府也表现出普遍的“上有政策，下有对策”现象，以及地方各级政府“共谋”摆个假样子来应付中央的各种软指标和政策的现象。[⑤] 周雪光从科层制组织制度与价值观念制度两个层面探讨了国家治理的制度逻辑，认为正式制度在运行中通过科层制内部不同层次、不同机构间的互动而得到变通实施，表现出多样不一的实际过程和结果，使得体现权力、资源向上集中的权威体制与以增强基层治理能力为核心的有效治理之间产生矛盾。[⑥] 乡村组织好似存在于农民与国家之间的一块“巨型海

---

① 安东尼·吉登斯：《民族 - 国家与暴力》，胡宗泽、赵力涛译，生活·读书·新知三联书店，1998，第 14 页。

② 李强：《自由主义与现代国家》，载陈祖为、梁文韬编《政治理论在中国》，牛津大学出版社，2001。

③ 申恒胜：《整合与反蚀：政治变迁中的国家与基层干部——以晋县为表述对象（1945—1976）》，博士学位论文，华中师范大学，2011。

④ 郑永年：《基层社会的政治生态令人忧虑》，《同舟共进》2009 年第 7 期。

⑤ 黄宗智等：《中国非正规经济》（上），《开放时代》2011 年第 1 期。

⑥ 周雪光：《权威体制与有效治理：当代中国国家治理的制度逻辑》，《开放时代》2011 年第 10 期。

绵”，它一边从农民身上汲取资源，一边又汲取国家下拨的资源。上下双重汲取行动将农民与国家的资源都汲取到自己体内。① 这与国家对基层政权作为“基础”和“桥梁”的角色定位相背离。

近年来，改革前的总体性支配权力被建立在科层组织上的技术化治理权力所替代。但由于科层化的技术治理改革只触及了行政体制中的工具方面，并未从根本上改变行政权力运行的布局和机制②，因而未改变行政经营技术的工具化和政府寻租的普遍化。作为国家代理人的科层组织立基于常规机制，其内在缺陷也容易被放大而常常导致组织的失败和危机，促使国家演变出运动型治理机制以应对之。③ 更多研究将政策执行失效的原因归结于高度分化的科层结构。④ 国家科层体系的等级结构与层次划分导致政策信息的流动因国家治理规模的庞大与管理链条的漫长而变得极为困难，而中国行政管理体制中作为垂直管理代表的“条条”与作为属地管理典型的“块块”之间的矛盾导致政府管理中存在普遍的“碎片化”的制度结构和部门自我中心主义。⑤ 这往往导致政策的实施结果与政策设计的初衷相背离，甚至朝政策目标的反方向转化。

当前，自然灾害的频发使得救灾成为现代国家不可推卸的政治责任。从国家治理的角度看，“政策导向虽然源于中央，但是，政策推进必须依托基层政府，这是一个无法逾越的环节”。⑥ 作为中国行政链条末端的县、乡（镇）政府，处在抵御自然灾害的最前沿，在救灾体制中发挥着不可替代的作用。基层政权必须承接和执行国家的救灾治理政策，并在国家政策文本与地方权力实践之间小心运作、谨慎“摆平”。同时，救灾作为提升政权合法性和重塑民众政治认同的重要契机，国家也关注基层政府的实际作为以防止失范行为的发生，并通过各种手段予以调控和纠偏。

---

① 张英洪：《农民、公民权与国家——以湖南省山脚下村为例》，《中国农村观察》2009 年第 3 期。

② 渠敬东等：《从总体支配到技术治理——基于中国 30 年改革经验的社会学分析》，《中国社会科学》2009 年第 6 期。

③ 周雪光：《运动型治理机制：中国国家治理的制度逻辑再思考》，《开放时代》2012 年第 9 期。

④ 陈家建等：《科层结构与政策执行》，《社会学研究》2013 年第 6 期。

⑤ 孔祥利：《地方政府与驻地中央机构的互动——以“央视大火”的应急处置过程为例》，《中国行政管理》2012 年第 6 期。

⑥ 赵树凯：《乡镇治理与政府制度化》，商务印书馆，2010，序言。

救灾治理作为考察国家权力与基层政治运作的重要面向，能够集中凸显日常社会所遮蔽的社会情态与政治过程，使我们更容易观察到更加精细的运作机制与问题，从而在一种充满张力的社会状态下透析基层政府的行为逻辑。

本文以基层政府对国家政策的执行为切入点，剖析汶川地震重灾区元镇的救灾治理个案，通过考察基层权力对救灾的介入过程，分析国家文本与地方规则如何影响权力的具体实践形态，以展现灾害场景中基层权力的行使路径及其逻辑。本文所使用的材料来自笔者在2010～2014年先后4次在汶川地震重灾区的四川省D市L县元镇所做的调研，包括对L县与元镇档案室文献资料的查阅、对元镇干部与村民所做的深度访谈，以及参与式观察所获得的认知和体验等。[①] 元镇位于四川盆地深丘地带，距县城10公里，面积36.38平方公里。2007年村组机构改革后，辖9个行政村共91个村民小组、1个居委会、1个福利院，总人口为14225人。在“5·12”地震中，元镇死亡1人，受伤11人，房屋倒塌150户共869间，受损815户共3493间，全镇房屋经济损失达3.8亿元。据统计，灾后全镇2095户农房进行了重建。另外，元镇所在的L县被国务院划为重灾区，地震造成该县死亡15人，受伤313人，房屋倒塌8.3万间，受损33.8万间，经济损失116.3亿元，其中直接损失90.3亿元。[②]

二 资源分配中救灾政策的承接与转换

地震导致的重大损失促使国家输入巨量资源来填补治理空白。安东尼·吉登斯将资源分为两类，即配置性资源和权威性资源。前者是指对物质工具的支配，后者是指对人类自身的活动进行支配的手段。“权力集装器”通过集中配置性资源与权威性资源而生产出权力。[③] 樊佩佩、曾盛红借用吉登斯的权力再生产理论，以权力对资源的控制与配置为切入点，通过剖析汶川地震后基层救灾治理的个案，分析了权力特性与制度结构如何

① 按学术惯例，文章所涉及的人名和地名已做相应处理。

② 来自县镇档案室查阅到的宣传材料与统计数据。

③ 安东尼·吉登斯：《民族－国家与暴力》，胡宗泽、赵力涛译，生活·读书·新知三联书店，1998，第7～8页、第14页。

形塑基层社会的治理困局。[①] 但该文无形中遮蔽了救灾与治理的具体情境及其过程，尤其是基层权力如何在实践中承接并转换国家的救灾政策这一重大问题。

关于政策执行问题，众多研究发现，地方的政策变通是当代中国政治权力运作中一种普遍机制[②]，合理的政策变通是一种政策“渐进调适”[③]方式，“正式权力的非正式运作”[④]“选择性政策执行”[⑤] 等均是政策变通的不同形式。周雪光指出了政策制定和政策执行环节之间松散连接、分离偏差，甚至相互对立的现象[⑥]；强世功发现“规范”与“事实”或“表达”与“实践”之间存在巨大背离[⑦]；庄垂生将政策变通的形式分为自定义性、调整性、选择性和歪曲性四种[⑧]；王汉生等则从变迁的角度将变通划分为：重新定义政策概念边界、调整制度安排的组合结构、利用制度约束的空白点、打政策的“擦边球”等。[⑨] 这些研究为分析救灾政策的执行问题提供了有益借鉴。

在危机情态下，基层政权一改税费改革后的“悬浮”状态而再次“下沉”，承担起分配救灾资源的任务，其角色亦由“资源汲取者”转变为“资源分配者”，成为一种“分配型政权”。[⑩] 然而，由于缺乏完善的查灾

① 樊佩佩、曾盛红：《动员视域下的“内生性权责困境”——以“5·12”汶川地震中的基层救灾治理为例》，《社会学研究》2014 年第 1 期。

② 王汉生等：《作为制度运作和制度变迁方式的变通》，《中国社会科学季刊》（香港）1997 年第 21 期。

③ 查尔斯·林德布洛姆：《决策过程》，竺乾威、胡君芳译，上海译文出版社，1988，第 311 页。

④ 孙立平、郭于华：《“软硬兼施”：正式权力非正式运作的过程分析——华北 B 镇定购粮收购的个案研究》，载《清华社会学评论》特辑，鹭江出版社，2000。

⑤ O'Brien and Lianjiang Li, “Selective Policy Implementation in Rural China,” *Comparative Politics* 31（1999）：167 - 186.

⑥ 周雪光：《基层政府间的“共谋”现象——一个政府行为的制度逻辑》，《开放时代》2009 年第 12 期。

⑦ 强世功：《中国宪法中的不成文宪法——理解中国宪法的新视角》，《开放时代》2009 年第 12 期。

⑧ 庄垂生：《政策变通的理论：概念、问题与分析框架》，《理论探讨》2000 年第 6 期。

⑨ 王汉生等：《作为制度运作和制度变迁方式的变通》，《中国社会科学季刊》（香港）1997 年第 21 期。

⑩ 申恒胜：《“分配型政权”：惠农政策背景下基层政权的运作特性及其影响》，《东南学术》2013 年第 3 期。

核灾手段，各项数据只能依靠各级政府的层层上报。这极易导致基层政府在“报灾”中为得到更多的救灾款项而故意夸大灾情，并在救灾中存在挤占、挪用、滞留、私分、克扣以及不及时转拨、分配不公等行为。汶川地震后，国家颁布了一系列关于救灾物款发放、使用与管理的指导性办法，如《汶川地震抗震救灾生活类物资分配办法》《汶川地震抗震救灾资金物资管理使用信息公开办法》《关于对汶川地震灾区困难群众实施临时生活救助有关问题的通知》《关于对汶川地震灾区困难群众实施后续生活救助有关问题的通知》《汶川地震抗震救灾捐赠款物统计办法》《关于汶川地震抗震救灾捐赠资金使用指导意见》等文件，对救灾中的诸多事项进行规范。四川省、D 市与 L 县亦制定了具体的执行办法，对各类违规行为做了严厉的处分规定。基层干部在实践中必须遵循国家制定的技术规则和操作标准，体现出权力的统一性与强制性特征。

然而，由于一统观念制度不断受到现代社会中多样化生活实践的挑战和削弱[①]，再刚性的政策也必须经过基层干部的转换才能执行下去。这导致了决策执行的悖论：一统决策的集中程度越强，执行过程中的灵活性就越大。[②] 这在实践中转化为地方各式各样的“土政策”，决策者根据上级指示和本地的情况而对社会资源重新加以控制与分配，其遵循的是普遍主义与特殊主义的巧妙糅合。[③]

从 5 月 13 日开始，就有各类救灾物资陆续抵达元镇。其中，民政局、建设局、中国扶贫基金会、中国人寿保险公司等单位从 5 月 15 日到 5 月 21 日运送给元镇 14 种数量不一的救灾物资，包括灾区急需的矿泉水、大米、牛奶、方便面、棉絮、凉被、帐篷、蔬菜等。从元镇的档案资料来看，各种救灾物资的收发都有比较明晰的“台账”，并形成了相应的接收与发放统计表，详细记录了救灾物资的名称、数量、运送（捐赠）单位、运抵时间、接收单位、发放时间、发放数量、库存数量等信息。从账表上

---

① 周雪光：《权威体制与有效治理：当代中国国家治理的制度逻辑》，《开放时代》2011 年第 10 期。

② 周雪光：《基层政府间的“共谋”现象——一个政府行为的制度逻辑》，《开放时代》2009 年第 12 期。

③ 翟学伟：《“土政策”的功能分析——从普遍主义到特殊主义》，《社会学研究》1997 年第 3 期。

看，元镇在地震后接收的大多数物资经过努力都发到了灾区群众手中，并按照政策要求分类造册，有收有发，而且收了多少，就发多少，账物相符，表面上不存在任何问题。然而，汶川地震是一个突发性的极端灾害事件，相关部门缺乏相应的政策规定与制度设置，民政部关于“救灾物资捐赠款物统计办法”与“生活类物资分配办法”等也是在后来才制定颁布的，其响应具有滞后性。在救灾物款抵达后，灾区政府就必须面对灾民的迫切要求而及时发放这些物资。在缺乏国家政策指导的情况下，物资的收发完全凭借基层干部的工作经验、操作技术与道德良心。乡镇做这些账表的目的，既是国家的政策要求及对捐赠单位负责的表现，也是为了保障物资发放工作的顺利进行并应付来自上级的不间断的临时检查和各项审计。

按照要求，救灾物资应“及时、快捷、高效”地发到灾民手中。对于那些规定性的救灾政策（如“十元钱一斤粮”），基层干部有很好的依循标准，国家对其发放管理也做了严格规定，要求专账核算，专款专用，严格遵守民主评议、登记造册、张榜公布、公开发放等程序。为了防止挤占挪用和虚报冒领现象的发生，国家甚至要求在符合条件的地方将补助金纳入涉农资金“一卡（折）通”进行发放，以减少中间环节。在国家对违纪违规行为“从严从重处理”的要求下，基层干部在这一关键性问题上比较谨慎。在元镇，村民领取临时生活救助物款时要逐个签字盖章并按手印，以体现程序的严谨。它强调“直接”发放到村民手中，不允许村民组长代领本组补助金和救济粮，不允许抵扣集资款和历欠款。

然而，那些陆续到达的种类不同、数量各异的救灾物资却给基层干部带来了诸多困扰。调研发现，在税费时期基层干部面临的“收不上来”的难题在地震后却变成了“发不下去”，至少“不太好发”，基层干部无论怎么做都无法让灾民完全满意。当时元镇干部比较少，年轻干部只有三四个，于是镇上派一些大学生村官兼做民政工作。该镇救灾物资的分发工作从地震后开始一直持续到当年的10月，工作繁杂，任务沉重，工作人员经常加班到深夜。元镇首先将接收的物资分给下辖的各村、居委会和福利院，再由其分发给灾民。有的村还需要将物资分到各组，再由小组长分发给灾民。尽管元镇接收到的物资从总体数量上来看并不少，但由于物资抵达的时间有先有后，分发时就显得相对有限。这与野夫在汶川看到的情形如出一辙。他提到，“看似整车整车的各种饮食和妇孺用品，真正发放到乡镇一级，就已经是五花八门多寡不一。乡镇再平均搭配分发到村，村再平均搭配分发到组，那就必然是没有一样东西，可以足够均分到每户了”。[①]

尽管灾区不同家庭的受灾程度各有差异，但他们都经历了地动山摇、房倒屋塌的惊心动魄的过程，因而都认为自己是最需要救助的“灾民”。“灾民”作为一种临时性的有价身份，它与数量可观的资源关联在一起。因此，震灾波及区的“所有的农民，皆有自认灾民身份的强烈愿望。每个人都担心，假设在最初没有纳入政府救助的视角，那么未来所有的‘上恩’，都可能被漏掉。这样的不安全感再加上不可否认的‘不患寡而患不均’的国民性痼疾，使得多数村民都会盯住那些原本不多的物资”。[②] 基层民众对救灾资源的激烈竞争加剧了资源的分发难度。在实践中，基层干部很难像国家政策所规定的那样严格按照受灾程度来准确界定分配标准，而必须考虑灾区群众需求，尤其是弱势群体的需求。尽管L县在2008年5月28日出台的《救灾资金和物资使用管理办法》规定，“重灾区（受灾群众）重点保障，同时兼顾一般，防止平均分配”。但在实践中，除了将棉被、帐篷等向倒房户、岁数较大者倾斜外，其余物资基本维持一种相对均衡的分配方式：生活必需品如水、大米、面粉、方便面、蔬菜等每户都发；帐篷是军用物资，由镇民政部门直接管控，各村根据情况向镇上申请借用，使用后归还；彩条布则根据需要丈量分发。

在资源分配中，能够均分到每家每户的物资固然好分，而对于数量少、不能均分的物品，许多村干部因怕惹麻烦而不愿接收。对那些受灾程度差不多的农户，分给这户，不分给那户，分发者就可能会招致“优亲厚友”的质疑。为了解决分发难题，各村便结合村民意愿，想出了各种土方法来解决，如抓阄。这种方法简便易行，符合乡土社会“愿赌服输”的规则，抓不到只能怪自己运气不好，而不会怪罪他人，因而看起来公平。对无法均分的物品，则根据物资数量和各村组的户数进行分配，如棉絮、被套等，就几户发一床，之后再由其内部自行协商具体的分配方案。多数时

---

① 野夫：《废墟上的民主梦——基层政权赈灾重建的追踪观察与忧思》，《天涯》2008年第5期。

② 野夫：《治小县若统大国——地震危机中基层政权运作的观察与忧思》，《天涯》2008年第4期。

候，这几户采取折扣的方式，将物资折成钱，领取物资的户补钱给另外几户；或者先将某些物资发给急需的农户，等到下次分发时再适当向未照顾到的农户倾斜。这些深嵌于乡土社会的实践规则是最不易带来麻烦、引起不公平感的物资分配之道。

灾害情境下的权力运作承续了原有的乡村关系结构和遗留问题，并在一定程度上型构了基层政权的政策执行规则。常态社会中存在的一些组织、制度和结构上的薄弱环节在灾害危机爆发之后，也会以放大的形式显现出来。在救灾物款分配中，一些地方在上级问责与灾民上访的双重风险下而采取的抵扣行为，就是因农业税取消后拖欠的村级债务一直未得到妥善解决而造成的。农民当遇到一些事项如结婚办证、申请低保与宅基地、领取房屋重建款等需要基层干部签字盖章时，往往被要求履行其应遵循的义务，即首先要缴清各种拖欠款项，才给予办理，否则就会被排除在国家救助的范围之外。这种利益连带机制将灾民应享受的利益与基层治理中应遵守的规范捆绑起来，使得国家拨付的资源不是毫无差别地分配给符合条件的灾民，而是将灾民再度分类。尽管一些灾民通过上访表达抗议，但多数灾民因欠钱理亏，只好认栽。

由此，基层权力的运作场域是一个不规则的乡村社会，糅合了国家意志、基层权力与乡土规则等要素。自然灾害催生的社会多样化形态，使得国家高位推动下的救灾政策必须经过再细化和再规划才能与乡土社会的结构规则相耦合。基层权力在承接国家的政策文本基础上又在实践中结合地方性知识与利益而进行变通性转换，成为救灾政策得以贯彻的基础。尽管基层干部有违逆国家政策的行为，但总体上保证了国家意志的实现，这也是救灾政策执行的“较好结果”。

三　分类治理模式下的政策统一性与类型化

对被治理对象进行分类是治理多元化社会的必要策略。中国共产党历史上在不同时期对阶级成分的划分，实际上也体现出分类治理的思想。它作为当前中国社会治理的基本模式，被广泛用于“国家与社会”分析框架下的政府与组织关系研究中。康晓光和韩恒考察了国家对多种社会组织的实际控制，提出了“分类控制体系”，它是一种新的国家与社会关系的“理想类型”。[①] 韩恒认为，“行政分割”与“分类控制”共同建构起政府在社会领域的“条块管理体制”。[②] 刘鹏试图以“嵌入型监管”替代“分类控制”，但他强调的更细密更灵活的治理模式实际上仍未超越“分类控制”的范畴。[③] 王向民研究了当前地方政府治理社会组织的分类模式，认为它体现了体制扩容与实践性政治知识的生长。[④] 随着现实中治理危机的加剧及治理理论的兴起，“控制”“统治”“管制”等概念逐步被“治理”所替代。

尽管现代国家的救灾能力与传统国家相比有了极大提升，但它在特殊时期所能提供的资源仍然是有限的，因此必须分清轻重缓急，对不同群体进行区别对待，而不能对所有对象提供无差别的救助政策。也就是说，救灾“必须首先照顾最贫困的人，如果情况允许的话，这种救助可以扩展至受灾较轻的那部分人”。[⑤] 因此，分类治理实际上是对国家政策的渐进性调适，以使统一性的政策经过层级性传递而适应多元社会的复杂形态。它需要合理的制度设置与有效的分类体系，在尊重被治理对象权利的基础上提升治理技术，从而强化治权以达到有效治理的目标。地震后，国家与地方在政策制定与执行过程中贯彻了分类支持的工作思路，即依据特定的标准对受灾群众进行分类，并根据不同类型实行不同的救助政策。元镇的分类依据包括以下几种。（1）户籍：分为城镇居民与农村居民。（2）受灾状况：根据房屋是完全倒塌还是轻度损坏分为重灾户（重建户）和轻灾户（维修加固户）。（3）家庭人数：分为1～3人、4～5人、6人及以上。（4）家庭经济状况：分为一般户、低保户、建卡绝对贫困户。通过这种分类，就将多样化的受灾对象区分开来，并嵌入救灾治理的实践过程。

元镇对生活类救助物资的分配就贯穿了分类的思想。元镇属重灾区，但不同家庭的受灾程度差异很大，必须对不同农户作出区分。元镇将符合

① 康晓光、韩恒：《分类控制：当前中国大陆国家与社会关系研究》，《社会学研究》2005年第6期。

② 韩恒：《行政分隔与分类控制：试论当前中国社会领域的管理体制》，《中国行政管理》2008年第4期。

③ 刘鹏：《从分类控制走向嵌入型监管：地方政府社会组织管理政策创新》，《中国人民大学学报》2011年第5期。

④ 王向民：《分类治理与体制扩容：当前中国的社会组织治理》，《华东师范大学学报》（哲学社会科学版）2014年第5期。

⑤ 魏丕信：《十八世纪中国的官僚制度与荒政》，徐建青译，江苏人民出版社，2006，第97页。

国家救助标准的“困难群众”定为重灾区的“重灾户”与贫困户。重灾户的标准是，房屋整体倒塌或整体受损导致无法入住，而房屋轻度损坏不需要重建的农户视为轻灾户。重灾户的家庭成员按国家政策补助，轻灾户则根据人口数量进行变通补助，具体为：3 人及以下农户按一个人的标准发放，4 ~ 5 人户按两人的标准发放，6 人及以上户按 3 人的标准发放。

这一思想也贯穿在农房维修加固及其重建等后续政策中。《四川省农村房屋地震破坏程度判别技术导则》将农房损坏（非倒塌、虽受损但不构成危房、经维修加固后能够安全居住）划分为“轻度损坏”“中等破坏”“严重破坏”三个档次，而《四川省“5·12”汶川地震损坏农房维修加固工作方案》规定了按照农房损坏程度每户补助标准分别为 1000 ~ 2000 元，2000 ~ 4000 元，4000 ~ 5000 元。L 县依据相关文件精神，制定了具体的操作方案。[①] 但该方案的补助标准较为模糊，只规定每户补助标准为 1000 ~ 5000 元不等，而未根据农房受损程度做进一步分类。每一农户的具体补助数额，由各地根据实际情况确定和掌握。尽管四川省制定的“农房破坏程度判别技术导则”对房屋破坏的等级判别标准做了较为详细的规定，是一种看起来公平公正的分配方式，但基层干部并非这方面的技术专家，实践中往往采取简易目测（或测量）的方式，这既增加了工作量，又容易招致非议，是一个“出力不讨好”的繁重工作。国家分类补助的关键是对房屋损坏程度划分等级，但实际上这一工作根本无法进行，即便强制施行也会遭遇重重阻碍。农民“不患寡而患不均”的思维，也促使政府在实践中采取简便易行的相对平均化的分配策略。政策执行是否“公平”，也绝非简单地根据受灾状况排出先后等级次序，而更大程度上是灾民的心理感受。元镇干部的解释是，该镇除了倒房户需要重建外，其他农户受灾程度都差不多，实际上都属“轻度损坏”，没必要严格按照省文件规定的标准进行分类，而是采取一种模糊化的方式来对接上级政策。元镇多数村庄是根据“维修加固补助金 = 每户平均补助数 + 每人平均补助数 × 家庭人口数”来计算的[②]，只有何顺村与团村是按人头数来分配的（见表 1），这是基层干

① 《L 县“5·12”汶川地震损坏农房维修加固实施方案》（县府办发〔2008〕151 号），2008 年 12 月 24 日。

② 元镇下辖一个居委会，居委会居民与农村居民的房屋维修加固补助标准是一致的。

部与受灾群众都能接受的分配规则。同时，由于维修加固资金由县财政根据各镇提供的基础数据计算和分配，因此拨付到各镇各村的数额各有差异，各村根据户口与人头数分配的补助额度也不相同。

表1　“5·12”汶川地震中元镇各村农房维修加固补助标准

村庄名称	户均	人均	备注
园村	1000 元	515 元	拆一层 4500 元（不分人数）
安红村	1000 元	504 元	1 人户 1200 元
龙村	1000 元	500 元	—
九眼村	1000 元	585 元	—
陵江村	1500 元	400 元	—
珊玉村	1000 元	560 元	—
双村	1000 元	960 元	1 人户 1000 元
何顺村	0	927.8 元	1 人户 1000 元
团村	0	910 元	1 人户 1000 元；拆一层：2 人户 4020 元，3 人及以上户 5000 元

资料来源：根据元镇 9 个村的《“5·12”汶川地震损坏农房维修加固补助资金公示表》整理。

从表1中可以看出，各村在维修加固补助资金的分配上，既要考虑政策框定的范围（每户的补助金额要保持在 1000～5000 元），又要考虑镇上分发给本村的补助总额及本村维修加固的户数和人数，有些村还为“拆一层”[①] 的农户与“1 人户”（户头上只有 1 个人）制定了特殊的补助方式。例如园村对拆一层的农户不分家庭人数，一律补助 4500 元；团村则进一步分为 2 人户、3 人及以上户，分别补助 4020 元与 5000 元。双村、何顺村与团村对“1 人户”的补助标准为 1000 元，安红村则为 1200 元。其他村庄每户的补助则是按照“户均 + 人均 × 人头数”来计算的，如园村“1 人户”的补助数额为：1000 元 + 515 元/人 × 1 人 = 1515 元。从这一分配方式来看，其就已是包括统计、核算和落实等程序的异常复杂的数字工程，

① 这种情况一般是一楼在地震中受损不严重，不用拆除重建，只需将受损较为严重的二层拆除。由于它不符合农房重建的补助政策，但花费又比一般的维修加固多，所以给予了特殊考虑。

其中何顺村的补助金额更是精确到了“角”。这已是对省文件执行的高度简化，尤其是省去了对农房损坏程度进行技术鉴别、划分等级、群众评议、村组公示并向群众解释等繁杂环节，从而使维修资金能够相对顺利地分配下去。同时，农房维修加固费由各镇包干使用，超出部分各镇自行承担。由于这些村基本没什么集体收入，如果超出包干使用的资金范围，村集体根本无力掏钱补上；如果不将包干的资金发放完，又有“截留”的嫌疑。按户数和人头数的平均化分配有利于各村达到“无余留，无亏欠，刚好发完”的理想效果。

由此，国家差异化的分类治理政策并未转化为基层的实践行动，而是采取了与国家治理措施、治理过程相逆的平均化的行动策略。这一分配规则将容易操作的户口、人头等因素纳入考量范围，抛开了繁杂的技术性指导规则，体现出基层治理行动的一致性（统一性）。这一政策执行过程基本实现了与国家诉求相一致的目标：既体现出国家的关怀，又将政策落实下去而未发生影响稳定的重大事件。至于具体过程如何，在“不出事”的政治逻辑下，即便是频繁的检查和考核也会有意屏蔽掉的。

因而在实践中，当遇到繁杂事项，只要重拾基层干部所熟悉的户口、人头等要素，就会将复杂的程序性工作简而化之，这成为基层治理的基本规律。在灾害社会，这一规律的重要性更加凸显出来。在资源汲取时期，户口一直是收粮派款、两工核算的主要依据。张静认为，户口不仅由基层登记，而且在基层查对、更改并取得承认。基层管制中的所有事项，必须以户口为承认的重要依据。① 在国家那里，户口只是备案用作各种统计的参考，它在很大程度上依赖于基层的不断上报和确证。因而对农民来讲，基层政府掌握着户口的实际情况及其意义。尽管税费改革与城乡户籍屏障的松动使得户口原有的价值逐渐消减，但汶川地震后，基层政权在落实国家政策过程中重新发掘出“户”在现代社会的存在价值和重要意义。在农房重建资金分配中，元镇并未按照一些地方实行的每户 2 万元的标准进行补助，而是考虑家户经济状况与家户人数进行有区别的对待（见表 2），这也是《四川省汶川地震灾后农房重建工作方案》规定的标准。具体分为两类三档，对建卡绝对贫困户与低保户给予适当照顾，在补助数额上比一般

① 张静：《基层政权：乡村制度诸问题》，上海人民出版社，2007，第 87 页。

家庭多4000元。这一标准具体可行，无须繁杂的技术判别和测量，因而为基层干部所接受并得到严格执行。

表2　元镇农房重建补助标准

单位：万元

农户类别	1~3人家庭	4~5人家庭	6人及上家庭
一般农户	1.6	1.9	2.2
困难农户	2.0	2.3	2.6

然而，当这一政策落实到乡村社会时，却遭遇极为复杂的农村户口分布情况：分家不分户、分户不分家、有户没人、有人没户、半边户等。在传统家长制下，出于赡养父母和维护家长权威的需要，许多子女已分家却不单独立户，而由家长统一约束和管理；加之税费时代的许多费用是按户征收的，许多家庭为了逃避税费即使分家也不分户；有些户主死亡却未销户，有的新人出生未及时上户，以及夫妇一方是城镇居民而另一方是农村居民；等等。这导致依据户口来判别家庭结构情况往往会失真。为了防止农民趋利性的户口选择行为所带来的管理混乱和工作量的增加，灾区在地震后的一段时间内不得不暂时停止了户口的变更（新生儿上户除外）。在实践中，对户口类别和家庭人数的认定，一律以2008年5月11日的户口登记和档案记载为准。这种“一刀切”的硬性规定贯穿在整个救灾重建过程中。尽管许多农民借助其“灾民”身份，将国家规范性的政策建构成为符合自身利益的话语体系，从而使得灾后关于家户分属的解释有利于获取更多利益，但在实践中，基层干部有“底气”坚持国家制定的刚性标准。

尽管基层干部会遇到灾民对于户口和家庭人数的无休止盘问，但只要把国家限定的政策“卡死”，让灾民意识到这是“国家的规定”，不是基层干部所能左右的，就可以断了他们的念想，从而使政策得到推行。

元镇的案例表明，同样是重拾基层干部所熟悉的户口和人头等关键要素，但国家政策在基层社会却遭遇完全不同的境遇，呈现出背离与耦合相交织的状态。在农房维修加固过程中，国家制定了统一的分类补助标准，但政策执行的高难度却使基层干部没有严格按照国家的分类技术进行转化，而是参照户口和人头变通性地拟定分类标准，推行相对平均化的分配策略，但这实际上背离了国家的政策设计；在农房重建过程中，国家的分类政策被严格执行并转化为统一的治理实践，实现了政策与实践的高度耦合，这也是农房重建政策得到较彻底执行的主要原因。然而，这种既定的程式化规则与路径依赖也导致国家的政策设计与制度安排或被弃置，或被利用，使得基层政府的运作方式虽然不断重复再生，却难有真正创新。

四　政权经营下的资金争取与政策利用

在这次地震中，基层政权也经历了整个事件过程，并在人员、财产、房屋等方面遭受重大损失，成为具有某种身份符号的“灾区政府”，遂也成为国家救助的对象。这样，基层政权不仅在资源分配中扮演“裁判者”角色，还作为能动主体积极争取更多的资金支持。尽管这多以“灾民”的名义进行，但由于基层政权决定着资源分配的规则、方式和过程，这丝毫不会降低其积极性。

基层政权的经营行为建立在对国家政策的深入解读基础上。中国政府管理体制的运行对“文件”具有特殊的依赖性，国家的重大决策往往通过会议方式来落实和传达。基层为了对接和贯彻国家政策，又通过会议形式学习文件精神。久而久之，基层政权逐步培养起通过对国家政策的解读、阐释与领会来揣摩政策的能力，以致形成一种行为惯性：一遇重要文件下达，立即开会学习，并以此为依据制定行动策略，从而既规避风险，又获得利益。

为了保障灾后恢复重建的顺利进行，国务院先后颁布了几个指导性文件，包括《汶川地震灾后恢复重建条例》《关于支持汶川地震灾后恢复重建政策措施的意见》《关于做好汶川地震灾后恢复重建工作的指导意见》等，在财政、税收、金融、产业、就业等方面给予关键性的政策支持。从文件的具体表述来看，国家对灾后恢复重建的目标不仅仅是恢复到灾前水平，而是要超过并在此基础上进一步发展。尤其是在当时国家经济发展下行压力持续增大的背景下，救灾不仅仅是“救命”和“保底”，还要以救灾重建为契机，通过增加投资拉动地方和国家经济发展，确保 GDP 增长指标。同时，由于这次地震主要发生在四川、甘肃、陕西等西部贫困省份，国家亦希望借此机会进一步推动“西部大开发”战略的实施，并与国家的城镇化战略并行不悖。

基层政权一旦领会国家的政策后，其行动目的与策略就十分明确了。像元镇这种没有多少集体收入的乡镇在经历地震的严重毁损后在维持其基本治理权能方面变得更为困难，基层政府抢险救灾、治安维控、资源分配、恢复重建等事务的急剧增加使其在人员配备、机构设置、物质保障和资金支持等方面捉襟见肘。在集中统筹的宏观政策导向下，国家以“举全国之力”的决心进行救灾与重建，数额庞大的财政拨款与社会捐赠源源不断地输入到灾区，使得原本财力虚弱的基层政府看到了减轻自身压力，“一夜之间解决所有城建、交通、水利、教育、卫生等方面的历史遗留问题”[①] 的机会。因而对灾区来讲，地震既是一种灾难，又是一种契机。能否将灾难转化为契机，关键在于灾区政府的经营策略与操作技术。

在现实利益的获取上，基层政权的“经营”特性恰恰契合了国家救灾环境下的政策导向。已有研究发现，基层政权在实践中的行为角色与其作为公共权力机构的规范相悖，呈现出营利性与汲取性特征。戴慕珍把地方政府形容为“企业家”[②]，彭玉生提出“村镇政权即公司”[③]、维维恩·舒提出“干部经营者”[④] 等观点。国内学者承继这一论题的研究则更多地融入了中国经验。张静直指基层政权的经营性，认为自上而下的授权破坏了地方性权威生存必需的依赖与共同体的一体性质，使其与共同体社会的利益分离日益加剧。基层政权在资源、代表与组织决策方面掌握构建集团利益的行动“地位”，合理地发展出其对公共资产的经营权。[⑤] 杨善华、苏红提出，基层政权的经营者角色经历了从改革前的“代理型”角色到改革后“谋利型”角色的转化，基层政权既是国家利益的代理人，又是谋求自身利益的行动者。[⑥] 周飞舟通过对政府间财政关系的考察，发现税费改革后，

---

① 林晓芳：《救灾：套钱的“好日子”?》，《南风窗》2004 年第 14 期。

② Jean Chun Oi, “The Role of the Local State in China's Transitional Economy,” *China Quarterly* 144 (1995): 1132 – 1149.

③ Yusheng Peng, “Chinese Villages and townships as Industrial Corporations: Ownership, Governance, and Market Discipline,” *American Journal of Sociology* 106 (2001): 1338 – 1370.

④ Shue Vivienne, *The Reach of the State: Sketches of the Chinese Body Politic*, Stanford University Press, 1988.

⑤ 张静：《基层政权：乡村制度诸问题》，上海人民出版社，2007，第 50 页。

⑥ 杨善华、苏红：《从“代理型政权经营者”到“谋利型政权经营者”——向市场经济转型背景下的乡镇政权》，《社会学研究》2002 年第 1 期。

基层财政变为依靠上级转移支付，其行为模式变为“跑钱”和借债。[①] 赵树凯也发现基层政府存在“公司化”的趋向，即政府以追求经济增长特别是财政收入为最高动力，而其公共服务职责则退居其次。[②] 辛允星发现，在灾后治理中，民众与政府双方借用国家主流的“发展话语”来论证自身主张与行为的合理性，从而将许多重建资源转化为灾区地方政府官员与部分灾民的“经营物”。[③]

由于我国救灾资金存在“多头管理、条块分割”的缺陷，各部门之间缺乏沟通协调，分配过程不够透明，资源流向受人为因素的影响较大，这更刺激了基层政权的经营行为。地震后，只要是基层政府想要重建的项目都可以借“救灾”“重建”之名向上级部门提出申请。尽管这些申请不一定全部得到资助，或在上级拨付资金时有所缩水，但在“只有争取才有机会”“有总比没有强”的逻辑支配下，基层政府在申请资助方面仍然不遗余力。与常态社会基层政府需要花大力气、高成本并动用各种非正式权力去申请项目相比，灾害情势下的资金申请更容易得到批准。元镇虽未成立专门机构来负责争取资金，但却由书记镇长亲自来抓，并作为各项工作的重中之重。元镇党委书记、镇长与副书记等干部到元镇任职前，分别在县共青团、县招商局、县林业局工作过，可以充分利用其在县里丰富的关系、人脉等社会资源。尤其是镇长业务经验丰富，社会活动能力比较强，可以调动各种关系网络来争取资金。

元镇在震后的 5 月 18 日就汇总出该镇需要建设的项目及其建设内容、规模、年限、总投资与申请补助资金数额。这些项目既包括基础性建设项目，如团村供水站、48 口堰塘、138 处提灌站、广播光纤、文物景点、道路、沟渠等的维修，大批损坏倒塌的农房、医院、学校危房的维修与改建，还包括政权设施项目，如镇机关办公用房与下辖 9 个村的办公用房的重建与改建。完成这些项目，需要上级部门提供补助资金约 2.6 亿元。当然，这只是在地震后极短时间内所做的粗略统计，其数据估算并不完全准

① 周飞舟：《从“汲取型政权”到“悬浮型政权”——税费改革对国家与农民关系之影响》，《社会学研究》2006 年第 3 期。

② 赵树凯：《农村发展与“基层政府公司化”》，《中国发展观察》2006 年第 10 期。

③ 辛允星：《“捆绑式发展”与“隐喻型政治”——对汶川地震灾区平坝羌寨的案例研究》，《社会》2013 年第 3 期。

确，但却反映出基层政权强烈的向上“讨要”意识。

在资金争取过程中，基层政权受科层化运行体制的支配，即依循常规的程式化规则并形成正式文件，通过“申请”来表达诉求。基层干部意识到在地震后的“最大效用”时限内申请资金的重要性，一旦错过这个时限，再申请会非常困难。根据元镇档案资料记载，从 2008 年 5 月 14 日镇政府发出第一个申请救灾资金的红头文件到该年底，是资金申请的集中期和关键期。其间元镇共发出 28 个向上争取资金的官方文件，并经镇长签发报送到上级相关部门，涉及资金 4100 多万元。表 3 统计的是 2008 年的部分数据。

表 3　地震后元镇资金申请统计情况（部分）

文件编号	请示单位	申请内容及金额	申请时间
元府发〔2008〕43 号	县抗震救灾指挥部	申请下拨抢修受损的生产、生活及各项基础设施等救灾资金 1300 万元	2008 年 5 月 14 日
元府发〔2008〕44 号	县抗震救灾指挥部	场镇排危及恢复排污、排水管网、供水设备设施及农业基础设施 160 万元	2008 年 5 月 18 日
元府发〔2008〕46 号	县建设局	重修团村供水站 140 余万元	2008 年 5 月 26 日
元府发〔2008〕49 号	县抗震救灾指挥部	298 户共 2884 间房的排危资金共 75 万元	2008 年 5 月 30 日
元府发〔2008〕60 号	县文化体育局	观音岩、醒园、葛麻庵文物景点修复 508.8 万元	2008 年 6 月 23 日
元府发〔2008〕61 号	县抗震救灾指挥部	基础设施抢修与排危、灾民安置、卫生防疫等资金缺口 54 万元	2008 年 6 月 23 日
元府发〔2008〕66 号	县国土资源局	园村 3、4 组地质灾害点的监测整治 200 万元	2008 年 6 月 27 日
元府发〔2008〕67 号	县抗震救灾指挥部	场镇排危及恢复排污、排水管资金缺口 100 万元	2008 年 7 月 1 日
元府发〔2008〕98 号	县委政法委	震后重点人员稳控工作经费补助 5.35 万元	2008 年 9 月 26 日
元府发〔2008〕103 号	县财政局	安红村排灌沟渠资金缺口 30 万元	2008 年 10 月 12 日

续表

文件编号	请示单位	申请内容及金额	申请时间
元府发〔2008〕123 号	省慈善总会	重建敬老院需资金 480 万元	2008 年 11 月 18 日
元府发〔2008〕127 号	县民政局	重建敬老院需资金 480 万元	2008 年 11 月 28 日

资料来源：根据元镇档案馆资料整理。

从表 3 来看，一些项目基本属于公共服务范畴，有些项目并不是地震造成的，而是在地震前就存在年久失修、设施老化等问题，有些虽在地震中受到影响但毁损不大，经维修加固后仍可使用，但基层政府仍提出申请以翻新或扩建。就此而言，地震既是一种真实发生的灾害事件，也是一种建构性的社会政治事件。为了获得上级支持，基层政权不惜动用一切权力、技术与资本，刻意选取对自己有利的政策并反复陈述以强化地方的"灾害"认知，并将国家的救灾话语转化为自己的依据和理由。在各类申请公文中，恰到好处地表达出自己才是"最急需救助的对象"这一意图极为重要。L 县虽被划为"重灾区"，但元镇的受灾程度相对较轻，因此在向上级的灾情汇报与日常宣传中，必须表达和阐释出受灾的"严重性"，从而形成关于震灾的各种形式的资料和叙述，为申请救助提供有利的舆论环境。

在应急体制的权力运作中，县抗震救灾指挥部掌握着更丰富的资源与更具支配性的权力，因而自然而然成为求援的对象。地震后至 2008 年底，元镇共向其发出 15 个申请文件，涉及各类资金 2300 多万元。但在"抗震救灾"的大话语下，指挥部面临的事务非常繁杂，向其请求救助的部门也非常多，且国家的监控极为严格，指挥部必须统筹全局，综合考虑并适当平衡，因而无法完全满足各部门的诉求。于是，在向抗震救灾指挥部持续性索要的基础上，元镇根据项目的性质向相应的分管部门发文请求支持，如文物景点的修复向县文化体育局申请，地质灾害点的监测整治向县国土资源局申请，重点人员稳控工作经费补助向县委政法委申请，等等。在保持"分类对口"请求资助的基础上，元镇也采取"广撒网"的策略，同一个重建项目向不同部门申请资金，导致重复申请。如元镇"重建敬老院"项目曾向四川省慈善总会（2008 年 11 月申请 1 次）与县民政局（2008 年

11 月、2009 年 1 月共申请 2 次）两个不同部门申请资助。从具体表述来看，三个文件在敬老院的建设规模、内容等关键性数据方面相差不多。有意思的是，元镇在向县发改局申报该项目立项时，规划的投资总额为 195 万元①，而其向两个不同部门申请的资金补助数额却为 480 万元。2009 年 11 月与 12 月，县发改局两次发函，在从全县敬老院灾后重建资金中追加调整 100 万元给元镇后，又将元镇敬老院的重建资金调整为 400 万元。此外，元镇还从红十字会获得 50 万元，使元镇仅敬老院项目就得到 450 万元的资助。由此，在申请资金时，基层政府会尽量将数额估算得高一些。在上级部门无法完全满足其资金需求时，可以从全县其他项目的重建资金中进行调整和追加。当然，基层政权也有自己的拿捏和把握：凡是国家有明确政策规定的，申请的资金数额都比较具体准确；而地方性的重建项目，申请的资金数额往往非常大，动辄以百万元计。

需要注意的是，尽管元镇的政权设施也在地震中受到不同程度的毁损，但其申请行动多以“灾民”的名义进行。例如在关于政权设施的因灾损失补助方面，L 县统一按 1200 元/米^2 来计算房屋损失并给予补助，这远远无法满足元镇办公设施的重建需要。为了补足资金缺口，同时消除“浪费资源”的嫌疑，元镇只能通过从其他项目中“追加”或以其他名目申请。如元镇在 2009 年 10 月与 11 月分别向县发改局和县民政局申请“九个村级组织活动场所恢复重建”的项目立项和资金追加，实际就是指村委会办公楼的重建与改建。随着救灾重建主题的变化，基层政府会根据形势以不同的名目申请资金。2009 年后，元镇仍有大量的申请文件发出，其内容多为基础设施建设、旅游景区打造、集中安置点生态园林工程、古镇市政设施重建等一些发展型的项目。

元镇申请的重建项目在不同程度上获得了上级资助。镇办公大楼和 9 个村的办公楼经过重建或改建后焕然一新，基础设施也得到很大改善，尤其是团村与园村的两个集中安置点建成后，上级领导多次到场验收、参观和指导，其他乡镇的干部也纷纷来“取经”，各种媒体大量宣传报道，成为元镇展示灾后重建成果的重要窗口。当地政府按照徽派建筑风格对公路

① 《关于敬老院修建项目立项及投资计划的请示》（元府发〔2008〕196 号），2008 年 7 月 8 日。

沿线房屋进行打造，并开展环境美化工程，改善了元镇的人居环境。尽管如此，当地民众对政府资源的投向仍有较大争议。许多人认为，政府把争取的资金集中投放到镇政府所在地的团村和作为精品村建设的园村，其他偏远村庄很难获得资源，在经济发展和基础设施建设等方面也较为落后。在谈到对镇村干部的看法时，当地村民也只是用“地震后，他们还是做了很多事情的”这一极为简单的语言进行评价。

五 结论：政策执行的“互嵌”及其制度化

基层政府对国家政策的执行状况一直以来颇具争议，政策执行的失效、走样时有发生。总体而言，基层政府在政策执行中产生了两个结果：一是通过细化国家政策进行选择性和变通性执行，将难以执行或对自己不利的政策过滤掉，这往往导致政策执行走样，产生了违逆政策设计初衷的后果；二是借助正式权力之外的非制度化规则，如人情、面子、常理、关系等社会资源，或采用强制性的暴力手段，尽管达到了国家的政策目的，但却体现出基层权力运作的非程式化与非制度化特征，甚至以损害国家与政府的合法性为代价。

元镇救灾治理的个案展现出基层政策执行的多样化情态。基层政权的身份角色呈现出多重性，既强制性执行国家政策，又根据需要进行适度变通，还利用政策达成自身利益。在实践中，国家政策与基层政权呈现出“互嵌”式的运作机制，形成“你中有我，我中有你”的局面：国家将政策执行的规范、目标与要求通过科层体制嵌入到基层政府的日常工作规程中，并赋予其一定权力与资源以保障政策执行的效果；基层政权则借助国家政策赋予其行为以合法性，并与地方社会结构和乡土规则相对接，由此增强政策的灵活性与行为的自主性，进而增进自身利益。彼此嵌入对方的运作过程及其体系中，使得既有的目标顺利完成。

元镇的案例表明，国家的救灾政策得到了较好执行。这种执行方式无论是对国家文本的承接与转换，还是对传统治理资源（如家户）的援借，抑或对国家政策的利用，都是在保证国家整体意志基本实现的基础上作出的。灾害社会的具体场景也使常规化运作形态下的基层政权改变常规节奏，自动变换到国家“权力集装器”这一高速运转的装置上，以贯彻国家意志为己任。同时，国家的反思性监控与权力规训实际上提高了国家权力的运作强度，使得一些原则性的问题不容基层有所违逆和触碰。

尽管如此，国家相对抽象笼统的政策与过于具体琐屑的乡村实态之间总会产生一种隔膜，导致基层政府在繁重的任务面前总有一种“靠天太高，靠地太矮”的无助感。国家再周密的政策设计也难以涵盖乡村社会的复杂现实，使得基层政府的变通性政策执行具有某种意义上的“合法性”。然而，这又容易诱发偏离行为，而对国家的统一性政策形成挑战。政策的运行依然为地方社会的具体情态所型构，元镇一些村庄对农民临时生活补助的抵扣就展现出乡土规则对国家政策的反噬与抗拒。这意味着，基层政权具有一定的行为自主性，在组织架构与权威体系上具有碎片化的结构特征，而未被完全整合进国家政权体系①，甚至在某些情况下与基层社会的公共利益也不等同或融合。

为此，国家的纠偏与基层政权的再造不可或缺，而实践中的运动式治理就是一种常用的应对方案。但它所依赖的国家力量的持续介入与非常规的、动员式的政治整合极易导致权威的分散化与碎片化，造成日常治理行为容易被宏观的政治环境所左右。要破除基层政权的政策执行困境，应逐步提升政策执行的制度化水平，使“组织与程序获取价值观和稳定性”。②政府治理要在法治化、规范化的轨道上运行，通过常规化的法律法规、制度规范、合法程序来对社会公共事务进行治理。政策的实施与制度安排应以例行化的管理为主要程式，而不是在政策执行中被置换为某种形式的“作秀”或“运动”。基层行政过程作为与政策执行、具体管理直接相关的过程，它具有例行性特征，主要通过管理技术的改进，提升政策执行的效率，并与以“合法性”为表征的国家意志表达与政策形成过程相区分，以避免在基层治理中被政治完全同化。国家、政府与社会之间应明确其权责定位，确立相互之间的互动规则与程序，使得各方的诉求与愿望在一定的规则体系中达成。制度规范的协调应保障各项设置之间的有机关联与顺畅运转，避免出现制度错位。在政府体系内部的互动过程中，不同部门应保

---

① 赵树凯：《乡镇治理与政府制度化》，商务印书馆，2010，第299页。

② 塞缪尔·P. 亨廷顿：《变化社会中的政治秩序》，王冠华、刘为等译，生活·读书·新知三联书店，1989，第12页。

持目标与行为的一致性，促使政府以一个有机整体而展开行动。政策执行行为深深嵌入基层社会的结构网络中，应增强基层政权对基层社会的回应性与责任性，通过“嵌入”而不是“悬浮”来承担基层公共服务并维护社会公正与秩序。面对社会的多元形态与复杂需求，基层政府应保持政府体系的统合力与凝聚力，强化保障政策执行的组织结构与制度建设，以保持对社会需求的良好回应及公众对政府治理的有效参与。

以需求把居民带回来*

——促进居民参与社区治理的路径探析

杨　莉

摘要：多方参与、共同治理的社区治理格局需要社区居民的参与，但实践中的居民参与却持续低迷。既有研究主要从政府体制改革和参与主体动员两方面提升居民参与度，但在实践中却遭遇困境，可能的原因在于缺失宏观体制和微观主体有效对接的机制及其探讨。以公共性作为连接政府改革和主体动员的机制，可以将居民带回社区参与中来。对社区居民需求的识别和开发可以成为激发公共性的机制，这种需求来自居民而非政府设定，可以连接基于利益的参与和政治参与。因此以需求为导向的治理能够激发居民主动持续地参与，实现精准治理，提高治理绩效。需求导向居民参与的路径为：识别和开发居民需求，针对需求提供专业化服务，并进行组织性参与，在需求满足的过程中达成对公共利益的共识并激发持续性参与。

关键词：居民参与　社区治理　公共性　需求导向　精准治理

2017年6月12日，中共中央国务院发布了《关于加强和完善城乡社区治理的意见》，指出到2020年"基本形成基层党组织领导、基层政府主导的多方参与、共同治理的城乡社区治理体系"，从这一目标设计来看，作为社区治理对象的社区居民也是社区治理的当然主体之一，而这一点，早已是理论界和实务界的共识。实际上，从2000年民政部提出推进城市社区建设以来，到2017年的《关于加强和完善城乡社区治理的意见》出台，

---

* 原文发表于《社会科学战线》2018年第9期，收入本书时有修改。

基金项目：国家社会科学基金重点项目"我国公民政治价值观的实证研究"（项目编号：16AZZ003）。

作者简介：杨莉，西南政法大学讲师。

社区居民对社区治理参与不足的状况一直未有改变①，城市社区治理依然存在“政府在行动，社会无行动，居民不行动”的问题。笔者认为，参与不足的根源在于社区居民的公共性不足，在实际工作中则未能以需求为导向激发社区居民的公共性。为此，应以居民需求为导向，以专业化服务为载体，以组织性参与为方式，发展社区居民的公共性，将社区居民带回来，参与社区治理，形成多方共治的治理格局。

一 居民参与不足的理论解释与实践困境：对公共性的呼唤

城市居民在社区治理的参与中，存在参与率低、参与不均衡、参与效能不高②、处于被动员状态③等问题，针对这一现状，学界做了诸多研究，以分析原因并提出对策。这些研究大致可以分为宏观和微观两个层面。

（一）宏观层面的政府体制不畅及改革

对居民参与不足的宏观分析，主要从政府治理体制方面寻求原因并倡导政府治理体制改革。有学者将社区建设的过程视为“重建基层政权”④，这会造成行政吸纳社会⑤，导致居委会行政化⑥，社会组织发育不良，居民参与动力不足；也有学者将当前的公众参与不足归咎于治理体制不畅。王名和杨丽认为，目前中国社区治理中包括居民参与不足等诸多问题产生的根源在于社区治理模式和体制机制严重滞后于经济社会的快速发展与社区居民的多样化需求⑦，我国社区建设的顺利推进和社区治理的有效运行，

① 王小章、冯婷：《城市居民的社区参与意愿——对H市的一项问卷调查分析》，《浙江社会科学》2004年第4期。

② 张大维、陈伟东：《城市社区居民参与的目标模式、现状问题及路径选择》，《中州学刊》2008年第2期。

③ 刘佳：《城市社区治理中的居民参与状况分析》，《兰州学刊》2013年第10期。

④ 朱健刚：《城市街区的权力变迁：强国家与强社会模式——对一个街区权力结构的分析》，《战略与管理》1997年第4期。

⑤ 康晓光、韩恒：《行政吸纳社会——当前中国大陆国家与社会关系再研究》，《中国社会科学》2007年第2期。

⑥ 向德平：《社区组织行政化：表现、原因及对策分析》，《学海》2006年第3期。

⑦ 王名、杨丽：《社区治理的国际经验与启示》，《重庆社会科学》2011年第12期。

关键在于社区参与机制的制度化与政府治理体制的转变。[①] 针对政府层面的原因，学者主张首先要破除体制障碍，向社会赋权，推进政社分开，落实到社区自治中的做法便是居站分离[②]，回归社区自治组织的自治本性；同时要完善公众参与机制，主要包括建立多元治理结构和开放多元的自治体系[③]，转变社区建设的体制性外部环境，构建居民参与的制度规范[④]，构建居民参与的平台。[⑤]

（二）微观层面的主体发育不良及动员

对参与不足的微观分析，主要着眼于居民本身，从社区居民的社会资本或心理认同方面来分析其参与动力的缺乏，主张重建社会资本和提升认同感以动员居民参与。有学者认识到，社会资本对于个人、组织之间的生产和合作乃至整个社会的进步和繁荣具有积极意义[⑥]，认为重构和凝聚失去的社会资本是提升居民参与度的重要途径，构建公民参与的网络。[⑦] 也有学者将社区居民参与不足归因于社区居民对社区认同感的缺乏。居民缺乏社区认同感的原因一方面在于参与文化的缺乏，张宝锋认为，传统制度孕育的臣民意识和“私民”意识影响了居民社区参与的主动性和价值取向[⑧]，公众参与文化发展不成熟，社区公共精神缺失，公民“搭便车”等行为的存在使参与型公民文化不能为现代公众参与社区治理提供更多的精神支撑，从而使公众参与社区治理陷入文化困境。[⑨] 另一方面，认同感缺乏源于社区居民与城市社区利益关联性的缺失。刘少杰指出，社区居民参

① 李海金：《城市社区治理中的公共参与——以武汉市 W 社区论坛为例》，《中州学刊》2009 年第 4 期。

② 严志兰、邓伟志：《中国城市社区治理面临的挑战与路径创新探析》，《上海行政学院学报》2014 年第 4 期。

③ 郑杭生、黄家亮：《论我国社区治理的双重困境与创新之维——基于北京市社区管理体制改革实践的分析》，《东岳论丛》2012 年第 1 期。

④ 郑建君：《公共参与：社区治理与社会自治的制度化——基于深圳市南山区“一核多元”社区治理实践的分析》，《学习与探索》2015 年第 3 期。

⑤ 王红艳：《社会管理创新与社区治理的群众参与》，《重庆社会科学》2011 年第 8 期。

⑥ 吴光芸、杨龙：《社会资本视角下的社区治理》，《城市发展研究》2006 年第 4 期。

⑦ 姜振华：《论构建城市社区社会资本的制度供给》，《理论前沿》2008 年第 17 期。

⑧ 张宝锋：《城市社区参与动力缺失原因探源》，《河南社会科学》2005 年第 4 期。

⑨ 付诚、王一：《公民参与社区治理的现实困境及对策》，《社会科学战线》2014 年第 11 期。

与度不高是因为其日常生活缺乏与社区的关联性，我国社会主要群体不在场——社会的职业群体主要生活在单位而非社区，社区只是他们休息的地方，因此他们不关心也没有时间关心社区的发展①；尹文嘉和王惠琴指出公民对公共事务的参与并非总是表现低下，当面对与其个人高度关联的议题或事件时，其参与意愿和效能则会相对较高②；"参与不足"的症结在于缺乏利益关联性，必须建立并增强居民利益和社区事务之间的关联度，提高居民的参与预期，培养社区意识，扩大参与收益，降低参与成本。③ 针对居民社区认同感的缺乏，孙璐指出，个体参与公共事务很多时候是由于群体认同，个人的群体认同程度与其参与群体活动有正相关关系，因此，要从提高居民对社区的认同方面提高居民的社区参与度④；唐有财和胡兵进一步将这种认同区分为社区认同和国家认同，认为这是居民社区参与的重要文化驱动力，但基于社区认同和国家认同参与社区治理的人群，主要是退休的老年人，而无法动员年轻人参与。⑤

（三）实践困境及对公共性的呼唤

从宏观和微观两方面来分析社区居民参与不足的原因，可概括为治理体制不畅和主体发育不良，而对解决对策，学界也早已形成共识——可以通过社区建设营造一种属于社区层面的公共领域，发育一批社会性的自组织，并以某种制度化方式使居民参与到城市公共管理的过程中，从而增强社区生活的自我实现能力。⑥ 但在实践中，这种观点却遭遇到困境。比如，针对体制不畅的问题所实施的"居站分离"举措，当居委会的行政职能被剥离之后，居委会却产生"空心化"和"边缘化"现象⑦；而针对增强居

① 刘少杰：《新形势下中国社区建设的边缘化问题》，《甘肃社会科学》2009 年第 1 期。

② 尹文嘉、王惠琴：《社会治理创新视域下的公众参与：能力、意愿及形式》，《广西师范学院学报》（哲学社会科学版）2014 年第 2 期。

③ 冯敏良：《"社区参与"的内生逻辑与现实路径——基于参与—回报理论的分析》，《社会科学辑刊》2014 年第 1 期。

④ 孙璐：《利益、认同、制度安排——论城市居民社区参与的影响因素》，《云南社会科学》2006 年第 5 期。

⑤ 唐有财、胡兵：《社区治理中的公众参与：国家认同与社区认同的双重驱动》，《云南师范大学学报》（哲学社会科学版）2016 年第 2 期。

⑥ 李友梅：《社区治理：公民社会的微观基础》，《社会》2007 年第 2 期。

⑦ 黄锐：《城市社区治理中的公共性构筑》，《人文杂志》2015 年第 4 期。

民与社区的利益关联性举措，却发现，这种基于短期利益的参与缺乏持续性。“涉及到切身利益的问题年轻人很愿意参与……但问题解决后，他们又不来参与了。”①

对居民参与不足的既有研究关涉宏观层面的国家社会关系、社区治理体制，微观层面的关系网络、文化、心理、动机等，理论上虽已经考虑到社区治理的所有面向，但是对如何将宏观结构和微观主体有效对接起来的机制缺乏探讨，导致实践上的困境和居民参与的持续低迷。宏观层面的社区治理体制改革依然是“问题导向”的，展现了“为行政纾困”的实用主义逻辑，居民的需求仍然被街道办代理②，再加之居委会剥离行政职能后的空心化，就更说明自上而下地解决对策依然是政府导向而非居民导向。即使被视为趋向治理的“项目制”合作治理，其涉及的范围依然是针对养老、助困、疾病救助、残疾、青少年、外来人口等领域的特殊人群③，自上而下地改革缺乏对普通居民的观照，自然无法激发普通居民对社区治理的关心；而自下而上地解决对策则站在两个不同立场上分析居民参与社区治理的动力：一个立场是“理性人”立场，期望以“利益”联结居民与社区，另一个立场是“共同体”立场，期望以认同和归属联结居民与社区。理性人立场基于社区居民与社区的利益关联，但却忽略了现代社会是一个“脱域”的社会，随着“社会关系从彼此互动的地域关联中，从通过对不确定的时间的无限穿越而被重构的关联中‘脱离出来’”④，地域性生活共同体在现代城市社会中日益走向式微是一个不争的事实。居民与社区的利益联结越来越低，那么，基于利益关联的参与必然会随着短期利益的满足而终止；而共同体立场，则忽略了，参与意识与共同体意识的共生关系。参与既是共同体意识的结果，同时，也是共同体意识产生的前提，所以，在参与低迷的现实面前，期望通过认同和归属来提升参与本就缺乏实践基

① 徐林、杨帆：《社区参与的分层检视——基于主体意愿与能力的二维视角》，《北京行政学院学报》2016 年第 6 期。

② 吴晓林：《中国的城市社区更趋向治理了吗？——一个结构—过程的分析框架》，《华中科技大学学报》（社会科学版）2015 年第 6 期。

③ 管兵、夏瑛：《政府购买服务的制度选择及治理效果：项目制、单位制、混合制》，《管理世界》2016 年第 8 期。

④ 安东尼·吉登斯：《现代性的后果》，田禾译，译林出版社，2000，第 18 页。

础。而实际上，激发居民参与的真正动力是公共性[①]，而非私人利益。所以，如何破解居民参与的实践困境，就在于如何激发社区居民的公共性。这种公共性的产生，在中国的实践情境下，离不开政府的培育。因此，以公共性作为政府改革和居民动员的联结机制，才能够真正将社区居民带回社区治理中来。

二　以需求导向精准治理：激发公共性的机制

（一）何为公共性

公共性是一个复杂的概念，不同学者对公共性有不同的认识，不同文化地理空间范围内的公共性有着不同的内涵。西方对公共性的研究始于阿伦特对人的存在状况的关注，她认为公共性就是公共领域[②]；哈贝马斯认为“只有在据以批判理性进行‘对话’的过程中形成的‘生活世界’里才能实现不排除任何成员的社会整合机制，即真正的公共性”[③]，他将公共性视为以舆论和理性沟通来对抗国家权力的公共空间；罗尔斯则认为，公共性是对公平和正义的“重叠共识”。[④] 据此，谭清华从西方对公共性的探讨中总结出公共性的一般定义，即人和人之间的相互共享性：一方面指的是生活在同一群体中的人共享某种语言、文化、生活空间、思维方式等；另一方面指的是人们基于同意和共识建构起来的社会规范、法律等。[⑤] 而对东方的公共性，田毅鹏总结指出，东亚的公共性相对于西方的“言说系公共性”不同，更强调实践性以及公私合作。具体而言，公共性的核心要

---

① 高红：《城市基层合作治理视域下的社区公共性重构》，《南京社会科学》2014 年第 6 期；李蔚：《何谓公共性，社区公共性何以可能》，《河南师范大学学报》（哲学社会科学版）2015 年第 4 期；黄锐：《城市社区治理中的公共性构筑》，《人文杂志》2015 年第 4 期；胡晓芳：《公共性再生产：社区共同体困境的消解策略研究》，《南京社会科学》2017 年第 12 期。

② 汉娜·阿伦特：《人的条件》，竺乾威等译，上海人民出版社，1999，第 1 页。

③ 李明伍：《公共性的一般类型及其若干传统模型》，《社会学研究》1997 年第 4 期。

④ 约翰·罗尔斯：《正义论》，何怀宏等译，中国社会科学出版社，2001，第 6 页。

⑤ 谭清华：《谁之公共性？何谓公共性》，《理论探讨》2014 年第 4 期。

素包括共有性、公开性、社会有用性和社会理念性。① 具体到中国社会建设中的公共性，李友梅等指出，“公共性”以个人为基础并以超越极端个人主义即利己主义为旨趣②，并总结了公共性的特点：作为目的和价值取向的“公共性”指涉的是特定空间范围内的人们的共同利益和价值；从参与者角度看，“公共性”指涉的是人们从私人领域中走出来，就共同关注的问题开展讨论和行动，在公开讨论和行动中实现自己从私人向公众的转化；从参与程序角度看，“公共性”指涉程序的公开、开放和公平，人们在平等对话中达成共识；从精神角度看，“公共性”指涉个体基于理性与符合理性的法律而批判性地参与公共活动，维护公共利益和价值取向的精神。根据以上不同情境中的公共性界定，可以看出，公共性至少包括三个方面的内涵：第一，对公共利益的认同；第二，通过平等对话、理性协商来达成合作；第三，在公共领域中进行对话和协商。基于此，本文将公共性界定为，社会公众对在公共领域中通过对话和协商来追求公共利益的共识。

李友梅等指出，“公共性”是促成当代“社会团结”的重要机制；是使个体得以超越狭隘的自我而关注公共生活的立基所在；还是形塑现代国家与民众间良性相倚、互为监督新格局的重要条件。公共性是居民参与的内在动力，通过培育社区居民的公共性，形成对公共利益的共识，才能激发社区居民资源与行动的投入，方可避免居民在社区治理中的消极被动及基于利益的短期化参与，从而形成多方参与、共同治理的格局。

（二）如何实现公共性

公共性作为一种抽象的意识，不会自动产生，而需要培育。对于如何培育社区公共性，黄成亮从社区治理的实践中总结了四种视角：制度主义视角，认为社区公共性的生长要依靠福利建设与国家资源的投入以及社会管理职能的转型，强调政府的资源、服务和政策供给；结构功能论视角认为要基于社会结构本身来建设公共性，主张重建社区和组织来增强社区成

---

① 田毅鹏：《东亚“新公共性”的构建及其限制——以中日两国为中心》，《吉林大学社会科学学报》2005 年第 6 期。

② 李友梅等：《当代中国社会建设的公共性困境及其超越》，《中国社会科学》2012 年第 4 期。

员的凝聚力；微观公共领域视角认为公共性产生于微观公共领域中多元主体互通信息以解决微观政治争论的过程，主要方式为居民对微观公共领域中公共事务决策的参与；内生动力与制度互构的视角强调在“公”与“私”的协同互构过程中生成公共性[①]，强调在居民追求私利的过程中培育其对公共利益的追求。第一种视角聚焦于政府对公共性的激发，后三种都认为公共性的产生需要多元主体的互动和沟通。正如黄成亮的分析，第一种视角依然是国家中心论，忽视了社区和社区中的人，所以尽管政府转移职能、推进购买、让渡治理空间，而居民却不愿意主动参与[②]；后三种视角强调多元主体的互动，但忽略了如何让个体化的社区居民走出“私域”与他人交往沟通的问题。尽管内生动力视角强调以私致公，但是实践中，这种“私”要么是基于维护受损的权益，要么是基于解决生活中的问题，涉及的毕竟只是少数人群；也有研究提出可以通过社会工作者嵌入社区发展，动员居民以形成公共空间[③]，但是在现实中，却遭遇社会工作者从供给方角度出发引导居民参与但遇冷的问题。[④] 基于此，笔者认为，从政府层面出发来解决公共性，往往是出于“解决问题”的目的，所涉及的必然只是社区中的少数特定人群，无法动员大多数未被“问题”覆盖的人群，而对多元参与的强调则依然未能触及如何激发居民参与的问题。所以，需要一种机制，引导居民从私域走向公共领域。这种机制即是对居民需求的识别和开发。

（三）以需求激发居民参与和实现精准治理

马克思指出：“把人和社会连接起来的唯一纽带是天然必然性，是需要和私人利益。”[⑤] 个人对私人利益的追求可以引导居民走出私域，参与到满足其私人利益的公共活动中来。所以，居民的需要和对私人利益的追求可以成为公共性生长的契机，从个体“私”的行为中可以开出实践的公共

① 黄成亮：《社区公共性何以可能？——中国的论辩与拓展》，《中共福建省委党校学报》2016 年第 3 期。

② 胡晓芳：《公共性再生产：社区共同体困境的消解策略研究》，《南京社会科学》2017 年第 12 期。

③ 黄锐：《城市社区治理中的公共性构筑》，《人文杂志》2015 年第 4 期。

④ 陈伟东、马涛：《过程化要素：居民主体性生成的新视野》，《江汉论坛》2017 年第 11 期。

⑤ 《马克思恩格斯全集》第 1 卷，人民出版社，1956，第 439 页。

性“花朵”。日本学者就将新公共性建构的路径建立在个体资源的基础上，实现由“灭私奉公”“灭公奉私”到“活私开公”的转变。[①] 这种私人利益，必须来源于居民自身的需要，而非政府的政策设计，是需求导向的。马克思和马斯洛的经典需要理论都认为，需要是行为的内在动力，人的一切行为都是为了满足不同层次的需要。强调社区治理的需求导向，一方面是要发挥需求驱动居民主动和持续参与的作用；另一方面，则可以通过需求识别进行精准治理，提高社区治理绩效。

需求导向能够在需求满足的过程中制造出公共利益，实现主动参与和持续参与。尽管现代化的过程中不可避免地会出现“脱域”现象，导致居民对社区认同的下降，但是，生活在有限地理范围内的居民，客观上存在社区公共利益，同时，也可以本着营造公共领域的目的开发居民对社区的需要。共同生活于社区内的居民，至少有着对安全的社会秩序和洁净的社区环境的共同需求，同时，不同人群对社区也有着各自不同的需求，其中，老年人和儿童对社区的需求是显著的与易于识别的，而“不在场”的职业群体，也可以基于“社会对政府失灵和市场失灵的弥补”作用发展出对社区的需求。例如，职业群体因工作原因普遍存在儿童照料的需求，目前，这一需求的满足存在政府缺位和市场失灵的情况，这种情况下，如果社区能够提供专业、高效且经济的儿童照料服务，那么就能建立起职业群体对社区的需要。王敬尧将社区参与分为三个层面：政治参与、公共管理中的参与、公共政策制定与执行中的参与。[②] 其中，居民比较容易因为社区生活中的现实问题而参与到社区公共管理和政策制定中来，比如各地社区治理创新中的参与式治理项目以及居民议事会，能够吸引居民参与。但是居民对议事会的参与具有明显的利益相关性，当议事主题不涉及居民利益时，他们便不愿意参加[③]，而项目制中的参与也可能会随着项目的终止而停止。所以，现实生活中，较常见的是居民对公共管理和公共政策的参

① 田毅鹏：《东亚“新公共性”的构建及其限制——以中日两国为中心》，《吉林大学社会科学学报》2005 年第 6 期。

② 王敬尧：《参与式治理：中国社区建设实证研究》，中国社会科学出版社，2006，第 12 ~ 14 页。

③ 胡晓芳：《公共性再生产：社区共同体困境的消解策略研究》，《南京社会科学》2017 年第 12 期。

与，而政治参与一直处于被动甚至是表演的状态。而基于需求的参与则可以避免参与的短期化，通过对居民日常生活需要的开发，能够让居民体会到关怀和尊重，从而意识到这种需求满足的在地性，以及一个以居民为中心的自治组织的重要性，进而激发居民政治参与的积极性。也即，基于需求的参与能够建立利益参与和政治参与之间的关联，促使居民走出私域，投入到与其日常生活息息相关的社区事务中来，变被动参与为主动参与，变短期参与为持续参与。

以居民需求为导向，可以实现精准治理，提高社区治理的绩效。经过近 30 年的社区建设和治理，政府通过各种方式引导多方参与，力求实现多元治理。但是，通过对两轮社区治理体制改革的总结，吴晓林认为，目前的社区治理依然是政府主导的，居民的需求被街道办代理，从而成为社区服务的被动接受者。① 这种情况下，一方面容易形成居民对政府的依赖心理，遇事便找政府，加剧政府的财政负担和工作压力；另一方面，政府主观判断的“居民需求”会造成资源的浪费和居民的持续被动。笔者在小区内就曾偶遇来入户做“0—3 岁幼儿早教”的社工，才惊奇发现社区能够提供市场上昂贵的早教服务，却未见有专门行动来提升居民们更加关注的社区治安。小区数年前就被戴上“治安重点防控单位”的帽子，社区内入室盗窃、伤人等事件屡有发生，居民对此怨声载道、意见不断。社区治安相对于幼儿早教的重要性是不言而喻的，但人人都关注的安全需求未能得到有效响应，却提供了只有少数人需要的早期教育，这种由政府主观判断的居民需求未能匹配居民的需要，有治理服务却无治理效能。社区治安相对于幼儿早教的重要性是不言而喻的，但笔者并未见社区采取过专门的应对措施。政府认定的需求往往针对特定人群，当然也就无法建立大多数居民与社区的联系，也很难赢得居民对社区的认同，笔者在小区内经历的两次居委会选举投票都是以发放礼品吸引居民参与的。而需求导向的治理，可以通过对居民需求的识别和开发，集中有限的资源提供居民真正需要的服务，实现精准治理，提高治理绩效。

需求导向的治理不同于利益导向的治理。尽管需求导向的治理也是从

① 吴晓林：《中国的城市社区更趋向治理了吗？——一个结构—过程的分析框架》，《华中科技大学学报》（社会科学版）2015 年第 6 期。

满足居民的私人利益开始的，但是这种私人利益来自居民需要，而非政府或社工组织的认定；同时，这种私人利益不仅是基于解决问题的利益，还可以是日常生活各个面向的利益，所以可连接基于利益的参与和政治参与。进而，以需求导向的治理可以避免利益导向治理的短期化，让社区被居民所需要，居民在需要满足的过程中生发出对社区的认同感和归属感，从而主动参与社区治理。

三　需求导向居民参与的路径选择

居民参与的内在动力是公共性而非利益，而公共性的产生依赖于对居民需求的满足，所以，要提升居民对社区治理的参与，就应该实施需求导向的治理。而这一治理模式的实现，可以从公共性的三层内涵入手：识别和开发需求以激发居民对社区的认同感，提供专业化服务以开发公共场域，通过组织性参与以达至对话协商和公共利益。

（一）识别和开发需求

现阶段，由于社会组织发育不良和居民参与的不足，多方参与、共同治理的格局尚未形成，所以，依然要发挥政府在社区治理中的主导作用。在需求导向的社会治理中，政府的主导作用主要体现在建立多方参与的治理体制和资金的提供上。当然，提供资金的目的在于通过政府“输血”实现社区“造血”，以政府资源撬动社会资源。那么，有限的政府资金就需要运用在满足居民最普遍或最紧迫的需要上，这就需要进行社区居民的需求识别。可以通过问卷调查的形式，或者社区工作者进行典型调查的方式，来了解社区内不同群体的不同需求，识别出本社区内部社区居民最紧迫或最普遍的需求，有针对性地提供相应服务，进而提高居民对社区工作的满意度；在识别居民最紧迫或最普遍需求的基础上，为实现社区服务居民的功能，避免居委会在剥离行政职能后的空心化，还需要开发社区居民的需求，尤其是职业群体的需求。针对职业群体日常生活中的需要，根据具体情况建立这些需要与社区的联系，通过政府购买服务，或者社区引入非营利组织的方式为职业群体提供相应服务，以建立职业群体对社区的需要。通过识别和开发社区居民的需要，进行精准治理，提高社区治理的绩效和社区居民的满意度，进而激发居民对社区的认同感。

（二）提供专业化服务

针对社区居民的需求提供专业化服务，以营造公共领域，实现“社区是居民的”理想。社区社会组织在社区公共空间生产中扮演着重要角色，能够为未来的城市社区治理和良性发展提供重要动力。① 社会组织拥有专业技能和资源，能够提供专业高效的服务。社会组织通过回应社区居民的需要来开展活动，在这一过程中，能够增进社区居民之间的沟通和了解，形成密切的关系网络，有助于协同治理的实现。尤其是要引入专业社会工作组织，借助社会工作体系，实现政府向社区赋权增能，把社区事务的决定权和行动权交给居民，增强居民自治意识，增强居民自治能力。② 社会工作者通过其专业知识，依托服务项目，在社区进行问题诊断、提供发展规划建议、开发社会资源、培育社会组织、培训协商民主技巧等，在社区形成就公共事务协商的公共领域，将社区居民从私域中引导出来。当然，专业社会工作者的介入应该更多地从能力方面对居民进行培训和提升，而不能代替居民决策，因为居民才是社区的主人，要将决定权充分赋予居民，根据居民的需求提供服务，只有这样，才能够激发居民的参与意愿，同时增强其参与能力，实现“助人自助”。

（三）进行组织性参与

通过专业化服务提升社区居民的组织性，在组织性参与的过程中实现理性沟通，形成公共利益共识。社区居民组织一方面构成了哈贝马斯所指的公共领域，能够将社区居民从私域中引导出来；另一方面，则有助于实现社区居民通过对话协商进行沟通，进而形成对公共利益的共识。“在公共领域中，公众通过话语形式进行公共交往，公众依据理性评判公共权威及其政策和其他公共问题，这种评论形成公共舆论。公共领域承担着双重功能，其一便是促进了社会整合和群体认同，人们在这里找到了社会生活

---

① 李雪萍、曹朝龙：《社区社会组织与社区公共空间的生产》，《城市问题》2013 年第 6 期。

② 陈伟东、吴恒同：《论城市社区治理的专业化道路》，《华中师范大学学报》（人文社会科学版）2015 年第 5 期。

的意义和价值。”[①] 帕特南和托克维尔也认识到，居民组织能够增进社区居民之间的信任和整合关系网络，进而促进社区居民之间的合作。通过在社区中成立诸如社区议事会等居民组织，就社区公共事务进行平等协商，理性沟通，形成处理社区公共事务的决策，达成对社区公共利益的共识。这种组织性参与，不仅有利于提升社区居民的参与效能感，增强社区居民在处理社区事务中的责任感和主动性，还能够强化居民参与治理的能力，进而实现居民对社区的认同感和归属感。

通过需求识别和开发，为社区居民提供专业化服务，能够增进居民与社区之间的关联，将居民从私域中引导出来，成立社区组织，就公共事务沟通协商，进而达成共识。在这一过程中，居民形成了对居民公共利益的认同，公共性由此而生。以公共性为基础的参与，是相对于不参与、被动参与的主动参与和持续参与，可以有效应对居民参与的持续低迷。

居民参与社区治理是构建“多方参与、共同治理”格局的重要内容，也是影响社区治理成败的关键因素。面对居民参与不足的现实，学术界作出了诸多探索，原因分析和对策建议已具备逻辑上的完备性，却收效甚微。笔者认为，可能的原因在于我们对宏观结构和微观行动者之间的对接机制缺乏探讨，致使自上而下的体制改革和治理实践努力无法有效地动员居民。鉴于居民参与的真正动力在于公共性，笔者提出，可以将公共性作为连接宏观结构和微观行动者的中间机制。学界关于如何激发公共性的研究，其主要着力点在于通过多方互动激发公共性，而这在参与不足的现实面前缺乏可行性。因此，笔者基于经典需求理论提出，可以将需求作为激发公共性的机制，成为需求导向的治理。需求导向的治理不同于既往以利益关联为驱动力的治理，因为需求导向中的需求真正来自居民，而非政府的认定。在这种意义上来讲，需求导向的治理是真正以居民为中心的治理，符合新时代中国特色社会主义思想中“以人民为中心”的发展理念；需求导向的居民参与不同于政府动员下的居民参与，而在于这种参与基于居民生活需要满足的在地性，通过建立普通居民生活与社区的关联，动员普通居民基于认同感的参与，从而实现基于利益的参与和政治参与之间的

---

① 黄庆杰：《概念、流派、理论——西方市民社会理论源流探析》，《北京大学政府管理评论》2003 年第 1 期。

关联，实现主动参与和持续参与。因此，需求导向的治理不仅能够动员居民参与社区治理，还能够成为促进基层民主发展的动力。通过对居民需求的识别和开发，引入专业性组织来满足居民需求，在外来力量的动员下形成社区公共领域，在需求满足的过程中使居民走出私域，就公共事务进行理性沟通和协商，从而真正将居民带回社区，形成多方参与、共同治理的格局。

多元主体联动合作的社会共治*

——以“枫桥经验”之基层治理实践为切入点

曾　哲　周泽中

摘要： 富有地方特色的“枫桥经验”，屡次被中央列为推广至全国实施的基层治理模范。从历史维度借鉴其中颇具现代化意义的社会共治实践，能较好地考察和确定社会共治的话语内涵和理想图景。基于治道现代化与治术理性化的理论反思，可推导出社会共治是公私部门合作、多元主体联动的社会管理创新模式，而非高度单一化、政府独揽型的传统管控体制。历时55年而传为治理佳话的“枫桥经验”，由于具有某种确定的历史昭示意义，成为探讨中国特色民主法治发展道路的宝贵资源。

关键词：“枫桥经验”　社会共治　多元主体　合作治理　基层治理

一　问题的提出：基于社会共治视角

“枫桥经验”作为一种富有地方特色的基层治理模式，早在1963年就得到毛泽东同志的批示，确定为推广至全国实施的基层治理模范。充分依靠和发动人民群众解决社会矛盾，坚持就地解决原则，实现社会大调解、综治维稳的和谐局面，上述工作方法可被总结为“枫桥经验”之核心要义。近十余年来，国内不少学者针对“枫桥经验”展开专题研究，已有一定的文献

---

* 原文发表于《求实》2018年第5期，收入本书时有修改。

基金项目： 本文系国家社科基金重点项目“行政民主进程中的法治政府建设理论与制度创新研究”（项目编号：14AZD141）阶段性研究成果。

作者简介： 曾哲，西南政法大学教授、博士生导师；周泽中，西南政法大学博士研究生。

规模。[①] 大体观之，其中涉及基层群众自治、民间调解组织等制度内容尤为引人关切。[②] 然而，在这些热议话题的背后却始终隐藏着一个为我们大家所熟知但却往往容易被忽视的重要议题——社会共治（Co-governance），即"枫桥经验"坚持贯彻党的群众路线方针政策，依靠社会民间力量解决现实问题，充分整合有效资源以促进社会稳定和保障民权民生。

社会共治注重多元主体相互联动合作，引导社会和公众参与，旨在破除传统"管理论"单一、强制的威权色彩，逐步提升现代治理过程的民主性和公共性，促使共治成为我国当前社会管理创新实践中的有力支撑点。党的十八届三中全会针对传统管理模式合法性不足、可接受性匮乏等弊端，明确提出治理体系和治理能力现代化的重要论断，为新时代社会治理提出了新要求、指明了新方向。尔后，习近平在党的十九大报告中提出："打造共建共治共享的社会治理格局。……提高社会治理社会化、法治化、智能化、专业化水平。"由此，"共治"已然成为现代社会治理研究中绕不开的重要词条，我们必须正视这一理论生长点所带来的视域冲击和实践指导。[③] 故而，"枫桥经验"所展示出来的基层治理实践便不失为我国社会共治研究的最佳注脚和完美诠释。

二 "枫桥经验"的镜鉴：何为"共治"，为何"共治"？

历史的年轮始终在无休止地运转，它留给后人的可能是惨痛的教训，

---

① 笔者于2018年3月15日在CNKI中国知网的"中国期刊全文数据库"以"枫桥经验"为主题进行检索，检索结果共计353条，其中以2013年发表的108篇学术论文最为集中突出。究其原因，笔者认为极有可能是由于2010年"枫桥经验"被中央确定为全国社会管理创新试点经验，以及将2013年作为"枫桥经验"诞生五十周年纪念，故而引起社会各界的热切关注。

② 笔者通过检索发现，关于"枫桥经验"基层自治的代表性论文有郭兴华、任建通《基层纠纷社会治理的探索——从"枫桥经验"引发的思考》，《山东社会科学》2015年第1期；关于民间调解的代表性论文有王斌通《乡贤调解：创新"枫桥经验"的传统文化资源》，《山东科技大学学报》（社会科学版）2018年第2期。

③ 关于社会共治话题的研究，以公共管理学学者的成果最为突出，其中比较有代表性的论文有王名、李健《社会共治制度初探》，《行政论坛》2014年第5期；王春婷、蓝煜昕《社会共治的要素、类型与层次》，《中国非营利评论》2015年第1期；王名等《社会共治：多元主体共同治理的实践探索与制度创新》，《中国行政管理》2014年第12期；蓝煜昕《社会共治的话语与理论脉络》，《中国行政管理》2017年第7期。

抑或有裨益的经验。透过历史的尘埃去发掘于己有益的宝贵资源，是人类得以生存、延续的不二法门。“枫桥经验”作为我们回顾和借鉴前人治理经验的智识总结，其中，最为耀眼的就是社会共治实践。由此，如何理解“共治”话语的基本内涵，以及为何需要“共治”来实现我国治理现代化的根本目标，便显得至关重要和尤为迫切。

（一）社会问题社会治：一种直观的话语内涵

2014 年我国政府工作报告提出，“推进社会治理创新。注重运用法治方式，实行多元主体共同治理”。从字面意义上理解，“共治”更为倾向于公私主体共同治理、合作治理，而非政府部门单一治理、强权治理。[①] 笔者使用更为直观清晰的表达方式为：社会问题社会治。这就意味着除了传统意义上的政府管理之外，需要实质性地引入公民、法人以及其他组织等多元社会力量，并且通过有效的沟通商谈等方式联动合力地解决社会问题。[②] 故而，对共治内涵的准确厘定，必须基于治理主体、治理方式以及治理场域和目标等方面展开全面考察。

首先，治理主体多元化。在社会共治的现实情境之下，社会不再是国家管理的客体，而应当是最为重要的治理主体之一；反之，国家亦不再是拥有无上威权的管理者，而应当是尊重社会的治理主体，通过与后者互动合作来共同完成治理任务。在共治主体之间建立平等良好的伙伴关系。[③] 同时，规范社会权力的治理领域和实践效能，避免出现无政府主义的极端倾向，倡导有序且充分的公众参与，防止参与式民主嬗变为“多数人的暴政”。“枫桥经验”所强调的群众路线、基层司法等治理实践，可看作治理主体多元化的现实折射。申言之，国家与社会联动合作的治理模式，是一种典型的多元主体平等参与和民主协商的善治选择。

其次，治理方式合作化。社会共治要求国家、社会等多元主体共同参与管理公共事务，多元主体联动合作的社会共治按照公私部门协商、公众

---

① 有学者指出，在现代国家的各个地方层级，国家社会协同治理模式逐渐兴起，政府与社会组织的“协商民主”已经发生且规模可观。参见张长东《社会组织与政策协商——多元主义与法团主义之辩》，《浙江学刊》2017 年第 1 期。

② 王名、李健：《社会共治制度初探》，《行政论坛》2014 年第 5 期。

③ 张康之：《论主体多元化条件下的社会治理》，《中国人民大学学报》2014 年第 2 期。

直接参与、官民平等交流等具体方式进行合作，是与自治和科层式治理相对的一种治理模式。[①] 现代意义上的社会共治必须建基于平等协商、公私合作等重要机制上，即不同主体通过各种形式的沟通平台交换各自的意见，从而在良性的协商对话机制中形成治理共识，消解认知盲区和误区。例如，“枫桥经验”通过政法委综治办牵头，在政府和社会之间建立完整的信息化、网格化动态治理系统[②]，既能弥补自治模式应对高度复杂性公共事务的先天能力不足，亦能克服科层式治理单一性、静态化的固有体制缺陷。[③] 主体间理性表达、平等协商、合作治理是社会共治话语的题中本义。

最后，治理场域和目标公共化。从过去单一主体的政府管理转换为多元主体合作的共治模式，意味着社会治理的场域与目标皆会随之发生相应变化：从单纯地维护社会秩序稳定转变为综合权衡各方利益诉求，最终实现整体善和共同利益。[④] 社会共治从根本上将传统公共领域拓展为更为广阔的社会场域，引入社会力量作为公共治理的主要参与者，从而形成一种新的治理空间——社会场域。[⑤] 在该场域内政府与社会各方主体之间相互作用，并通过非对抗式的商谈合作来达成共识。“枫桥经验”将脱域于“政治系统”之外的村民群体纳入治理体系之中，促使政府日常管理和村民基层自治达成合力，为着共同的利益目标动员和组织群众，从而形成不同社会群体之间利益博弈和利益权衡的综合机制，并逐渐趋向于成熟和理性。[⑥] 因此，主体多元化、场域公共化的社会共治状态，能够确保国家与社会通过更为开放、广阔的治理平台进行理性沟通、平等交流，进而能够有效地实现治理目标。

（二）社会成果社会享：一幅理想的意义图景

基于前述可知，“社会问题社会治”可归纳为社会共治的话语内涵，

① Jan Kooiman, *Governing as Governance*, London: SAGE Publications, 2003, p. 209.

② 董青梅：《“枫桥经验”中的多元法治图景》，《山东科技大学学报》（社会科学版）2018年第1期。

③ 蓝煜昕：《社会共治的话语与理论脉络》，《中国行政管理》2017年第7期。

④ 王名、李健：《社会共治制度初探》，《行政论坛》2014年第5期。

⑤ 邓正来：《“生存性智慧模式”——对中国市民社会研究既有理论的检视》，《吉林大学社会科学学报》2011年第2期。

⑥ 强世功编《调解、法制与现代性：中国调解制度研究》，中国法制出版社，2001，第228～229页。

基本指向政府、社会等多元主体通过协商合作的方式实现共同利益。然而，仅仅从治理主体、方式、场域和目标等方面言说“何为共治”，势必会落入纯粹且幼稚的“概念狭圈”，导致无法全面系统地描绘社会共治的面貌，从而使得共治语境始终游离于理论和实践，无法真正落到实处。因此，笔者冒昧借用“共享权”（sharing right）一词——社会成果社会享——为社会共治大致勾勒“为何共治”的意义图景。① 申而论之，对于社会管理创新和民主政治建设而言，社会共治是一种刚性的现实制度需求；而对于缓释治理压力和强化行政法治而言，社会共治则是一种不可或缺的制度创新和规划蓝图。

共享（sharing），作为“互联网＋”时代的时髦用语，已然为一些人文社科学者移植至各自的研究领域，形成类似于“共享经济”“共享环保”等新型用法。“社会成果社会享”便是在社会治理系统中引入了共享权的核心理念，重点着眼于公民与社会所应当享有的“共治共享”权利，进一步根除将社会治理误解为“社会矛盾处理”②“社会维稳的子概念”③ 等片面阐述。共享权是社会共治的结果体现，是治理主体多元化、治理方式合作化、治理场域和目标公共化等话语内涵的必然延伸。“发展成果由人民共享，和谐社会由人民共享”等政策口号表明我国已经进入“人民共享”的新时代。④ 那么，如何这种共享权的性质和内容，俨然成为本文描述社会共治理想格局的前提条件。

规范意义上的共享权，可溯源至德国传统公法学理论和现行德国基本法。赵宏教授曾在研究德国公民基本权的论著中，专门指出共享权可分为广义和狭义两种，前者类似于参与权，包括但不限于各种情形下的公民参与；后者则与社会相关联，是公民权利的下位概念。⑤ 与此类似的观点还有，我国台湾地区许育典教授将狭义的共享权与平等权相联系，认为共享是建基于宪法中人人平等的基本原则上的，并由此间接衍生出要求国家给

---

① 罗英：《基于共享权的共治型社会管理研究》，《法学论坛》2013 年第 1 期。

② 范国振：《社会管理创新的误区》，《南风窗》2011 年第 9 期。

③ 林喆：《社会管理创新“新”在哪里》，《廉政瞭望》2011 年第 7 期。

④ 江必新：《开启“人民共享”新纪元》，《人民日报》2010 年 9 月 15 日。

⑤ 赵宏：《社会国与公民的社会基本权：基本权利在社会国下的拓展与限定》，《比较法研究》2010 年第 5 期。

付的一种请求权。[①] 因此，共享权的性质可限定为一种公法层面上的权利，系指公民或者社会向国家要求平等享有社会资源和共同利益的权利。

共享权作为一种社会权利色彩非常浓厚的公法权利，更多的是为了保障社会共同体能够共享治理成果。然而，不可否认的是共享权绝非仅仅局限于社会领域，其亦涉及政治领域。[②] 注重共治共享的社会是实现共享发展和共享正义的社会，进一步拓展社会治理成果的共享范围，是缓解当前社会发展不平衡的重要路径。[③] 广义上的共享权蕴含着“参与”“合作”等价值理念，在这点上其与通常所说的政治协商、民主监督等政治权利有着共通之处。但是，共享权是一个完全独立的概念，与上述权利均不可等同。[④] 从内容上看，本文所指的共享权包括如下三项子权利：其一，平等共享权，即承认不同主体应当具有同质等量的共治共享权利，这是共享权的基础价值导向；其二，治理共享权，即确保不同主体能够共同参与社会治理的权利，这是共享权的政治权利面向；其三，分配共享权，即赋予不同主体能够参与治理成果分配过程的权利，这是共享权的社会权利面向。可见，社会共治视域下的共享权意涵远比德国公法上的狭义共享权更为丰富，同时兼具平等原则、政治（参与）权利、社会权利等人文关怀。

三　从单一威权走向多元合作：政府与社会的联动共治

“社会问题社会治”用以揭示社会共治的基本内涵，“社会成果社会享”得以绘就社会共治的理想愿景。共治共建共享作为浙江诸暨地区“枫桥经验”基层治理实践留给世人的宝贵财富，既反映了人民当家作主的社会主义民主意识，又体现了国家与市民社会进行良性互动的合作精神。[⑤] 社会共治是一种开拓创新的治道理论，亦是一套系统完备的治术实操。社会共

---

① 许育典：《宪法》，台湾元照出版社，2008，第 110 页。

② 有学者认为，共享权仅仅局限于社会领域，而不涉及政治领域，更接近于德国法中的狭义共享权。参见罗英《基于共享权的共治型社会管理研究》，《法学论坛》2013 年第 1 期。

③ 张国清：《作为共享的正义——兼论中国社会发展的不平衡问题》，《浙江学刊》2018 年第 1 期。

④ 江必新、邵长茂：《共享权、给付行政程序与行政法的变革》，《行政法学研究》2009 年第 4 期。

⑤ 翁里等：《“枫桥经验”与社区化治安管理》，《公安学刊》2004 年第 3 期。

治通过民主参与的价值导向与合作治理的实践指引，进而获得了道与术的完美契合，共治共享不再是一种虚无缥缈的政治口号。从单一威权控制的政府管理转变为多元主体联动合作的社会共治，有效弥合了我国几千年来治道与治术的决然断裂。[①] 在治理现代化的意义指向中，国家与社会不再是管理者与被管理者之间无条件服从的“牵线木偶”游戏，而应当积极开展平等对话，通过协商合作的联动方式达成社会治理目标，不失时机地促成共同利益的最大化。

（一）治道的现代化：从单一威权转型为多元共治

治道（governance），意指人类社会治理公共事务的基本模式。有学者指出，治道可分为传统和现代两种主要的历史发展形态，一般而言，传统治道往往被赋予无限、人治、集权、专制等消极色彩，与之相反，现代治道则颇具有限、法治、分权、民主等积极品质。[②] 从治道现代化的意义上讲，“枫桥经验”基层治理实践反映了政府与社会合作共治（有限的行政权、政社合理分权）、政府管理与群众自治相辅相成（法治形式的多样化、民主政治的稳步推进）的必然性。

其一，现代化的治道要求恪守有限政府的基本原则。有限政府意味着在既有的可利用的社会资源条件下，政府的治理能力必然是有限的。全能上帝式的政府不可能也没必要存在，若政府管理事无巨细，与其说是社会民众的强烈呼声，毋宁说是时代发展的僵化异化。[③] 毕竟，面临日益高度复杂化的公共管理事务，仅凭单一的政府公权是远远不够的。公私不分的混沌状态不利于有限政府的养成。然而，人们在强调国家机构内部职能分权的基础上，会间接忽略社会力量在国家治理体系中的重要主体地位，从而容易形成政府中心主义的错误倾向。因此，在某种意义上，适当地赋予社会公共权力的分权政府，才能称为有限政府。

在社会共治模式中，政府权力不再处于强势的中心地位，而是应当通过平等对话、反复妥协的制度设计，逐渐将某些公共权力让渡给社会其他

---

① 王锡锌、章永乐：《我国行政决策模式之转型——从管理主义模式到参与式治理模式》，《法商研究》2010 年第 5 期。

② 毛寿龙：《现代治道与治道变革》，《南京社会科学》2001 年第 9 期。

③ 任维德：《社会转型与治道变革》，《内蒙古大学学报》2004 年第 5 期。

主体，确保能够及时有效地解决社会问题。[1] 政府“赋权”社会，实质上是一种“反向减负”的过程，既有助于培育公民的基本素养，增强社会多元主体的自治能力，降低社会群体对于政府运用公权解决现实问题的过度依赖。同时，亦有助于减轻政府的治理压力，“集中力量办大事”，充分利用和配置有限的社会资源解决最为迫切的问题。例如，“枫桥经验”鼓励自主治理，增设各类民间调解队伍，实现“哪里有矛盾，哪里就有调解组织”，借助社会自治力量以降低政府治理成本。在这些合理的制度安排下，人民群众有能力且有效地自主解决某些公共问题，而不需要外在政府的过分干预。[2] 由此不难得知，在社会共治的模式情境之中，恪守有限政府、分权政府的基本原则，不仅是可能的，而且是可行的。

其二，现代化的治道要求坚持法治政府、民主政府的价值取向。顾名思义，治道即是治理国家所必须遵循的一般规律和指导原则，法治化的治道又被称为“善治之道”。[3] 欲将社会共治成就为一种善治模式，必然回避不了法治的价值指引。法治政府既能有效约束政府权力，又能凝聚强化政府权力。“枫桥经验”强调依法调解，并通过《人身损害赔偿纠纷处理意见》等规范性文件，保证民间调解组织在处理相关基层事务时做到程序、实体合法，而不至于无章可循。

法治政府与社会自治之间并不是非此即彼的割裂关系，而是在坚持法治原则的基础上，政府应当尊重社会公众的治理智识，灵活运用政策、风俗习惯、村规民约等综合性规范，重组整合可利用的社会资源以解决社会矛盾，从而形成“上合国家大法，下合社情民意”的和谐大局。[4] 然而，现代意义上的合法性阐释，已然遭遇“传送带”模式所引发的“民主赤字”危机，不能仅凭代议制民主来证成政府治理的正当性基础，而是应当基于人民代表大会制度的宏观民主，从制度和理念层面引入微观民主。“枫桥经验”大力倡导的民间调解、群防群治等工作方法，为我们重塑了

---

① 王春婷：《社会共治：一个突破多元主体治理合法性窘境的新模式》，《中国行政管理》2017 年第 6 期。

② 埃莉诺·奥斯特罗姆：《公共事物的治理之道——集体行动制度的演进》，余逊达、陈旭东译，上海三联书店，2000，第 189 页。

③ 周永平：《法治何以成就善治？——法治与治道选择问题探论》，《理论导刊》2017 年第 8 期。

④ 湛洪果：《“枫桥经验”与中国特色的法治生成模式》，《法律科学》2009 年第 1 期。

一种新型的“国家—社会”关系类型，这既符合社会主义制度下民主政府建设的现实国情，又顺应行政民主进程中法治政府建设的制度要求。

（二）治术的理性化：由政府管控转型为社会合作

治道的现代化，是一种循序渐进的变革过程，更是一种突破传统的创新结果，不同层次的治道能够催生侧重相异的治术。例如，我国计划经济时代的“管理论”作为一种典型的传统治道，更为强调政府居于管理者的主体地位，社会居于被管理者的客体地位，治理目标通常来自上级机关，然后通过自上而下的官僚科层制进行严格管控，管理者对于社会公众自下而上的利益诉求难以及时地作出回应，甚至可能会采取忽视的怠政态度。在这种模式之下，治理往往被简单地解释为政府对社会的单向管理，缺乏有效的意见表达渠道来输入社会公众的利益偏好。由此可见，“管理论”指导下的治理技艺明显缺乏制度理性和可接受性，社会无法从政府管理过程中获取平等参与、利益共享的心理预期，降低公众对管理行为的可接受性，引发“政府管理失灵”和“官民信任低迷”等后现代主义危机，从而陷入“边管理边维稳”的忧人窘局。因此，现代化的治道强烈呼唤政府采取更为理性化的治术，从而实质性地兼顾提升治理质量、降低治理成本、活跃治理氛围等一系列重要目标。

其一，理性化的治术强调政府职能的全面转变：从强势管理控制向柔性服务指导转型。在社会共治的宏观视域范围之内，治术不再简单指向“统治的技术”①，而是应当强调政府能够自觉转变自身职能的作用方式，从过去强势的管理控制转型为更为柔性的服务指导。近些年来，社会管理创新业已成为我国公法学人重点关注的研究话题，并对新时期法学研究和法治建设产生重要的影响。从本质上而言，社会管理作为政府的一项基本职能，理应得到全面切实的履行。但是，若将社会管理与社会管制等同视之，将社会公众作为管制客体而不是服务对象，那么，社会管理创新便会沦为口号式、运动化的“空谈”。偏重管制而忽视服务的治理方式，明显曲解了现代化治道的本质内涵，背离了理性化治术的潮流趋向。

---

① 蔡维力：《治道 治制 治术——严复译〈法意〉之思想探析》，《北京行政学院学报》2008年第4期。

随着社会事务的高度复杂化，传统的管控型社会管理终将难以为继，服务型社会管理呼声甚高。[①] 政府履行社会管理职能，究其终极目的是对人的管理和服务，必须体现以人为本的根本宗旨，寓管理于服务之中。[②] 管理与服务作为政府基本职能的一体两面，不能将两者看作“天堑般的楚河汉界”，而是应当积极疏通沟通障碍：以人性化的管理来促成服务，以柔性化的服务来实施管理，从维护社会管理秩序转向提供全面发展服务。[③] 基于共治共享的理想图景以体现“以人为本、服务为先”的治术理念，不但有利于将服务型政府建设塑造为社会管理创新的题中大义，促进我国社会管理从“粗放型”到“精细化”的转变，而且有助于减少政府急于追求经济发展所实施的一些不规范现象，实现国家施政理念从“权力本位”到“权利本位”的转变。

其二，理性化的治术注重公私主体的合作联动：从政府单一主导向社会多元参与转型。社会共治作为当代中国社会管理创新的战略方向，是一种倡导社会多元主体参与治理的模式选择，必须打破公私部门的固有界限，而采取政府与社会通力合作、理性协商的方式，用以妥善地解决社会现实问题。因此，理性化的治术要求在社会管理过程中增强社会层面的公共权力和治理能力，还权于社会、赋权于公民，提供民主参与、协同治理的平等机会。[④] 社会管理职能绝非由政府专享、垄断，或者说政府不是社会管理的唯一主体，必须承认公民、法人以及其他社会组织的治理主体地位，防止出现政府大包大揽、社会淡漠无声的治理窘局，从而促进国家的理性化进程以及公共领域或市民社会的发育。[⑤]“公民参与行政是合作治理模式的重要内核，合作治理模式是公民参与行政的实践外化。公私合作治理在很大程度上突破了传统行政法关于公、私部门严格分野、私

① 张凯兰：《社会管理体制改革背景下的社区民间组织发展》，《湖湘论坛》2009 年第 3 期。

② 汪玉凯：《社会管理要突出社会服务》，《光明日报》2011 年 4 月 14 日。

③ 关于“枫桥经验”的转型，已经有论者提出，即要“六个转变”：一是从过去的政治动员转变到依法管理上来；二是从人治转变到法治上来；三是从管人转变到管事上来；四是从静态管理转变到动态管理上来；五是从治人转变到救人上来；六是从维护社会超稳定状态转变到实现人的全面发展上来。参见严励《社会转型与“枫桥经验”的创新发展》，载周长康、张锦敏编《枫桥经验的科学发展》，西泠印社，2004，第 52 ~ 53 页。

④ 何增科：《社会管理体制改革的总体思路：走向新的社会管理模式——中国社会管理体制改革与社会工作发展研究之二》，《毛泽东邓小平理论研究》2007 年第 9 期。

⑤ 李猛：《论抽象社会》，《社会学研究》1999 年第 1 期。

权利用以控制公权力滥用等基本理念，拓宽和深化了公民参与行政的‘面’和‘度’。”①

引入公私合作、多元联动的共治实践，能够有效避免政府权力的过度扩张。通过相对理性且制度化的公众参与、舆情监督等途径，塑造“权利制约权力、权利监督权力”新型治理格局。治理主体多元化、治理方式多样化的社会管理创新，不仅能够克服政府独揽型社会管理所诱发的效率低下、能力短缺等先天不足，而且能够增强政府管理行为的民意基础和社会可接受性。2012年，党的十八大报告指出，“加快形成党委领导、政府负责、社会协同、公众参与、法治保障的社会管理体制”，这是中国共产党和中央人民政府作出的重大政治决断，充分说明了政府独揽型社会管理模式已经退出历史舞台，取而代之的是共治型社会管理模式。毕竟，政府单方独揽一切社会管理事务，无疑是作茧自缚，虽然有些公共事务必须依靠政府管理，比如国土资源、流动人口管理等；但是有些事务则不适合政府强力干涉，比如社会文体活动、民事争议调解等。申言之，存在于社会治理实践中的显著变化趋势便是，作为政府职能的社会管理会逐渐退缩淡出、精细化，作为社会职能的社会管理会逐渐扩展、强化、活跃化。②

四　未完结的结语：历史的不只是历史，历史昭示着未来

“枫桥经验”是一种颇具地方特色的治理典范，不失为我国法治建设进程中重要的“本土资源”，既体现了政府通过拓展基层自治以增强政权合法性的政治努力，具有强烈的治理工具色彩，亦是人民群众主动参与管理公共事务的“生动法治课”，具有直观的民主政治基调。“枫桥经验”主要依靠政社合作、群防群治等具体治理方式，绘就了一幅共治共建共享的和谐画卷，从历史维度为后世提供有益的共治实践启示。正因如此，在考察“枫桥经验”的过程中，应当全面审视和深入发掘“枫桥经验”的制度资源和法治范式。然而，综观学界已有的研究成果，政策宣传的意味远超

① 曾哲、周泽中：《善治的理性：公民参与行政的后果考量》，《求实》2017年第6期。

② 莫于川：《行政法治视野中的社会管理创新》，《法学论坛》2010年第6期。

于学术探讨，着实令笔者感到遗憾和诧异。[①] 笔者认为，历时55年而传为地方治理佳话的“枫桥经验”不能仅仅停留在标语口号上，而是应当展开充分、客观的理论反思，从而确保“老枝”能够再发“新芽”，这对于我们把握和理解中国当代民主法治发展道路而言，无疑具有某种确定的昭示意义。

社会共治作为一种民主化程度较高的治道模式，注重构建社会多元主体参与治理的合作平台，人民正式参与到国家的内卷化之中。[②] 但是，“枫桥经验”主要通过体制内社会组织（村民委员会、民间调解委员会等）和个人（村民代表、党员）等特定途径表达社会不同群体零散式、片段化的利益诉求，无法获取体制外社会组织的有力支持，无法全面实现群众路线的目标指引以及共治共享的实践效用。[③] 在强调政社合作、公众参与的治术前提之下，应当重点考虑组织化对于民主治理所能够产生的重要影响。

在现代化治理过程中，人民群众是最为重要的治理主体，亦是最为直接的利益主体，如何确保多元化、个性化的利益诉求能够得到实质性的满足，是利益组织化理论重点关注的话题。在“枫桥经验”的实践过程中，从原来的“政府依靠群众解决矛盾”变为现在的“政府解决群众提出的矛盾”，意味着社会公众的利益输出点皆直指政府，后者一旦未能切实、及时地实现社会公众要求的利益目标，将可能大幅地增加政府的综治维稳成本，再度恶化官民之间的信任关系。[④] 因此，利益组织化的公众参与对于社会共治的重要性自不待言，通过社会公众相对稳定、集中持续的利益诉求，整合多元力量和资源，可使随后参与利益表达、交涉和协商的过程更为有效。[⑤] 社会治理过程中时刻充斥着主体博弈、利益权衡等复杂因子，

---

① 例如，比较有代表性的论文有陈善平《枫桥经验价值浅论》，《公安研究》1994年第2期；吴旭东《“枫桥经验”的新乐章》，《青少年犯罪问题》1999年第1期；陈秋平、林捷《“枫桥经验”萌发新芽》，《检察风云》2004年第1期；王海仁《创新发展“枫桥经验”的实践与思考》，《公安学刊》（浙江警察学院学报）2003年第5期。

② 张小军：《理解中国乡村内卷化的机制》，《二十一世纪》（香港）（网络版）2002年第8期。

③ 有学者尖锐地指出，“枫桥经验”作为一种传统社会管理经验缺乏社会组织的有效支撑。参见卢芳霞《“枫桥经验”：成效、困惑与转型——基于社会管理现代化的分析视角》，《浙江社会科学》2013年第11期。

④ 卢芳霞：《从“社会管理”走向“社会治理”——浙江“枫桥经验”十年回顾与展望》，《中共浙江省委党校学报》2015年第6期。

⑤ 王锡锌：《公众参与和行政过程——一个理念和制度分析的框架》，中国民主法制出版社，2007，第76页。

仅凭单一分散化、无组织化的公众参与，确已无法有效地维系和运行共治目标。在此意义上，多元协同合作治理离不开社会主体利益的组织化，保持利益均衡的公众参与恰好解决了民主制与官僚制之间的紧张关系。[①] 例如有学者指出，政府可以通过经济社团密切与相关群体的联系，从而创造出新的社会力量与完善社会管理职能。[②] 不可否认，社会共治直接体现我国行政过程日益民主化的纵深转型趋势，亦折射出社会治理过程中利益组织化程度不断提升的应然发展状态。

社会共治作为依法治国原则指导下的一种治道选择，必须始终不渝地秉持政府依法办事、社会守法遵规的最低限度要求，既不能以所谓的群众自治作为纵容违法违规行为的“虚假外衣”，亦不能以综治维稳作为官方压抑民意民情的“正当目的”。因此，形式法治是社会共治实践的基础价值预设，任何形式的治理均不得逾越现行国家法律，否则该治理行为和目标均不能获得合法的肯定性评价。

“枫桥经验”是一个中国基层治理样板，其所展现的是政府管理与群众自治互动合作的和谐局面，确立了群防群治、民间调解等完善的治理体系，综合运用基层司法、道德教化等多种手段以维护稳定的社会治安秩序。正因如此，一些学者将“枫桥经验”所蕴含的独特共治魅力称为“法律多元主义”。[③] 一方面，政府与社会共同坚持法治底线，在国家实定法的基础上动员和组织民众直接参与管理日常事务，在此基础上依法解决社会矛盾和帮扶相关弱势群体，并且通过规范化的、精细化的档案管理制度确立颇具枫桥特色的“规则之治”，确立在法律和制度面前人人平等的基本原则，任何人或组织均不得享有某些法外特权；另一方面，法制宣传与道德教化结合而治，枫桥地区各村通过“墙头文化”宣传国家法制和进行文

① 詹姆斯·W. 费斯勒、唐纳德·F. 凯特尔：《行政过程的政治：公共行政学新论》，陈振明、朱芳芳译校，中国人民大学出版社，2002，第 3 页。

② 梁丽萍、杨战斌：《经济社团在政治参与中的功能分析：公共职能与利益代表职能》，《浙江学刊》2018 年第 2 期。

③ 近年来，从法律多元主义视角研究“枫桥经验”的论文渐成规模，比较有代表性的论文有湛洪果《“枫桥经验”与中国特色的法治生成模式》，《法律科学》（西北政法大学学报）2009 年第 1 期；戴雨薇《“枫桥经验”与中国特色法治模式关系探讨》，《公安学刊》（浙江警察学院学报）2013 年第 3 期；董青梅《“枫桥经验”中的多元法治图景》，《山东科技大学学报》（社会科学版）2018 年第 1 期。

化建设，基于主流思想层面来加强国家与社会之间的互通关系。此外，通过民间调解组织和村规民约等方式对人民群众进行道德教化和行为劝导，最终构建法治、德治与自治相辅相成的整体框架。

突破形式主义法治框架的多元主义图景，是“枫桥经验”共治实践画卷中最引人注目的一笔。“构建科学规范的制度体系是实现治理能力现代化的关键所在。”① 依法而治是传统法教义学的核心要旨，国家、公民、社会组织等主体皆必须遵从既定的法律规范体系。但是，“枫桥经验”尝试将村规民约、民风民情、社群习俗等非正式法源纳入国家法治框架之中，并且充分发挥道德对于塑造社会风气、教化主体行为等方面所具有的独特效用。“法律多元主义”作为一种理论构想，具体表现为：在尊重国家法律享有权威地位的基础上，将传统文化、社会道德、风俗习惯等内容作为指导基层自治的“规范共同体”，从而契合“治国之道、治理之术，务必讲求准确、实用”。② 社会共治是一种面向现实问题的治道与治术，不能故步自封于法律一元化的“童话王国”，而是应当具有更为广阔的理论视野和实践场域。

民主与法治，对于社会治理而言无疑是一组意涵丰富、历久弥新的核心词，对两者的继承与发展，绝不能落入继承传统套路的窠臼，而应当紧跟时代潮流，在积极探索的过程中，通过思想更新和制度转型，提供治理创新的最佳契机，以弥合国家管理与社会自治间的裂隙。通过镜鉴“枫桥经验”而生的社会共治实践，属于中国千百年治理智慧的重要组成部分，为后人贡献极为珍贵的治理大义。然而，“枫桥经验”作为一种历史经验终究有其时代局限性，无法得以面面俱到、尽善尽美，我们唯一能做的是取其精华、去其糟粕。

总之，历史的不只是历史，未来的也不只在未来，历史昭示着未来。

---

① 蔡妤荻：《治理创新：构建以标准为基础的制度体系》，《江西师范大学学报》（哲学社会科学版）2018 年第 3 期。

② 杨建军：《通过司法的社会治理》，《法学论坛》2014 年第 2 期。

政务公开的工具与价值：通过规范化和系统性建构的转型*

类延村　徐洁涵

摘要： 政务公开是提升政府公信力和保障公众知情权的重要举措。然而，在政策实践过程中，政务公开显露出严重的"形式主义"现象，具体可解构为公务人员被动作为、政务公开工具闲置、政府角色延滞等。同时，政府担忧司法纠纷、潜存类主权意识、缺失公共性责任、执行政策偏差等则成为削弱政务公开效果的重要因素。针对政务公开的现实困局，政府应从规范化建构与系统性塑造两个维度着手，以健全法律法规、明晰权力责任、优化岗位配置、完善激励体系、整合公开平台、衔接跨部门信息、健全社会评议机制、增强公众认可度为路径，充分发挥政务公开各类技术性工具的作用，达到信息共享和政民互动的耦合效果，从而实现从技术存在到服务实践的价值转型，最终通过技术现代化和服务人性化达成提升政务公开效果的鹄的。

关键词： 政务公开　政府公信力　形式主义　规则控制　系统整合　信息共享　政民互动

信息公开不仅是保障公众知情权的重要手段，也是规范政府行政权力运行的关键环节。2017 年 12 月，《中国共产党党务公开条例（试行）》正式对外公布，这是首次以党内法规的形式规定党务公开的范围、原则、程

---

* 原文发表于《电子政务》2018 年第 11 期，收入本书时有修改；本文发表时，《民法典》尚未发布，为体现本文的原始研究状况，本文没有根据最新的《民法典》对相关内容进行修订。

基金项目： 国家社科基金青年项目"政府推进社会诚信体系建设的法治模式研究"（项目编号：15CZZ018）阶段性成果；西南政法大学 2018 年度学生科研创新项目"个人信息保护的政府治理机制研究"（项目编号：2018XZXS－032）阶段性成果。

作者简介： 类延村，西南政法大学教授，硕士生导师；徐洁涵，西南政法大学硕士研究生。

序、方式，政务公开再次引起学界和社会公众的广泛关注。随着我国公众权利意识的日益增强，如何增进政务公开的效度，实现由技术存在到价值认同的转型是政府在推进治理能力和治理体系现代化过程中应当思虑的重要议题。

一 问题缘起

政府政务公开的信度和效度较低，在内容层面折损了公众对政府的认同。2018 年 4 月，国务院办公厅印发《2018 年政务公开工作要点》，明确强调要着力加强政务回应工作，增强信息公开的可信度和有效性。据新华网报道，某省 G 区人民政府微信平台今年 5 月面对民众咨询出现了“你不说话没人把你当哑巴”的“雷人”回复，事后却将此归咎于系统故障导致自动回复出错的“意外”，随即引发社会热议。政府部门的解释折射出政务公开的现实困厄，因此政务公开要转变思维，以公众需求为导向，以公众认同增进政府公信力，避免不当公开造成的对政府权威的挑战。

政务公开中新兴网络载体的“僵尸化”现象严重，在工具使用层面削弱了公开效果。随着“互联网 +”的发展，一批与自媒体相结合的公开载体相继创建，政府政务公开形成“两微一端一网”发展格局。但不少地方政府却将运用政务公开各类技术性工具视为其完成任务的手段，而不是以服务公众为出发点。据新华网报道，某省 G 县明确将新上线的客户端定位为提供便民服务的载体，但上线后除发布一张风景图片外，没有其余任何内容。政务平台“僵尸网站”的清理尚未结束，“僵尸 App”又开始出现。不仅如此，某些政务 App 存在下载量和阅读量较低的现象，使得政务平台逐渐失去了服务便民和传递信息的意义。有些地方政府将使用政务公开工具视为官民互动的“减压阀”，不仅损害了公共利益，也削弱了公众参与的热情。

政务公开行为存在区域化差异，公务人员服务态度出现“极化”现象。据澎湃新闻网报道，某市 N 区政务公开工作人员与前来办事的群众发生口角争执，因情绪激动，竟将热水直接泼到群众身上。“泼热水事件”折射出 N 区工作人员的服务态度冷漠，官僚作风严重，引发公众不满。而在该市 Y 区，工作人员以办事公众为中心，全程服务、耐心讲解、一步到位。为便利公众办理政务事项，Y 区在政务大厅旁修建免费停车场以增强服务能力，从而提升公众办事效率。依据“三方测评”结果，Y 区连续两年政务服务群众满意率在 97% 以上。N 区和 Y 区工作人员所呈现的两种不同服务态度，促使政务公开急需进行标准化和规范化建设。

总体而言，有些地方政府推进政务公开时偏离了政策意图。孟庆国和李晓方认为，“政务公开是全国范围内行政机关和法律、法规、行政规章授权或委托组织就自身机构设置、法律依据、权力运作以及管理情况依法向社会发布，并接受其参与和监督的过程”。[①] 由此可见，政务公开不仅是静态的信息公布，还应包括动态的信息互动过程。因而，如何增强政务公开的信度、效度和认同度，以及加强标准化建设，是政府面临的现实问题，也是政务服务未来发展的重要取向。

二 行为悖论：政府角色延滞与缘由

（一）行为悖论与政府角色延滞

美国学者库珀曾言，公共责任冲突是公共管理伦理困境的典型表现形式，而角色冲突是公共责任冲突的关键。[②] 在现代社会，政府公务人员既扮演着增进公共利益的职业角色，也担当着维护自身权益的社会角色。就职业角色而言，公务人员在执行政策时应站在公共性立场进行考量，保持公平公正的价值取向；就社会角色而言，公务人员享有作为社会人的基本权利。公务人员在工作中免打扰的诉求与履行公共性基本职责之间发生冲突，将以保障公众知情权为出发点的政务信息简单或片面公开，甚至延迟更新信息，这些都与推进政务公开的初衷相悖。基于政务公开“形式化”宏观环境影响，政府及其公务人员公共角色与私利冲突的种种现象表明，现阶段政务公开依然存在政府角色延滞、政府主体性意识缺失等问题，政府角色仍未进入“应然”状态，担负应有职责。

---

① 孟庆国、李晓方：《全面推进政务公开：内涵诠释、实践特色与发展理路》，《河南师范大学学报》（哲学社会科学版）2017 年第 2 期。

② 特里 · L. 库珀：《行政伦理学：实现行政责任的途径》，张秀琴译，中国人民大学出版社，2010，第 102 ~ 107 页。

（二）政务公开“形式主义”的政府因素

政府政务公开“形式主义”的成因在于政府作为不力或不作为。通过剖析政务公开“形式主义”内核发现，政府在法律层面存在较多的司法担忧，在潜意识中受较强的主权范畴边界等多重因素的影响，共同促推规避责任、敷衍执行政策等现象的产生。

1. 政府存在法律层面的担忧

各级地方政府对政务公开通常抱有审慎的态度，尤其是涉及商业秘密和个人隐私的事项。一是现有法律体系中对商业秘密和个人隐私事项缺乏列举性规定。《中华人民共和国侵权责任法》中第二条规定，该法所称的民事权益包括隐私权，这被认为是民法明确保护隐私权的举措。我国《民法总则》第一百一十条规定自然人享有隐私权，第一百二十三条将商业秘密纳入知识产权的客体予以保护，但并未具体列举商业秘密与个人隐私事项。上述法律表明隐私权在民法保护层面取得了相当大的进展，但遗憾的是，隐私权在宪法保护层面无法在实践中推进。① 二是公民信息权尚未明确进入法律保护范畴。从基本权利论的视角看，公民拥有宪法规定的政治权利、人身自由权利、社会经济权利等基本权利。公民信息权作为保障个人信息安全的基本权利，在我国法律确权中尚未获得合法化地位。当政府机构向公民应责以维护公民基本权益时，可能会因缺乏明确法律依据而产生作为不力情况。② 三是信息职能尚未纳入政府基本职能的范畴。随着信息技术的飞速发展，公民信息泄露的风险骤升，政府应加强对信息资源的管理，在实施网络信息化建设战略时合理把握信息公开与维护个人隐私、商业秘密的界限。特别是在“信息基本职能”未得到法律确认的情形下，政府履职缺乏明确法律依据，政务公开的内容与范围恐涉司法纠纷，政府存在较强的执法担忧。

2. 政府在政务公开实践中存在“主权范畴”边界

党的十八届四中全会通过的《中共中央关于全面推进依法治国若干重

---

① 王秀哲：《信息社会个人隐私权的公法保护研究》，中国民主法制出版社，2017，第 108 ~ 111 页。

② 沈岿：《行政监管的政治应责：人民在哪？如何回应？》，《华东政法大学学报》2017 年第 2 期。

大问题的决定》提出，政府推进政务公开需做到“决策、执行、管理、服务、结果”的全面公开与全流程公开。这是迄今为止我国在政务公开层面所做的最权威、最全面和最严格的要求。中央所展现的良好决策部署体现了先进性与前瞻性的特点，更是维护公民权益的重要保障。然而，期冀与现实之间却存在较大差异。在立法转化层面，政府决策公开在世界范围内暂未普遍进入立法议程。德国《信息自由法》第4节规定，“若申请人申请获取决策的草案以及单纯为决策所准备的研究材料和过程中的决定等信息的，行政机关可予拒绝”。依据德国法律的明文规定，政府有权拒绝公开决策层面的政务信息。决策公开在法律规范建设方面尚未成为各国普遍实践的现实，政府在推进政务公开时往往通过比较而进行理性抉择，将组织或自身行为人格化。在潜意识中，政府自我界定“类主权”“类隐私”的信息与事项，从而拒绝公开覆盖面更广、内容更具深层次的政务信息。在具体实践层面，政府政务公开的“自我保护”倾向与政策议程的规范化程度有密切关系。通常而言，政策议程内在包含公众议程与政府议程两个阶段。在政府决策时，公众的作用主要限于建言献策，并未直接在政策制定中发挥主导性或决定性的作用。政府在决策中存在的标准模糊的价值取舍、未尽合理的程序安排、未达期望的话语表达等不规范现象，导致政府缺乏政务公开的积极性，更不愿因此削弱民众对政府的认同或陷入相关纠纷。

3. 政务公开人员配置未尽科学

在政务公开实践中，我国现有人事管理体系下暂未为信息公开专设岗位。我国《政府信息公开条例》（2008年）第三条明确指出，国务院办公厅是全国政府信息公开工作的主管部门，负责推进、指导、协调、监督全国的政府信息公开工作。按照法律规定，信息公开通常由办公室人员负责。在地方实践中，政府未设置信息公开的专职岗位，而是以办公室人员兼职负责。《中华人民共和国公务员法》第十四条规定我国实行公务员职位分类制度，即按照公务员职位的性质、特点和管理需要，划分为综合管理类、专业技术类和行政执法类等类别。办公室人员属于综合管理类岗位，而信息管理和信息整合工作具有较强的专业性和技术性，现有办公室人员的专业素质难以与现实需求对接。此外，办公室人员本身具有的流动性特征，也会导致信息公开工作缺乏连续性、科学性、稳定性。

4. 政府公务人员存在规避责任的意识

受传统官僚主义观念和行政层级架构的影响，我国政府公务人员潜意识明显存在“体制内与体制外”之分。公务人员在履行公共性职责时，扮演着“公共人”和“社会人”的双重角色。从公务人员角度而言，其在信息公开层面的保守性较强，缺乏主动沟通意识，更未能形成与社会公众进行信息共享的观念。从公民个体角度而言，公务人员扮演着维护自身权利的角色。公务人员以“自我”为中心的立场与维护公共利益的职责发生角色冲突，忽视作为“公共人”应有的公共性责任，使政务公开的内容与公众的关注点不能完全对接。

5. 政府潜存敷衍执行政策的行为

“命令—服从”链条是我国政策执行中上下级关系的主要体现。伊斯顿曾言，公共政策是对全社会价值进行权威性的分配。① 各级政府执行政策时都有维护自身利益的价值考量，并未按照相关要求制定具有可操作性和可行性的实施细则，使政务公开的执行效果产生了不同程度的偏差。以保障公众知情权为目标归属的政务公开，并未在实践中得到有效执行。政府有选择性地公开优先事项与中心任务，致使执行的力度和效度都未能达到政务公开的政策目标。

6. 政务公开考核机制有待优化

在政策实践阶段，政府政务公开尚未建构常态化和科学化的考核评估体系。一方面，政务公开并未纳入常态化的政府考核体系。我国《政府信息公开条例》（2008 年）第四章第二十九条明确规定，各级人民政府应当建立健全政府信息公开工作考核制度、社会评议制度和责任追究制度，定期对政府信息公开工作进行考核和评议。但有的地方政府在执行政策时，并未将政务公开纳入上级对职能部门的考核体系中。另一方面，对政务公开的考核缺乏精准化责任倒逼机制。有些地方政府建构政务考核体系时未借助平台化技术，以充分显现主责部门与公务人员的绩效信息。对于申请信息公开者而言，其难以在第一时间看到信息处理的承办人、承办期限、公开程序等主要信息。同时，上级部门暂未定期查阅或倒查责任落实情

---

① 戴维·伊斯顿：《政治体系——政治学状况研究》，马清槐译，商务印书馆，1993，第 122 ~ 134 页。

况，其分工明确和责任到人的考核机制应进行常态化建设。

综上所述，政府在政务公开中不仅应强化自身的主体性地位，更应发挥主导性作用。政府扮演的角色、具体的行为方式直接关乎政务公开的效能，而前述六个因素成为政务公开未达期望的内在障碍，即政府在理念上存在法律层面的司法担忧，在潜意识中存在主权范畴边界，在行为上敷衍执行政策，在人员配置上缺乏保障等现实困境。因此，政府应从规范性建设与系统化塑造两个维度着手，以公众需求为导向强化政务公开的效果。

三　政务公开规范性优化：通过规则控制与矫正

政务规范性建设是提高公共服务质量的重要保证。为了优化政务公开效果和规范政府行为，政务公开应从强化法律法规建设、明晰权力与责任、优化岗位配置、完善激励体系和优化公开载体等多元角度，赋予关键问题处置、职能优化、岗位设置和工具评价的全维度和合规性依据，进而深化政务公开的社会效果。

（一）健全政务公开的法律法规

全面推进依法治国，首重有法可依，政务公开法律法规体系应从以下三个层面寻求突破，即政府行政权力运用的限制层面、公众个人信息权益的维护层面、公开载体使用规范的规制层面。一是政府应积极出台政务公开的专门法律。国家在推动《政府信息公开条例》修订的基础上，争取在恰当时间点推动该条例的位阶提升，转化为国家法律。二是政府应制定和落实优化公开载体使用规范的实施细则。2017 年 6 月开始施行的《网络安全法》，是目前位阶最高和内容健全的关乎网络公开载体使用规范的专门法律。在政策实践中，政府必须结合各地实际制定精细化的政务信息公开工具使用指南，推动政务工具的标准化建设。三是政府应积极出台个人数据保护方面的法律。在信息社会，信息数据资源是必不可少的重要资源。政府应通过推动建构个人数据保护的权威规范，理顺政府与公民之间在信息保护与信息利用上的边界，以维护信息数据安全。此外，法律法规的健全完善需尝试对个人隐私和商业秘密关键事项进行列举，特别是政府应积极聘请专家论证和筛选个人隐私与商业秘密事项清单。

（二）建立政务公开的一体二维清单

公开内容明确化是政务公开实践的基本前提。公开内容范畴的确定，通常以归类公开主体为肇始。就目前情况而言，我国政务公开应在达成主体范畴共识和建构清单体系层面多做努力，在主体扩容基础上形成“一体二维”清单体系。一是政府可借鉴国外先进经验，明确政务公开的主体范畴。在专业领域和第三方评价中，塞尔维亚《获取公共信息法》有较高的声誉，其立法质量受到专业组织的认同和称赞。该法第一章第3条指出，该法所称公共机构是国家机构、地方机构、地方自治政府机构以及其他履行公共职责的组织（以下简称“国家机构”）。公共机构是由国家机构创设的法人，或者由国家机构全部或部分资助的法人。[①] 基于塞尔维亚的立法趋势与实践发展，凡履行公共职责的组织都被纳入信息公开的义务主体范畴。我国目前学界与实务界在信息公开主体范畴层面存在较大的争论，学界主张政府应成为信息公开的唯一主体。实务界却认为除政府部门外，事业单位、国企等组织都应纳入信息公开主体范畴。结合我国具体实际，政务公开应扩大其主体范围，将国家机构以及国家机构创设和资助的法人列入政务公开的主体范畴，即凡受公共财政支持的项目都应纳入政务公开的内容体系，从而做到准确全面公开政府信息。二是政府应该建构政务公开的“权力—服务”二维清单。政务公开的“二维清单”，即指权力事项清单和服务事项清单。在建构清单过程中，政府应注意避免两者在内容层面重叠和交叉。政府应积极稳妥地制定政务公开权力事项清单，明晰权力职责，细化信息公开与不公开的范畴，保障公开内容满足公众需求。此外，政府还应统筹规划建立和细化“服务事项清单”。针对可能引致“司法纠纷”的政务信息，政府应召集实务界与学术界专家召开座谈会，在广泛听取各级政府和社会公众的意见后，针对可能引致“司法纠纷”的政务信息展开论证，尝试以“内容—主体—方式”的结构建构服务事项清单目录体系。政府应通过建立精细化和标准化的政务公开清单体系，明确信息公开主体与范围、明晰权力与责任，避免公开内容趋于同质化，从而在政务公开层面解决公务人员“不敢为”“不作为”的情形。

---

① 后向东：《信息公开的世界经验》，中国法制出版社，2016，第41页。

（三）探索设置政务公开专职岗位

在西方典型国家，政务公开是专业性的事务，通常由专责机关或专业人员负责。在政务公开管理岗位的设置上，国外主要采用“专员—机关”模式和“专员”模式。其中，塞尔维亚采用“专员—机关”模式。塞尔维亚《获取公共信息法》第一章第1条明确授权设置公共信息专员，并代表国家机构独立行使职权；第五章第32条规定，专员机关为独立行使职权的自治机关。[①] 专员机关是独立于政府之外的行政机关，负责该国的信息公开工作，具有较强的独立性；印度采用“专员”模式。依据印度《信息权利法》（2005年第22号）第二章第5节，政府在各公共机构中设立公共信息官，负责信息公开的日常工作；英国从整体上确立了以国务大臣、大法官和信息专员为核心的信息公开工作体系，并赋予信息公开主管专员特别重要的权力。通过梳理国外实践，结合我国实际情况，政府可借鉴“专员”模式，增设政务公开专职岗位，赋予其信息管理、信息开发、信息获取等法定职权与义务。相关部门同步开展对此类人员的定期培训与考核工作，强化其专业能力与伦理素质。

（四）完善配套奖惩激励的规范体系

现代激励制度是保障政府治理效果的重要举措。激励的对象应该含纳组织和成员两个部分。针对成员进行激励是政府治理的惯常做法。自有政府活动始，组织评价即成为提高组织效率的重要手段。组织评价在提升行政效能、防止组织规避责任、实现人员评价全覆盖等方面发挥着积极作用。然而，针对组织的激励在法律层面还仅是个殊性的实践。依据塞尔维亚《获取公共信息法》第九章第46条、第47条、第48条，国家机构与公共机构的信息公开官员若差别对待申请人或媒体记者的，都将被处于一定数额的罚款。结合实际情况，我国绩效考核部门应明确对政府的克责与处罚，强调针对公共部门的金钱与物质处罚，从而强化政府的履责担当。在正向激励方面，考核部门可将精神激励与物质激励结合起来，并融入政府部门及其公务人员的绩效考核中；在负向激励方面，考核部门必须严格

① 后向东：《信息公开的世界经验》，中国法制出版社，2016，第50页。

追究失职、消极不作为的政务部门及其公务人员的责任，对其处以金钱与物质处罚。政府通过明确职权和责任到人，促进政务公开工作明确化、责任化。

（五）开展对政务公开载体的清理与评价

随着信息化战略的实施，门户网站已然成为政务公开的主要渠道。随着新兴媒介的兴起，网络技术载体日益成为政务公开的重要平台。2018 年 5 月，国务院办公厅政府信息与政务公开办公室公布了 2018 年第一季度全国政府网站抽查情况通报。抽查通报显示，有些地方政府网站部分信息公开工具仍存在管理不到位、在线服务不便民和互动渠道不畅通等问题，公众对此类工具的关注度和利用率下降，导致网络公开载体“僵尸化”现象的产生。政府应在标准化体系建设下，定期开展对政务公开类网络工具的评价清理工作。网络载体的清理与评价应由网信部门牵头，邀请专家学者和第三方组织开展，以确立科学有效的清理标准为肇始，以平台浏览量、点击率、下载量、实用性等具体标准为依据，设立信息公开类网络工具的等级层次，通过参与评估的形式开展评价和清理工作，定期清除利用率不高或已经失效的网络工具。在网络工具利用层面，监管部门应将网站使用率低于平均水平线以下的工具进行适当清理。在信息公开内容层面，监管部门应以公众下载量和信息实用价值为基础，定期清理未能与公众关注度对接的无效信息。由此，政府通过开展清理评价工作，优化网络公开载体的使用效能，便能达到畅通政务公开渠道的目的。

四 政务公开系统化整合：统一平台与运作机制双重支撑

政务系统化塑造是有序推进政务公开的重要保障。为了避免政务资源的过度浪费、提升政务信息利用率，政府政务公开应从整合公开平台、衔接跨部门信息、健全社会评议机制、提高公众满意度等方面做到全域覆盖。

（一）构建系统科学的政务公开统一平台

信息不共享和公开载体林立是目前政务公开面临的现实问题。我国政务公开的平台建设，应该走向系统化和体系化。美国政府各个部门对信息共享十分重视，共享平台基本上是在一个系统平台上建立和维护的，即使某些信息量大的部门有自己独立的平台，也是由政府统一建设和管理的。[①]在信息管理层面，美国政府与相关信息采集机构合作，遵循信息“退出原则”对信息进行合规化管理。政府主导是我国大数据平台建构的主要特点，在建设过程中可借鉴采用“退出原则”，即若公开的信息涉及个人隐私和敏感数据，或公民提出异议，公众可申请对此类信息不公开。我国政府更应积极依托“互联网+”，搭建多元化网络信息公开平台。[②] 政府应整合政务信息资源，精简公开平台数量，构建国家、省、市三级互联互通的网上政务服务平台，形成“一网通办、全城通办、异地可办”格局。

（二）协调推进政务公开的跨部门衔接

“信息孤岛”是制约部门间信息共享的重要因素。英国政府提出的“数字政府即平台”理念，推动了跨部门政务信息共享平台建设，打破了信息闭塞格局。我国可借鉴英国政府数字化建设的经验，协调推进跨部门间信息共享与衔接。一是政府积极推动跨部门间信息共享与数据开放。我国可从中央层面推动政府数字化协同建设，实现打造整体数字政府的目标。[③] 地方政府依据政务权力事项清单与服务事项清单，规划公开目录和厘清部门职责，保障信息共享和数据开放不重叠、不交叉。政府更应注意规避已被视为自身主权领域的事项，注重理顺政府组织内在运行效率与外在公益性责任之间的关系，进而权衡信息共享与信息安全关系。二是政府应建立健全信息共享的跨部门衔接机制。在行政体系内部，行政人员存在职级的差异性和工作性质的差别，共享信息的范畴也因此呈现出较大的差异。行政人员与其所属部门的层级与共享信息的范围呈现正比关系，人员职级和组织层级越高，信息共享的范围就越广。通常而言，行政人员的专业化程度也与共享范围呈现正比关系。政府应明确行政人员和组织的权力权限，建立健全信息共享的跨部门衔接机制，在一定程度上形成业务协同

---

① 杨兴凯：《政府部门间信息共享模式与决策方法》，科学出版社，2014，第103～104页。

② 徐鹏：《深化我国政府信息公开制度改革研究》，《东北师大学报》（哲学社会科学版）2014年第4期。

③ 张晓、鲍静：《数字政府即平台：英国政府数字化转型战略研究及其启示》，《中国行政管理》2018年第3期。

的信息共享格局。三是政府协调推进政务公开与服务办理工作。公务人员作为推进政务公开的主体，更应增强自身的服务和公开意识。政务信息通过各种途径向社会公众开放后，公务人员应为公众提供服务办理指南并进行相关政务办理，使政务信息与服务办理流程无缝衔接。此外，政府应对信息进行分级分类管理，即划分为“关键信息”“重要信息”“一般信息”三个层面，从而在基础信息层面实现跨部门间信息共享。其中，“关键信息”是涉及国家秘密和商业秘密等需做好保密工作的信息，“重要信息”是涉及规划计划、会议纪要、统计资料调研数据等需公民依申请公开的信息，“一般信息”是涉及办事指南、财务信息等公众监督政府所必需知晓的基础信息。在基础信息层面，政府应积极主动公开此类信息，进而促使政府部门内部做到信息共享，推动政府与公众之间进行良好互动。

（三）完善政务公开的社会评议机制

社会评议的认同优势源于评价的独立性和客观性。在政务公开评价中，政府要鼓励社会主体积极参与专业性评估。一方面，政府应推进政务公开第三方评估的常态化建设。政府政务公开评估可引入智囊团、第三方评估组织等外部机构，融入政府自身的内部评估，对形式要件和实质内容进行双重考核。在评估指标设置层面，政务公开评价指标可构建以信息公开内容、方式和程序、监督和保障、公众参与程度等四个维度为一级指标的政府信息公开绩效评估体系。[①] 在此基础上除设置客观指标外，尤其要注重设置主观性指标，将公众满意度与认可度、政府回应度等作为政务公开评估的重要标准。政府也可尝试建立“失信一票否决机制”，探索设置政府部门与政府公务人员诚信指标，将其纳入部门与人员的考核体系。另一方面，政府应完善社会评议的法律依据。公众的积极参与是政府完善信息公开内容的重要基础，也是推行社会评议制度的重要原则。我国《政府信息公开条例》中明确提到应建立健全政府信息公开工作的社会评议制度，但未能在实践中得到有效推进。政府应加强制定切实可行的社会评议工作计划，开展公众对政务公开的星级评价活动，从而获取民意以完善信

① 刘磊、邵伟波：《公众参与视角下基于模糊层次分析法的政府信息公开绩效评估研究》，《情报理论与实践》2014 年第 3 期。

息公开考核机制。

（四）提高公众认知度与工具利用率

保障公众知情权是推进政府透明化建设与信息开放的价值归宿。[①] 政府推进政务公开时，如何保障公众基本权利和获取公众实质认知度是政务公开网络工具获得应用实效的关键。一是政府政务公开内容需与公众现实利益相连，提升公众关注度。网络公开载体的形式化运用，促使公众不愿关注无用信息，更不愿花费时间成本搜寻此类黏性信息。[②] 政府可考虑与相关公司进行合规化的合作，在政务公开网站或其他政务公开网络工具下，通过设置便民服务链接给予公众普惠性的现实利益，使公众认知此类网站，认可通过该类网络工具获取信息的可能性与可靠性，进而反向推动政府对此类政务公开类网络工具负责。二是政府增强政务信息的回应度与拓宽公众反馈渠道，提升公众认可度。政府推进政务公开需要公众积极进行校正型参与，才能发现公开内容与公众诉求之间的差异。[③] 在实践中，政府通过开通省长（市长）信箱或热线以进一步拓宽公众反馈的渠道，从而对公众诉求与偏好进行有效回应与满足，提高政府与公众的接触频率。[④] 三是政府加强对政务公开运用载体的宣传，提升工具利用率。政府重新定位运用网络工具作为政务公开载体的意义，建立公众认可的公开渠道，提升公众的关注与点击率，从而提高公众对网络政务平台的利用率。政府通过增强公众对政务公开的实质认同，激发社会公众利用政务信息平台查询信息和办理服务的热情，为政务公开工作的有效开展积极献言献策。

五　价值转型：由政务公开到政务服务

政务公开是政府实现公共服务职能的关键环节。在政策实践过程中，政府不仅要发挥政务大厅、网络公开载体、信息平台等政务公开类技术性工具的作用，更应不断以公众满意度和认可度为导向追求政务公开实效，

---

① 后向东：《信息公开法基础理论》，中国法制出版社，2017，第 84 ~ 86 页。

② 王军：《新凯恩斯主义粘性信息理论述评》，《管理世界》2009 年第 8 期。

③ 汪锦军：《公共服务中的公民参与模式分析》，《政治学研究》2011 年第 4 期。

④ 曾信祥：《中国政务公开工作的发展取向及对策举措》，《电子政务》2013 年第 11 期。

引导政府优化基本职能，由信息公开向信息服务转型。

政府政务公开应以规范性优化和系统性整合为肇始，破解“形式主义”困局，强化公共性立场。一方面，政务公开有益于将信息职能纳入政府基本职能范畴。在信息社会，信息资源是必不可少的重要资源，信息沟通渐次成为公众与政府之间交流的主要方式。信息数字化时代的发展，推动了国家基本职能的变革，信息职能成为国家主要职能之一。[①] 政府将信息职能纳入基本职能范畴，以厘清信息管理、信息公开、信息共享、信息引导与信息服务之间的关系，不断回应公众日益增长的对政务信息知晓的需求，从而推动政府职能的现代转变。这本质上是对新兴权利的回应，也是公共行政向人民应责的体现。[②] 另一方面，政务公开有助于推动政府行政理念由管理本位向服务本位的价值转型。通过深化政务公开，政府将公开要求贯穿于政务服务各个环节，接受公众全方位的监督，促使政府在推进政务公开和提供政务服务时回归维护公共利益的立场。除此之外，政务公开有利于推动公众从形式认知向实质认同的价值转变。政府唯有以坦诚的态度回应公众诉求、改进政务服务方式，不断推动政民之间实现平等沟通与交流，才能提升公众对政务服务的满意度和认可度。归根结底，政府应不断以公众需求为导向积极主动推进政务公开做到全流程覆盖，实现静态展示到动态服务的转型，促推政务公开渐次成为提升政务服务效能的重要领域和发展方向。

综上所述，政务公开从关注文本形式、公开渠道到强化公众工具利用效果的转变，体现的是政府行政由工具理性向价值理性的转型，实质上是政府公共性责任的回归与增强。这既回应了深化党和国家机构改革的要求，又体现了公民基本权利演化的社会趋势，有助于打破“信息孤岛”和实现信息共享，进而达到提升政府行政的技术性效率和社会性效率的双重鹄的。

---

① 张建文：《国家的信息职能与信息立法的基本原则》，《法学杂志》2017 年第 11 期。

② 沈岿：《行政监管的政治应责：人民在哪？如何回应？》，《华东政法大学学报》2017 年第 2 期。

政府购买扶贫服务标准化治理体系研究：制度规范、工具选择与行动框架*

郭春甫　闫　妍

摘要：国家治理体系现代化在扶贫领域的重要抓手是贫困治理体系现代化。将标准化原理与方法引入政府购买扶贫服务领域，实现政府购买扶贫服务标准化，是贫困治理体系现代化建设的重要路径。由于政府购买扶贫服务标准化在理论发展与实践运行过程中存在标准化制度构成不健全、标准化工具应用模糊、标准化操作缺乏规范等问题，无法持续为贫困治理体系现代化建设提供高质量的制度保障和工具支持，因此需要有效建构政府购买扶贫服务标准化治理体系，推动实现贫困治理体系与治理能力现代化。文章以贫困治理体系现代化为理论基点，在建构政府购买扶贫服务标准化治理体系的“制度—工具—行动”分析框架基础上，梳理政府购买扶贫服务标准化的制度规范，析出政府购买扶贫服务标准化的政策性工具、数字化技术和绩效管理方法三种治理工具，并从明确责任主体、厘清工具特性和适用情境、注重工具的优化组合等方面对政府购买扶贫服务标准化的治理工具进行优化选择，进而提炼出政府购买扶贫服务标准化的行动框架。

关键词：政府购买扶贫服务　标准化　治理体系　制度规范　工具选择　行动框架

---

* 原文发表于《新疆大学学报》（哲学·人文社会科学版）2019 年第 4 期，收入本书时有修改。

作者简介：郭春甫，西南政法大学政治与公共管理学院教授，硕士生导师；闫妍，西南政法大学公共管理专业硕士研究生。

一　问题的提出

党的十八大以来，党和国家高度重视标准的制定、实施与推广。2016年9月12日，习近平总书记在给第39届国际标准化组织大会的贺信中明确指出，“标准是人类文明进步的成果。……伴随着经济全球化深入发展，标准化在便利经贸往来、支撑产业发展、促进科技进步、规范社会治理中的作用日益凸显”。① 这一论述充分体现出标准化对于推进国家治理现代化的重大意义，极大地推动了各行各业标准化工作的积极开展。对国家标准化管理委员会公布的各类标准数量汇总后发现，截至2019年3月，现行有效国家强制性标准共计1977条，推荐性国家标准共计34382条，相关标准涉及数学、物理、社会学、自然科学、服务、环保、医药卫生等社会生活各个领域。“标准化作为加强和创新社会管理、进一步提升公共服务水平的重要技术支撑，在国家治理体系和治理能力建设中发挥着越来越重要的作用，对于完善公共服务体系，保障群众基本生活，不断满足人民日益增长的美好生活需要具有重要意义。”② 贫困治理作为实现国家治理体系和治理能力现代化的重要推动力量，也是标准化工作推进的重要场域。

随着扶贫开发进入脱贫攻坚阶段，面对紧迫的时间线与较大的任务量，仅靠政府自身无法全部满足“2020年我国现行标准下农村贫困人口实现脱贫，贫困县全部摘帽，解决区域性整体贫困”③ 的减贫要求，需要融合政府、企业、社会组织等各方力量，围绕精准脱贫集中发力，建构政府、市场、社会多元主体共同负责的精准脱贫机制。④ 在精准扶贫、精准脱贫的政策工具箱中，政府向社会力量购买扶贫服务作为一种新型贫困治

① 《习近平致第39届国际标准化组织大会的贺信》，新华网，2016年9月12日，http://www.xinhuanet.com/politics/2016-09/12/c_1119554153.htm。

② 《社会管理和公共服务标准化发展规划（2017—2020年）》，国家标准化管理委员会网站，2018年2月7日，http://www.sac.gov.cn/xw/bzhxw/201802/t20180207_341604.htm。

③ 《决胜全面建成小康社会夺取新时代中国特色社会主义伟大胜利——在中国共产党第十九次全国代表大会上的报告》，人民网，2017年10月28日，http://cpc.people.com.cn/n1/2017/1028/c64094-29613660.html。

④ 郑瑞强：《扶贫治理现代化的实现：阶段性特征、逻辑框架与发展保障》，《求实》2017年第1期。

理工具，有效弥补了政府自身扶贫能力的不足，拓宽了汲取扶贫资源的空间。在各级政府的积极推动下，政府购买扶贫服务已在贫困村留守妇女、老人和儿童的扶持项目、生计改善项目、社区组织建设项目、“生态”扶贫项目等领域得到广泛运用，取得了显著的减贫成效，为打赢脱贫攻坚战贡献了强大的社会力量，在一定程度上实现了节约成本、提升减贫质量和效率的目标。[①] 不过，目前面临的问题是，由于政府购买扶贫服务行为缺少统一标准，实践中存在购买动力不足、购买主体不清晰、购买需求不明确、购买流程不规范、监督管理不到位等问题。

从贫困治理角度而言，上述问题集中表现在政府购买扶贫服务制度缺位、治理工具欠缺及行动框架模糊三个方面，因此，解决这些问题需要将标准化理念和方法引入扶贫领域，充分发挥标准化的引导和规范性作用，从制度、工具和行动三个层面出发，建构政府购买扶贫服务标准化的治理体系。基于此，本文聚焦的研究问题是：作为推进国家标准化战略的目标和任务之一，实现政府购买扶贫服务标准化需要哪些制度予以规范，需要哪些治理工具予以贯彻实施，采取何种行动对治理工具的良性运转提供支持。本文以贫困治理体系现代化为理论基点，在建构“制度—工具—行动”分析框架的基础上，系统梳理政府购买扶贫服务标准化的制度规范，析出三种政府购买扶贫服务标准化的治理工具，即政策性工具、数字化技术和绩效管理方法，并从明确责任主体、厘清工具特性和适用情境、注重工具的优化组合等方面对政府购买扶贫服务标准化治理工具进行优化选择，最后提炼出政府购买扶贫服务标准化的行动框架。

二　政府购买扶贫服务标准化治理体系的理论探讨

（一）基本内涵

政府购买扶贫服务是政府购买公共服务在扶贫领域的具体表现。政府购买扶贫服务标准化，就是运用标准化的原理和方法，通过制定、发布、

① 朱俊立：《政府向慈善组织购买村级扶贫服务研究》，《广东商学院学报》2013 年第 1 期。

实施、修订政府购买扶贫服务标准和其他标准化文件，实现政府购买公共服务的数量指标化、质量目标化、方法规范化和过程程序化，从而获得最佳的政府购买秩序以保障贫困人口享有优质和有效扶贫服务的过程。[①] 政府购买扶贫服务标准化治理体系是贫困治理体系的重要组成部分，是国家治理体系在扶贫领域的具体体现。对于治理体系的概念厘定与内涵界定，一直是学界探讨和争论的命题之一，迄今并没有一个获得多数学者认同的规范性定义。从"结构—过程"角度探究治理体系的学者认为，"治理体系是一个复杂的综合系统工程，由组织体系、制度体系、运行体系、评价体系和保障体系构成"。[②] 侧重价值建构角度的学者认为，"国家治理体系包含着三个层面的内容，一是'理念'层面，为国家治理体系的建立提供依据；二是'制度'层面，是指在政府理念指导下，为实现特定目标而采取的一系列形式安排；三是'器物'层面，是指国家治理所运用的具体治理技术"。[③] 国外学者库伊曼（Kooiman）也认为，治理包含三个不同的治理要素，即构想、工具和行动，三个要素之间相辅相成。其中，构想是治理主体预实现的一系列想法；工具为构想的实现提供基础；行动为工具提供支持，并保证工具的运转。[④] 上述概念的中西契合从制度、工具、行动三个层次揭示了治理体系的构成要素，为本文建构政府购买扶贫服务标准化治理体系提供了参照。基于上述探讨，本文将政府购买扶贫服务标准化治理体系定义为：以标准化理念为指导，根据特定的目标，采取何种制度安排、工具技术和行动来规范政府购买扶贫服务行为的一个综合体系。这一概念具有三个特征：一是揭示了标准化对于政府购买扶贫服务的引导和规范作用；二是明确了政府购买扶贫服务标准化的宗旨是实现公共利益和促进贫困治理体系现代化；三是阐明了政府购买扶贫服务标准化治理体系包括制度、工具和行动三大构成要素。

---

① 陈伟：《政府购买公共服务标准化的基本要素、现实困境与实现策略》，《中国行政管理》2016 年第 12 期。

② 蔡妤荻：《治理创新：构建以标准为基础的制度体系》，《江西师范大学学报》（哲学社会科学版）2018 年第 3 期。

③ 宣晓伟：《国家治理体系和治理能力现代化的制度安排：从社会分工理论观瞻》，《改革》2014 年第 4 期。

④ Jan Kooiman, "Exploring the Concept of Governability", *Journal of Comparative Policy Analysis: Research and Practice* 10 (2008): 171 - 190.

（二）价值旨归

"标准化的终极价值在于在一定领域内获得最佳秩序。"① 目前国家层面尚未出台统一的政府购买扶贫服务标准化管理办法，各地实践中产生了购买标准不统一，购买流程不规范、购买需求不明确、购买评价不完善等一系列问题，影响了政府购买扶贫服务的公平公正，造成了社会扶贫资源的浪费，一定程度上削减了精准脱贫的治理绩效。解决上述问题的一个重要前提，是从理念层面重视标准化对贫困治理的作用，加快政府购买扶贫服务标准化建设，建立起与现阶段政府购买扶贫服务实践相适应的标准化治理体系，为政府、扶贫干部、企业、社会组织等主体参与政府购买扶贫服务提供行为准则和方向指引。此外，脱贫攻坚作为实现国家治理体系和治理能力现代化进程中的重要一环，是当前党和国家工作的重心。在习近平总书记关于精准扶贫精准脱贫方略和标准化重要论述的指导下，总结全国各地党和政府部门购买扶贫服务的实践成果，从制度规范、工具设计与选择、行动框架等层面总结归纳推动实施政府购买扶贫服务标准化的构成要素，提炼具有普遍意义的政府购买扶贫服务标准化治理体系，对推进扶贫领域标准化建设，加快实现贫困治理体系现代化具有重要的理论意义和实践价值。

三　政府购买扶贫服务标准化的制度规范

"对于任何一项治理活动来说，制度都被认为是非常重要的因素之一，如果治理安排长期缺乏规范性基础，其必然会导致效率低下和合法性不足等问题的产生。"② 推进和实现政府购买扶贫服务标准化，首先需要明晰政府购买扶贫服务标准化的制度规范。一般而言，政府购买扶贫服务标准化的制度规范包括基本遵循与制度体系两部分，基本遵循为政府购买扶贫服务标准化提供"元制度"层面的约束和指导，制度体系为政府购买扶贫服

① 杨梅：《中国地方政府公共服务标准化探索与思考》，《北京行政学院学报》2012 年第 3 期。

② Stephen P. Osborne：《新公共治理？——公共治理理论和实践方面的新观点》，包国宪等译，科学出版社，2016，第 35 页。

务标准化提供具体的制度安排。

（一）基本遵循

党的十八大以来，习近平总书记多次就标准化和精准脱贫工作作出重要指示。2014 年 3 月习近平总书记在河南调研时指出，“标准决定质量，有什么样的标准就有什么样的质量，只有高标准才有高质量。谁制定标准，谁就拥有话语权”。[①] 随后，习近平总书记又多次就工业、农业、物流业、食品安全、公共服务、核安全、军队装备等领域实施标准化战略提出了明确要求，这些论述为新时代各个领域推进标准化工作提供了根本遵循。《国家标准化体系建设发展规划（2016—2020 年）》规定，“标准是经济活动和社会发展的技术支撑，是国家治理体系和治理能力现代化的基础性制度”。[②] 这一规划不但规定了各级政府开展标准化工作的总体要求、总体任务、重点领域和保障措施，还将标准化工作提到了国家战略高度。如何贯彻实施标准化体系建设的各项工作任务和要求，是摆在各级党委和政府面前的重要命题。2018 年，中共中央办公厅、国务院出台了《关于建立健全基本公共服务标准体系的指导意见》，进一步从公共服务的角度强调了“标准化对于不断满足人民日益增长的美好生活需要、不断促进社会公平正义、不断增进全体人民在共建共享发展中的获得感，推进国家治理体系和治理能力现代化的重要意义”。[③]

建立健全政府购买扶贫服务标准化的制度规范，需要在习近平总书记关于标准化论述和精准扶贫、精准脱贫方略的领导下，以《关于进一步动员社会各方面力量参与扶贫开发的意见》《中共中央国务院关于打赢脱贫攻坚战的决定》，以及《关于广泛引导和动员社会组织参与脱贫攻坚的通知》等文件中对“政府购买扶贫服务”的任务要求为依据，立足地方政府购买扶贫服务的丰富实践，着眼于当前政府购买扶贫服务的困境，从服务

① 《中国质量报评论文章：只有高标准才有高质量》，中国质量新闻网，2014 年 4 月 28 日，https://www.cqn.com.cn/zgzlb/content/2014-04/28/content_2172032.htm。

② 《国办印发〈国家标准化体系建设发展规划（2016—2020 年）〉》，环球网，2015 年 12 月 30 日，https://china.huanqiu.com/article/9CaKrnJSMI。

③ 《中共中央办公厅 国务院办公厅印发〈关于建立健全基本公共服务标准体系的指导意见〉》，新华网，2018 年 12 月 12 日，http://www.xinhuanet.com/politics/2018-12/12/c_1123843910.htm。

保障层面、服务提供层面和服务评价层面考察影响政府购买扶贫服务标准化的关键因素，总结提炼出可供复制的具有普遍意义的政府购买扶贫服务标准化制度规范，为推动精准脱贫工作规范有序开展提供科学的制度支撑和保障。

（二）制度体系

制度体系是政府购买扶贫服务标准化治理体系的基础。梳理相关制度发现，目前国家层面尚未出台有关政府购买扶贫服务的专项法律法规，已有的相关办法如《国务院扶贫开发领导小组关于广泛引导和动员社会组织参与脱贫攻坚的通知》《中共中央国务院关于打赢脱贫攻坚战的决定》，以及《关于进一步动员社会各方面力量参与扶贫开发的意见》等多个文件中，从职责划分、实施领域、机制建设、参与方式等层面对各级政府在扶贫开发中引入服务购买作出了明确要求。同时，《国务院办公厅关于政府向社会力量购买服务的指导意见》《政府购买服务管理办法》等相关办法及意见为政府购买扶贫服务提供了原则性指导，但这些文件应用于扶贫领域仍存在专业性不足、针对性不强、层次性不够等问题。因此，建构政府购买扶贫服务标准化治理体系，首先需在制度层面为政府购买扶贫服务给予支持和保障，在实践操作层面准确定义政府购买扶贫服务的内涵、类型、主体、质量要求与标准等①，在宏观上准确界定政府购买扶贫服务标准化制度体系的功能配置与制度规范间的架构关系，系统建构政府购买扶贫服务标准化制度体系。通过借鉴《服务业组织标准化工作指南第 2 部分：标准体系》②，本文建构了由服务保障制度、服务提供制度及服务评价制度三部分构成的政府购买扶贫服务标准化制度体系。

1. 服务保障制度

服务保障制度是支撑扶贫服务购买及有效供给的各项标准的集合。主

---

① 郭佩霞：《政府购买 NGO 扶贫服务的障碍及其解决——兼论公共服务采购的限度与取向》，《贵州社会科学》2012 年第 8 期。

② 《服务业组织标准化工作指南第 2 部分：标准体系》（GB/T24421. 2 - 2009），国家标准全文数据库，2009 年 9 月 30 日，https：//kns. cnki. net/kcms/detail/detail. aspx？ dbcode = SCSF&dbname = SCSF&filename = SCSF00032727&uniplatform = NZKPT&v = rdy_ Q_ XGVP0VeiHb70g7hCYVu1a4l0WOhiP09G_ J_ 7acqmJ7JUhujhq002 - m7jn3。

要包括政府购买扶贫服务信息管理标准、人力资源管理标准、财务管理标准、安全与应急标准四部分。其中，信息管理标准是贯穿政府购买扶贫服务全过程的关键要素，要求政府购买扶贫服务必须坚持“以公开为原则、不公开为例外”的目标导向，将服务购买主体、购买对象、购买需求、购买预算、购买结果、购买绩效、合同文本等信息进行公示，并对信息公开的及时性、全面性和质量要求负责，以此强化政府购买扶贫服务的透明度和合法性。人力资源管理标准要求开展政府购买扶贫服务工作的责任单位，依据服务采购和扶贫开发所需的专业技能，将其细化为专职干部和采购咨询专家的任职资格标准、岗位职责标准、工作能力标准、工作态度标准、退出考核标准等内容。财务管理标准要求，严格按照采购专项资金管理办法，制定包括购买预算的编制、预算资金的审批和拨付、购买价格核定、项目验收、项目付款等内容在内的扶贫项目采购资金管理制度。安全与应急标准要求，政府部门在购买扶贫服务的过程中应树立风险意识，考虑到购买服务过程中可能出现的突发状况，事先制定应急预案，并将其作为政府购买扶贫服务的制度构成部分，纳入制度体系。

2. 服务提供制度

服务提供制度包括政府购买扶贫服务流程、合同管理、服务提供三个子标准。其中，政府购买扶贫服务流程主要指政府购买扶贫服务应遵循的规范化流程，要求各级政府部门“按照公平、公正、公开原则，完善政府购买扶贫服务的各项程序规定，建立以项目申报、项目评审、组织采购、资质审核、合同签订、项目监管、绩效评估、经费兑付等为主要内容的标准化购买流程，有序开展政府购买扶贫服务工作”。[①] 合同管理标准需要对购买合同的起草、购买双方权责、合同监督、违约赔偿、争议解决、合同变更等内容作出要求，并严格按照合同条款对项目承包方的扶贫行为进行监控和处罚。服务提供标准是指项目承包方提供扶贫服务所必须履行的基本活动准则，包括扶贫计划的制订和实施、扶贫方式和手段的选择、物资和设施的配备以及服务供给过程中的沟通和交流等内容。

① 《财政部关于做好政府购买服务工作有关问题的通知》，中国政府网，2013 年 12 月 9 日，http://www.gov.cn/gzdt/2013-12/09/content_2545041.htm。

3. 服务评价制度

服务评价制度包括服务质量监管标准、服务评价与控制标准两个子标准。服务质量监管标准应对承包方扶贫绩效的动态监测、数据记录和分析、扶贫过程中矛盾纠纷的化解等内容作出要求，这些规定的贯彻落实，可为政府购买扶贫服务的经验教训总结、纠纷处理等工作提供客观依据。服务评价与控制标准包括考核评价指标的设计、评价原则的确立、评价方法的选择、评价时间的规定、评价结果的适用等内容。需要注意的是，为了能够全面、客观、准确评估服务承包方的扶贫服务质量，更宜采用第三方评估、贫困地区实地调研、贫困户脱贫满意度调查、扶贫干部访谈等多种考核评估方式相结合的绩效考评方法，并在此基础上建构基于“政府—贫困户—第三方”多维感知的绩效考评指标体系，以呈现真实可靠的购买扶贫服务质量态势与分布特征，为科学有效地评价政府购买扶贫服务标准化质量奠定技术基础。

四　政府购买扶贫服务标准化的工具类型与选择

（一）政府购买扶贫服务标准化的工具类型

建构政府购买扶贫服务标准化治理体系，在明确相关制度规范基础上，需要通过治理工具的设计为实现政府购买扶贫服务标准化提供操作指南。现有研究中，对于治理工具的分类缺少统一标准。相对而言，学者陈振明等对治理工具的分类更具代表性。在贫困治理领域，经常使用的治理工具有专项补贴、财政转移支付、项目拨款、干部驻村等，它们曾经在早期的“输血式”扶贫阶段中发挥了重要作用，但在脱贫攻坚的背景下这些治理工具远远不能满足量大面广的减贫需求。探索新型的贫困治理工具成为提升贫困治理有效性的重要途径。当前学界对“扶贫政策清单”①、“互联网 +”、品牌化治理、试验田②等多种规制性治理工具的探讨，为创新贫

① 陈浩天：《精准扶贫政策清单治理的价值之维与执行逻辑》，《河南师范大学学报》（哲学社会科学版）2017 年第 2 期。

② 祁凡骅、李声宇：《“精准扶贫”的治理理念、治理能力与治理工具——基于政府治理创新视角》，《行政科学论坛》2016 年第 6 期。

困治理工具提供了有益借鉴。

文章在吸收学者们关于贫困治理工具创新观念的基础上，结合当前政府购买扶贫服务的实践运行情况，将政府购买扶贫服务标准化的治理工具划分为政策性工具、数字化技术和绩效管理方法三种。其中，政策性工具是指政府通过放松管制、资金扶持、税收优惠等形式为扶贫类社会组织和企业发展创造条件，建构政府购买扶贫服务标准化根基；数字化技术是指以大数据技术为载体，以“全国扶贫开发建档立卡数据”为依托，建设政府购买扶贫服务的信息平台，在决策、流程及监管层面为实现政府购买扶贫服务标准化提供支持；绩效管理方法是指通过引入各种绩效评价与测量技术，建立起由绩效计划、绩效实施与管理、绩效评估与绩效反馈组成的闭环系统，强化政府购买扶贫服务标准化的推广实施。

（二）政府购买扶贫服务标准化的工具选择

有效的治理工具是政府购买扶贫服务标准化目标得以实现的基本保障。政府购买扶贫服务标准化治理工具的属性特征影响其扶贫服务供给的质量，此外，环境的不同也对政府购买扶贫服务标准化治理工具的运用产生影响。因此，治理工具的选择需要评估治理工具与实施环境之间的关系，分析不同情境下特定工具的绩效优劣。

第一，明确政府购买扶贫服务标准化的责任主体。营造和培育政府、企业、社会组织和扶贫干部共同实施政府购买扶贫服务标准化的整体氛围和良性互动机制，建立推广和实施政府购买扶贫服务标准化的外部环境。[①] 政府作为购买扶贫服务的主导方和发起者，在决定购买类型、制定购买合同、监督扶贫绩效等方面都发挥着实质性作用，承担扶贫服务生产和供给的首要责任。负责政府购买扶贫服务工作的相关部门及工作人员、各级扶贫办、第一书记、扶贫干部等不仅是推进政府购买扶贫服务标准化的重要行动者，也是落实政府购买扶贫服务标准化的关键主体。

企业、社会组织等是政府购买扶贫服务的服务承载者，这些主体参与政府购买扶贫服务的行为受到标准化原则的指导和约束，提供的扶贫质量

---

① 车峰：《培育社会组织的政策工具研究——以北京市为例》，《吉林工商学院学报》2015年第4期。

受到政府的监管和控制，同样承担着实施和推广政府购买扶贫服务标准化的责任和义务。

第二，厘清不同治理工具的特性和适用情景。在政府购买扶贫服务标准化的治理工具箱中，政策性工具包括放松管制、资金扶持、税收优惠等，主要用于扶持扶贫类社会组织和企业的发展，这类工具是培育政府购买扶贫服务标准化的根基和土壤，也是运用数字化技术和绩效管理方法的前提。数字化技术以“全国扶贫开发建档立卡数据”为依托，它的有效利用取决于精准扶贫、精准脱贫大数据平台的完善以及相关信息的可量化程度。绩效管理方法通过建立一套科学客观的绩效评估指标体系，对开展政府购买扶贫服务标准化相关主体的行为进行考核和问责。

这一治理工具与数字化技术最明显的区别在于，当政府购买的扶贫服务类型为义务教育、电子商务、技能培训、养老保障等“软服务”时，由于此类服务的供给成本和收益难以量化，且易受个体主观感知影响，这种情况下精准扶贫、精准脱贫大数据平台难以提供有关扶贫绩效的准确信息，还需要辅之以实地走访、深度访谈、问卷调查等技术进行考核评估。因此，在选择实现政府购买扶贫服务标准化的治理工具时，必须厘清每一种工具的特性和适用情景，以做到因地制宜，灵活选择。

第三，注重各类治理工具之间的优化组合。“每种治理工具都有其特征、运用范围及优势，分别用于解决不同的问题。”① 不同治理工具的差异既使得上述工具更具有标识性，也反映出多数情况下单一治理工具往往不能达到应有的治理效果。因此，在运用治理工具开展政府购买扶贫服务的行动中，要注意检验、分析和总结各项治理工具的实践效果。在此基础上，通过各项治理工具的优化组合，实现差异互补，有效规避应用单个工具的缺陷和不足，最大化发挥各项治理工具的标准化效能。一般而言，政策性工具作为实施政府购买扶贫服务标准化的基础性工具，决定着其他治理工具的使用成效，其他治理工具需要通过和政策性工具的组合来实现既定的目标。数字化技术和绩效管理方法相辅相成，两者既可以在不同情境下分别与政策性工具搭配使用，也可以共同使用。

---

① 陈振明主编《政策科学——公共政策分析导论》，中国人民大学出版社．2003，第 195 页。

五　政府购买扶贫服务标准化的行动框架

治理工具的设计和优化选择为实现政府购买扶贫服务标准化目标提供了操作化依据。如何开展政府购买扶贫服务标准化工作，还需要在理解三种工具类型的基础上，提炼政府购买扶贫服务标准化的行动框架，为工具的良性运转提供保障。

（一）以培育扶贫类社会组织为抓手，筑牢政府购买扶贫服务标准化根基

扶贫类社会组织是政府购买扶贫服务的主要对象，也是实现政府购买扶贫服务标准化的基础。“构建村级组织与政府、村民、社会组织、企业这五者共同合力而形成的社会‘大扶贫’体系，是当前农村反贫困工作的重心。”① 在这一发展背景下，各地政府积极向社会组织购买扶贫服务，并积累了丰富的实践经验。如广西壮族自治区靖西市向社会组织购买50名劳务派遣工，用以协助市扶贫开发办公室、乡镇扶贫工作站等进行扶贫开发调查研究、收集资料、发布信息、建档立卡等工作②；四川省共青团省委面向社会组织购买扶贫服务，在16个贫困县范围内实施“青春聚力公益扶贫项目”③；山东省聊城市政府通过向千岛山庄颐养中心购买服务的方式，打造“养老＋扶贫”的新模式，协助政府分担部分社会救助压力等。④ 但目前向社会组织购买扶贫服务依然存在：地方政府缺乏在扶贫领域引入服务购买的动力、社会组织自身实力参差不齐、部分社会组织获取扶贫资源的能力不足、当前社会组织参与脱贫攻坚的空间和能力仍有待扩展等问题。为解决上述问题，首先，需要政府转变观念，充分意识到社会组织在脱贫攻坚中的作用和影响力，积极主动在扶贫开发中引入政府购买项目，

① 孙国峰、郑亚瑜：《精准扶贫下农村反贫困末端治理的可持续性研究》，《理论与改革》2017年第3期。

② 宁新乐、蒋美林：《靖西：政府购买服务充实壮大扶贫攻坚队伍》，人民网，2015年12月8日，http://gx.pe-ople.com.cn/n/2015/1208/c370939-27274170.html。

③ 吴浩：《助力脱贫攻坚 共青团四川省委“定向”购买社会服务》，新浪网，2017年3月15日，http://news.sina.com.cn/c/2017-03-15/doc-ifychihc6651141.shtml。

④ 王翼莉、胡立荣：《政府购买服务聊城开启“养老＋扶贫”新模式》，中国山东网，2018年3月27日，http://liaocheng.sdchina.com/show/4282657.html。

将那些自身无力承担、无法承担、承担不好的扶贫职能主动转移给社会组织。其次，放松对扶贫类社会组织的管制，简化登记管理流程，放宽登记注册条件，尤其是那些自下而上衍生的、地方性的、规模较小的扶贫类民间机构。最后，加大对扶贫类社会组织的财政扶持力度，通过落实相关税收支持政策激发其参与脱贫攻坚的积极性。①

（二）以大数据技术指导政府购买扶贫服务标准化的规范运行

大数据技术的普及和运用，对于政府购买扶贫服务标准化的规范运行具有重要的指导意义。“随着新一代信息技术的迅猛发展和深入应用，数据资源已经成为当代政府治理的基础性资源，大数据技术在贫困治理中的作用日益凸显。”② 现实中，大数据和政府购买扶贫服务标准化之间存在高度耦合性和关联性。首先，利用大数据技术实现政府购买扶贫服务的决策标准化。政府购买扶贫服务应建立在准确识别扶贫需求的基础之上，反之可能会造成决策偏差，浪费社会扶贫资源。大数据引入扶贫领域，协助政府对脱贫过程中产生的海量数据进行追踪、分析，识别出当下贫困村、贫困户、贫困人口的脱贫需求，再结合贫困地区地理分布及社会组织空间分布数据等信息，作出是否购买扶贫服务以及购买何种服务的科学决策，精准递送扶贫服务。

其次，利用大数据技术实现政府购买扶贫服务的流程标准化。大数据技术具有的全样本化、精确化、透明化、信息共享等特征，要求政府购买扶贫服务在招标、投标、竞标、选定购买对象等各环节产生的所有信息，均在互联网上进行公示，一定程度上可以消除政府、社会和公众之间的信息不对称，营造公正透明的购买环境。

最后，利用大数据技术实现政府购买扶贫服务的监管标准化。全方位的监管行为不仅包括对项目承接主体服务质量的监管，同时也包括对政府的监督。“作为购买协议的双方，权利和义务都是对等的，政府不能利用

① 覃志敏、陆汉文：《社会组织扶贫的改革方向》，《中国财政》2016 年第 20 期。

② 段鹏等：《大数据助推扶贫监管的创新模式与有效路径探析——以江苏省为例》，《现代管理科学》2018 年第 12 期。

强大的行政力量规避自身的法律责任和接受监督的义务。”[①] 对于扶贫项目承接主体来说，通过精准扶贫、精准脱贫大数据平台，依托“全国扶贫开发建档立卡数据”，一方面协助服务承包方在递送扶贫服务时及时了解贫困人口的脱贫需求，提高扶贫资源配置的精确性；另一方面通过精准扶贫、精准脱贫大数据平台动态监测承包方的扶贫进度和成效，对工作开展不力的单位和个人实施问责。[②] 对于政府来说，购买流程的公平情况、购买资金的使用范围、扶贫干部的素质能力达标程度等都表现出社会对政府行为进行监督的必要性。精准扶贫、精准脱贫大数据平台、政府扶贫信息网站以及微信、微博、公众号等扶贫信息平台的顺畅运行，在鼓励贫困户多渠道表达自身脱贫需求的同时，实现了政府、社会和公众之间的信息互联互通。

（三）以绩效管理方法强化政府购买扶贫服务标准化的推广实施

利用绩效管理方法有助于划分政府购买扶贫服务标准化相关主体的权责，建立健全责任分担机制和监督问责机制，强化标准化工作的推进与实施。国家标准委、国务院扶贫办、国家认监委联合印发的《关于开展标准化工作助推精准扶贫的指导意见》提出，“要以扶贫工作第一线干部群众为主体，以地方政府、广大企业、专业合作社为载体，建立以标准化助推精准扶贫的推广实施体系”。[③] 在具体实践层面，首先，以政府购买扶贫服务标准化制度规范为行动依据和目标，明确相关主体推进政府购买扶贫服务标准化工作的职责权限，建立一套科学客观的绩效考核指标体系，对相关主体落实政府购买扶贫服务标准化工作实效进行评估，正确评估政府购买扶贫服务的规范化程度与标准化工作的真实绩效。其次，借鉴吸收当前全国精准扶贫、精准脱贫第三方评估的先进做法，建立“内部评估 + 贫困户 + 第三方评估”的绩效考评体系，成立由扶贫办、扶贫项目采购主管部

---

① 王名、乐园：《中国社会组织参与公共服务购买的模式分析》，《中共浙江省委党校学报》2008 年第 4 期。

② 莫光辉、张玉雪：《大数据背景下的精准扶贫模式创新路径——精准扶贫绩效提升机制系列研究之十》，《理论与改革》2017 年第 1 期。

③ 《国家标准委 国务院扶贫办 国家认监委 印发〈关于开展标准化工作助推精准扶贫的指导意见〉》，中国质量新闻网，2018 年 5 月 25 日，https://www.cqn.com.cn/zj/content/2018-05/25/content_5836339.htm。

门、第三方专业评估组织、专家学者、社会组织、贫困户、新闻媒体等组成的跨界评估小组，在明确各主体监督权责的基础上，依照有关规定和要求定期对政府购买扶贫服务标准化的进程和效果进行考核。最后，健全完善政府购买扶贫服务标准化考评结果的反馈和监督问责机制，定期将考评结果向社会公布，对考评过程中发现的违反标准化纪律行为，根据情节严重程度施以处罚，并将考核结果用作扶贫干部职业晋升、企业和社会组织等级划分和资源获取，以及政府购买扶贫服务标准化制度规范的修正和完善的依据，最终达到增强各责任主体标准化意识，严格践行政府购买扶贫服务标准化制度规范，推动政府购买扶贫服务工作有序开展的目标。

六　标准化助推贫困治理体系现代化

中国特色社会主义进入新时代，我国社会主要矛盾已经转化为人民日益增长的美好生活需要和不平衡不充分的发展之间的矛盾。解决发展不平衡不充分的重要任务之一，就是构建现代化的贫困治理体系以攻克深度贫困难题。“政府购买扶贫服务标准化不仅是推进国家贫困治理体系制度化建设的一个重要实践手段，同时也是建构现代化贫困治理体系的基本理论议题。”① 在精准扶贫、精准脱贫乃至可持续减贫的发展路径中，如何制定出可供复制、可供推广的政府购买扶贫服务标准化制度规范，创新更精准高效的标准化治理工具，更好地发挥标准化在贫困治理体系现代化建设中的作用与价值，逐步推动贫困治理体系科学化、规范化、程序化与系统化，仍旧是一个重大研究议题。这一议题向政府购买扶贫服务标准化治理体系提出了理论研究的空间与实践导向的要求，需要理论界和实务部门提供共识与智慧。将标准化理念与方法广泛运用于贫困治理体系现代化建设中，切实发挥标准化在贫困治理中的技术规范性作用，这既是贫困治理体系现代化的发展趋势和未来着力点，也是提升贫困治理能力的必然要求。

① 郁建兴、秦上人：《论基本公共服务的标准化》，《中国行政管理》2015 年第 4 期。

第三编

实践探索

人格特征如何影响人们的维权行为*

刘　莉　杨　莉　肖唐镖

摘要：通过调查数据的实证分析，本文发现人格特征确实会影响人们的维权行为，但它是通过挫折感这一中介变量而产生影响的。情绪越不稳定的人，越容易体会到挫折感，进而越倾向于采取维权行为。人格特征并未以维权效力感为中介机制而影响维权行为，不过，维权效力感对于维权行为的影响却不受人格特征的影响。维权行为不仅是对维权效力感的反向考量，还可能是对挫折感的回应。因此，加强心理建设、健全社会支持网络，建立通畅的政治参与和利益表达渠道，有利于降低挫折感，进而促进社会政治稳定。

关键词：人格特征　挫折感　维权效力感　维权行为

如众周知，在同样的社会政治环境下，即便遭遇同样的权益危机，人们的反应模式也会不一致。这里凸显了宏观结构解释的短板：无法观照并测量微观个体因素的影响。就此而言，无疑应当追问一个有趣而重大的问题，即人们的维权行为如何受到其个性特征的影响？

心理学认为越轨行为与人格特征紧密相关，性格外向的人更可能越轨。[①]近几十年来政治心理学愈加确定地认识到，政治行为——比如，面对不公正时是否选择维权——的不确定性很大程度上缘于复杂的心理因素：人格、认

---

* 原文发表于《江苏社会科学》2019 年第 6 期，收入本书时有修改。

基金项目：本文系国家社会科学基金项目“社会转型时期的群体性事件研究”（项目编号：05BSH0 09）与国家社会科学基金重点项目“我国公民政治价值观的实证研究”（项目编号：16AZZ003）阶段性成果。

作者简介：刘莉，西南政法大学副教授，硕士生导师；杨莉，西南政法大学讲师；肖唐镖，南京大学教授，博士生导师。

① 这一流行观点来自英国心理学家汉斯·艾森克。参见戴维·波普诺《社会学》，李强等译，中国人民大学出版社，1999，第 211～212 页。

知以及情感、情绪。[①] 社会运动的研究者也逐渐认识到，诸如情感等非理性因素对启动集体行为确有重要作用，然而客观而论，至今对心理因素的深层探索却相对不足。[②] 尽管政治心理学研究把“情绪”“人格”“情感”等作为政治研究的概念，大量融入实验方法和社会神经系统科学，但对这些心理学概念与政治行为之间关系的研究仍处于起步阶段。[③] 学界还需要用系统性的调查数据来探讨心理因素和政治行为之间的关系，以提供新的证据和发现。本文聚焦在人格倾向与维权行为之间的关系上，议题的启发来自对一些维权者的访谈：他们具有某些性格倾向上的共性，这或许可以部分解释其政治行为。借助于我们一项系统设计的调查资料，本文希望能够分析和探讨：在相同或相似的权力关系情境下，维权行为是否以及如何受到人格特征的影响?

一　文献回顾与解释框架

（一）核心概念与已有研究

1. 人格特征与维权行为

本文的“维权行为”，是指广义的包括以制度内和制度外途径与方式表达不满的政治行为，它往往具有一定行为上的紧迫性、对抗性和对社会秩序的破坏性，包括暴力上访、集体上访、社区业主维权，以及征地拆迁中的对抗等行为。这类行为近年来受到研究者的广泛关注，其解释路径大致可以分为结构视角和心理视角。

结构视角的重心在引发维权行动的外部条件，而心理视角则更多关注行动主体感知外部环境的内在机制。结构视角讨论诱发维权行为产生的社会结构因素[④]、国家因素[⑤]；心理视角则更多地在群体或者个体心理、动机

---

① 罗伯特·E. 戈定主编《牛津政治行为研究手册》（上），王浦劬主译，人民出版社，2018，第 81 页。

② 赵鼎新：《社会与政治运动讲义》（第二版），社会科学文献出版社，2012，第 69～72 页。

③ 罗伯特·E. 戈定主编《牛津政治行为研究手册》（上），王浦劬主译，人民出版社，2018，第 80～95 页。

④ Neil J. Smelser, *Theory of Collective Behavior*, New York: Free Press, 1962.

⑤ 黄冬娅：《国家如何塑造抗争政治——关于社会抗争中国家角色的研究评述》，《社会学研究》2011 年第 2 期。

层面讨论维权行动产生的原因，如“大众心理学”[①]“相对剥夺感”[②]“理性计算”[③]；中国本土学者分析的“心理因素”[④]以及“不公平感和不满”[⑤]“剥夺感”[⑥]“怨愤情绪”[⑦]；还有既关注结构性因素也涉及社会心理层面的“文化研究”[⑧]等。

政治心理学的传统研究关注领袖或政治精英的人格特征对政治行为的影响，偏重于人物传记学、民族志、心理学史的研究方法。[⑨]一方面，它们很少提供更具回应性和更为开放的研究视角和研究方法；另一方面，则在于个案研究方法论上的整体性特征不能提供某一变量贡献大小的测量。一般而言，维权行为不大可能由单一的结构或心理因素决定，它应是一个行动者主动或被动参与的、复杂的“环境—感知—行为”心理过程，是否启动维权行为理应受到行动者主观感知的影响。既有的集体行动理论并不将主观感知当作变量看待，但实际上人们的主观感知是特定环境和既定人格倾向的结合体[⑩]，并且，“现在已经足够清楚的是，人格变量是行为的一个有力的解释指标，尤其是当行动是横跨不同情境和时间的总和时”。[⑪]但目前以此为核心议题的研究尚未体系化形成规模。

---

① 古斯塔夫·勒庞：《乌合之众：大众心理研究》，冯克利译，中央编译出版社，2011。

② 赵鼎新：《西方社会运动与革命理论发展之述评——站在中国的角度思考》，《社会学研究》2005年第1期。

③ 曼瑟尔·奥尔森：《集体行动的逻辑》，陈郁等译，格致出版社、上海三联书店、上海人民出版社，2004。

④ 何艳玲：《“邻避冲突”及其解决：基于一次城市集体抗争的分析》，《公共管理研究》2006年第00期。

⑤ 李培林：《社会冲突与阶级意识：当代中国社会矛盾问题研究》，《社会》2005年第1期。

⑥ 李强：《社会学的“剥夺”理论与我国农民工问题》，《学术研究》2004年第4期。

⑦ 刘能：《怨恨解释、动员结构和理性选择——有关中国都市地区集体行动发生可能性的分析》，《开放时代》2004年第4期。

⑧ 吴长青：《从“策略”到“伦理”：对“依法抗争”的批评性讨论》，《社会》2010年第2期。

⑨ 哈罗德·D. 拉斯韦尔：《权力与人格》，胡勇译，中央编译出版社，2013；查尔斯·B. 斯特罗齐尔、丹尼尔·奥弗主编《领袖——一项心理史学研究》，梁卿、贾宇琰、夏金彪译，中央编译出版社，2013；德鲁·韦斯滕：《政治头脑》，杨毅译，中国人民大学出版社，2013。

⑩ Karl-Dieter Opp & Hermann Brandstätter, "Political Protest and Personality Traits: A Neglected Link," *Mobilization: An International Journal* 15 (2020): 323 - 346.

⑪ Dan P. McAdams & Bradley D. Olson, "Personality Development: Continuity and Change over the Life Course," *Annual Review of Psychology* 61 (2010): 517 - 542.

作为人的精神气质和性格倾向，对人格概念的界定虽然各有不同，但研究者对人格的稳定性、不易改变性则有共识。人格特征将对其行为产生影响：黄希庭和范蔚认为人格是个体在行为上的内部倾向①，规定了人们的行事风格，并影响着个人与环境的交互作用。② 有学者将人格特征视为行动的原因。③ 具体到人格特征和政治参与的关系上，学者们发现，具有社会性人格的人更有可能加入维权群体④；罗纳德、古德斯通和裴宜理则具体讨论了维权领袖的领导型人格特征对维权动力机制的影响。⑤ 此外，下文将论及的大五（Big Five）人格与政治行为的研究还证明了政治机会等宏观结构因素对政治参与的影响受到人格特征的调节。

2. 人格特征与政治行为的关系

既有关于人格特征与政治行为关系的系统研究，主要集中在大五人格对选举、请愿、抗议等政治参与的影响上。大五人格模型将人格分为外向型人格、宜人型人格、严谨型人格、敏感型人格和开放型人格五个维度。⑥

孟达克（Mondak）等的研究发现，开放型人格和外向型人格表现出对传统政治参与一贯的正面影响；外向型人格与政治参与的关系最为紧密，直接影响参与竞选、集会、请愿等政治活动的频率。⑦ 在对不同人格特征的对比中，盖利格（Gallego）和奥博斯基（Oberski）发现，严谨、开放和外向型人格明显地对投票参与率和政治维权产生正面影响；而宜人型人格

---

① 黄希庭、范蔚：《人格研究中国化之思考》，《西南师范大学学报》（人文社会科学版）2001 年第 6 期。

② 黄希庭：《人格研究中的一些辩证关系》，《西南大学学报》（社会科学版）2011 年第 1 期。

③ O. P. John et al. , “Paradigm Shift to the Integrative Big-Five Trait Taxonomy: History, Measurement, and Conceptual Issues,” in O. P. John, R. W. Robins, L. A. Pervin , eds. , *Handbook of Personality: Theory and Research* 3rd, New York: Guilford Press, 2008, pp. 114 – 158.

④ L. W. Milbrath & M. L. Goel, *Political Participation: How and Why Do People Get Involved in Politics?* 2ed, Boston: Rand Mcnally Press, 1977, pp. 74 – 85.

⑤ R. A. Ronald et al. , “Leadership Dynamics and Dynamics of Contention,” in R. A. Ronald et al. , eds. , *Silence and Voice in the Study of Contentious Politics*, Cambridge: Cambridge University Press, 2001, pp. 126 – 154.

⑥ Hermann Brandstätter & Karl-Dieter Opp, “Personality Traits (Big Five) and the Propensity to Political Protest: Alternative Models,” *Political Psychology* 35 (2014): 515 – 537.

⑦ Jeffery J. Mondak et al. , “Personality and Civic Engagement: An Integrative Framework for the Study of Trait Effects on Political Behavior,” *American Political Science Review* 104 (2010): 85 – 110.

对维权行为有直接的负面影响，尤其是对非法的抗议活动。[①] 葛博（Gerber）等的研究也发现了外向、情绪稳定、开放型人格对一些国家和地区选举运动中的政治参与有持续影响；严谨型人格和宜人型人格的作用则不清楚。[②] 宜人型人格中的“利他主义”驱使人们积极参与投票活动，但宜人型人格中的“驱避冲突性”则降低人们的政治参与，而且拥有宜人型人格的人在必须攻击一个目标时会感觉不适。[③] 严谨型人格的影响也是复杂的。一方面，具有严谨型人格的人总会负责任地行事，因此会对传统型的维权行为比如收集签名、请愿或维权团体中的工作产生正面影响，但对破坏性的维权行动如抗议等有消极影响。[④] 与其他人格特征不同，敏感型人格并不直接对维权行为产生影响，[⑤] 但对维权倾向有着负面影响。[⑥]

总之，已有研究认为人格特征对政治行为的影响因后者的具体行为方式产生差异。对于传统的政治参与而言，外向、开放、宜人、严谨的人格特征都具有正向影响。但对暴力、破坏性的维权行为（倾向）而言，外向型人格有积极作用，其他人格类型则有消极作用。因此，无论何种政治行为，具有外向型人格的人都更可能参与其中，这也基本符合心理学对人格特征与越轨行为之间关系的判断。但大五人格的研究未必能解释当下中国的现实情况。我们收集到有关维权者的描述，除外向—内向维度外，更多的是关于他们人格特征中精神质量和情绪稳定性的评价。这些内容更适合

---

① Aina Gallego & Daniel Oberski, “Personality and Political Participation: The Mediation Hypothesis,” *Political Behavior* 34 (2012): 425 - 451.

② Alan S. Gerber et al., “Personality Traits and Participation in Political Processes,” *Journal of Politics* 73 (2011): 692 - 706.

③ Michele Vecchione & Gian Vittorio Caprara, “Personality Determinants of Political Participation: The Contribution of Traits and Self-efficacy Beliefs,” *Personality and Individual Difference* 46 (2009): 487 - 492.

④ Jeffery J. Mondak et al., “Personality and Civic Engagement: An Integrative Framework for the Study of Trait Effects on Political Behavior,” *American Political Science Review* 104 (2010): 85 - 110.

⑤ Karl-Dieter Opp & Hermann Brandstätter, “Political Protest and Personality Traits: A Neglected Link,” *Mobilization: An International Journal* 15 (2010): 323 - 346; Michele Vecchione & Gian Vittorio Caprara, “Personality Determinants of Political Participation: The Contribution of Traits and Self-efficacy Beliefs,” *Personality and Individual Difference* 46 (2009): 487 - 492.

⑥ Hermann Brandstätter & Karl-Dieter Opp, “Personality Traits (Big Five) and the Propensity to Political Protest: Alternative Models,” *Political Psychology* 35 (2014): 515 - 537.

使用“艾森克量表”进行评估，因此本文将首次使用此测量工具进行该议题的探讨。

3. 挫折感与维权效力感

人格特征可能并不能直接解释政治行为的选择。有研究表明，即使存在集体行动的困境，在没有选择性激励的情况下，人们所体验到的不满和行动效果也会影响其是否参与群体行动。[①] 行动者对特定环境的感知是启动维权行为的重要一环。有时，抗议者因政治上的不满，便通过向政府或管理者等第三方施加压力的方式要求公共产品供给。[②] 另外，人们所体验到的不满和不公平是话语框架的组成部分[③]，怨恨是连接客观环境和集体行动的中介变量，是集体行动的催化剂。[④] 换言之，行动者对不利环境的感觉和体验是客观环境和维权行动的中介。而人们会如何体验他们所身处的环境，与其人格特征密切相关。有研究显示，内向人格的行动者比外向者更容易体验到不公平感。[⑤] 基于人格特征对主观体验的影响，以及主观体验对维权行动的影响，可以看出，主观体验可以成为人格特征与维权行动的中介。

奥普（Opp）和布兰德斯塔特（Brandstätter）为了检验主观体验与维权行动之间的关系建构了一个新的因变量——维权倾向，进而探讨人格特征通过“刺激”作为中介变量对维权倾向的影响。他们的经验数据证明：在人格变量的作用过程中，作为中介变量的“刺激”解释了维权行动更多的变化；这些刺激包括政治性不满、维权行动的影响、维权的（道德和社会）责任感以及周围的关键朋友、同事等重要他人的数量等，并计算出人

---

① Kevin E. Kelloway et al. , “Predicting Protest,” *Basic and Applied Social Psychology* 91 （2007）: 13 - 22.

② Dennies Chong, *Collective Action and the Civil Rights Movement*, Chicago: Chicago University, 1991; Elisabeth J. Wood, *Insurgent Collective Action and Civil War in El Salvador*, Cambridge: Cambridge University Press, 2003.

③ David Snow et al. , “Frame Alignment Processes, Micromobilization, and Movement Participation,” *American Sociological Review* 51 （1986）: 464 - 481.

④ 刘能:《怨恨解释、动员结构和理性选择——有关中国都市地区集体行动发生可能性的分析》,《开放时代》2004 年第 4 期。

⑤ Steel Piers, “Refining the Relationship between Personality and Subjective Well-being,” *Psychological Bulletin* 134 （2008）: 138 - 161.

格因素解释了维权倾向 35% 的变化。①

在不同的社会政治体制下，民众选择维权行为或有不同的情境性考量和约束条件。相较于自由民主体制，威权体制对于维权者的成本—风险与收益有着不同的意义。基于既有理论和中国情境的相关研究，依据我们的调查资料，我们把中介要素“刺激”概念化为“挫折感”和“维权效力感”。前者是心理学意义上有目的行为受阻而产生的情绪反应，它属于行为动机的感性方面；后者则是对维权结果的预期与感知，对维权行为是否能够影响权力部门政策、决策、具体案件处断的感知，表征了行为动机的理性方面。

（二）解释框架

综上所述，人格特征会通过中介变量影响维权行为；且在不同的结构环境和政治文化背景下，中介变量可能会有所不同。其解释框架如图 1 所示。

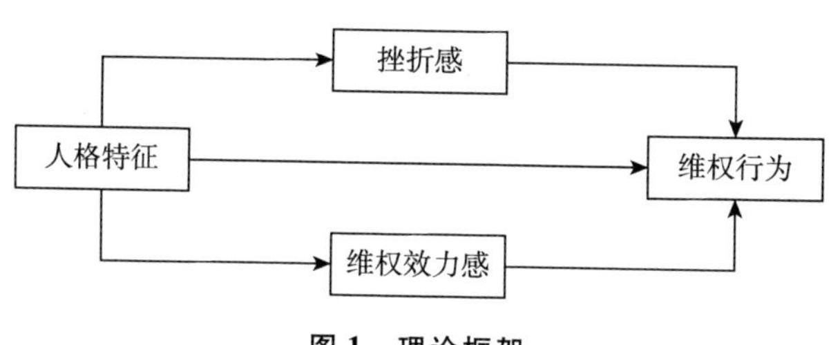

图 1　理论框架

与大五人格的测量有差别，在艾森克量表体系下，我们主要测量精神质量（P）、外向—内向（E）、情绪稳定性（N）三个维度上个体的人格特征对维权行为的影响，以回应以往研究中关于具有外向型人格的人更可能参与政治行为的论断。研究假设如下。

假设 1：人格特征影响维权行为，具体为：P/E/N 型人格对维权的影响有显著差异。

假设 2：人格特征影响挫折感并以挫折感为中介影响维权行为，即，

---

① Hermann Brandstätter & Karl-Dieter Opp, “Personality Traits (Big Five) and the Propensity to Political Protest: Alternative Models,” *Political Psychology* 35 (2014): 515 - 537.

P/E/N 型人格对挫折的敏感度不同从而对维权行为的倾向性影响不同。

假设 3：人格特征影响维权效力感并以维权效力感为中介影响维权行为，即，P/E/N 型人格对维权效果的预期不同，从而对维权行为的倾向性影响不同。

二 资料来源与研究设计

（一）样本情况

本文使用肖唐镖教授主持的“社会稳定及其预警研究”项目的调查数据。① 该调查完成于 2010 年 7 ~ 8 月，样本从 C 省全部 31 个区县的居民（2009 年 12 月共 2859 万人）中抽取。首先，我们基于城乡与经济发展的样本典型性和最大差异性等因素，立意抽取 4 个区县；其次，在各区县，采用多阶段抽样与系统抽样方法，先抽取 3 个乡镇（街道），再从每个乡镇（街道）抽取 3 个村（居），最后从村（居）年满 18 周岁村（居）民花名册中取样到个人，共抽取居民样本 1300 人。调查采取入户面对面访问方式，最后实际调查完成的有效居民样本 1221 人，有效回收率为 93.9%。其中，男性和女性的比例分别为 49.9% 和 50.1%；城乡户籍的比例分别为 39.7% 和 60.3%；受教育程度中，小学及以下、初中、高中、中专和大专、本科及以上的比例分别为 37.1%、32.7%、16.3%、10.0%、3.9%；政治面貌中，群众、共青团员、民主党派成员和中共党员的比例分别为 73.3%、13.2%、0.4%、13.1%。

（二）变量测量

1. 因变量：维权行为

问卷中维权行为由 9 个题项来测量，分别是“您有没有逐级上访、故意破坏公物以示不满、肢体冲突等”，结果分为 4 类：“没做过”“偶尔做”“有时做”“经常做”，分别赋值 0、1、2、3，在分析时将“没做过”赋值

① 关于项目调查更为详细的情况，参见肖明浦、肖唐镖《民众政治秩序观的影响因素分析——基于我国 C 省居民的抽样调查》，《行政论坛》2017 年第 5 期。

为0，另外3类选项赋值为1，作为二分定类变量使用。在1221份有效问卷中，维权行为选项的系统缺失个案数为185个，在1036个有效个案中，有过维权行为的有138个，占比13.3%。

2. 核心自变量：人格特征

本文采用“艾森克人格问卷简式量表中国版”（EPQ-RSC）来对人格特征进行测量，该量表一共包括48个题目，测量了3类人格特质：P量表为精神质量表（Psychoticism），E量表为外向—内向量表（Extroversion），N量表为情绪稳定性量表（Neuroticism），以及一个测谎项L（Lie）效度量表（见表1）。每类人格特质分别由12个题目来测量（有正向和反向计分），答案有“是”和“否”两种，分别赋值为2和1，计算方法为把每个题目的得分加总，即得到P、E、N型人格各自的得分。

表1 艾森克量表的中国版特征值

人格类型	高特征值表现	低特征值表现	案例统计描述
P型人格	不关心人，独身者，在哪里都感到不合适；有的可能残忍、缺乏同情心，常抱有敌意，进攻；对同伴和动物缺乏人类感情	无高特征值的情况	1221个个案中，P型人格得分超过18分（P的高特征值）的比例为6.2%，得分低于18分（P的低特征值）的比例为93.8%，说明绝大部分调查对象都是合群的
E型人格	外向：爱社交，广交朋友，渴望兴奋，喜欢冒险；行动常受冲动影响，反应快；乐观，好谈笑；做事欠踏实	内向：安静、离群、保守、交友不广但有挚友；喜瞻前顾后，行为不易受冲动影响；生活有规律，做事严谨，倾向悲观，踏实可靠	1221个个案中，E型人格得分超过18分（E的高特征值）的比例为81.2%，得分低于18分（E的低特征值）的比例为18.8%，说明大部分调查对象都是外向的
N型人格	情绪不稳定，焦虑、紧张、易怒，往往又有些抑郁	情绪过于稳定，反应很缓慢，通常是平静的，很难生气；在一般人难以忍耐的刺激下也有所反应，但不强烈	1221个个案中，N型人格得分超过18分（N的高特征值）的比例为31%，得分低于18分（N的低特征值）的比例为69%，说明大部分调查对象都是情绪稳定的

3. 中介变量：挫折感和维权效力感

挫折感由5个题目来测量，内容包括“经常感到不如周围的人过得好、感觉自己不如从前受人尊敬、经常被人瞧不起、经常遭到不平等对待、想办的事情总是困难重重”，采用1~5级来计分，分别表示“完全没体会”“不太有体会”“一般”“较有体会”“很有体会”。在模型分析时，将这5个题项的得分加总，构成“挫折感”变量，作为定距变量使用。

维权效力感分为对维权直接效果或间接效果的感知，又分为积极效力感和消极效力感。积极或消极的直接效力感，由“当前对待老百姓的群体性事件或者上访行动，地方政府一般会采取怎样的应对态度”这一问题来测量：“*a* 接受采纳群众意见”和“*b* 能拖则拖、能躲则躲”。选项为0和1的二分选项，做定类变量使用；积极或消极的间接效力感，则由这一问题来测量“对群体性事件或激烈上访有一些不同的说法，您同意吗?”：“*c* 它们有助于政府改进工作”和“*d* 它们是破坏性行为，影响社会稳定”。采用1~5级来计分，分别表示“完全不同意”“不太同意”“一般”“比较同意”“非常同意”，做定距变量使用。统计结果如表2所示。

表2 中介变量的统计值

中介变量	*N*	最小值	最大值	均值	标准差
挫折感	1154	5	25	13.49	4.80
积极的间接效力感	1148	1	5	3.54	1.01
消极的间接效力感	1135	1	5	2.50	1.11
		是	否		
积极的直接效力感	780	66.7%	33.3%	/	/
消极的直接效力感	820	50.5%	49.5%	/	/

（三）数据分析方法

本研究采用二元logistic回归分析人格特征对维权行为的影响。关于挫折感和维权效果的中介作用，则采用传统的因果逐步回归法来检验。巴伦和肯尼的因果逐步回归法是检验中介效应的最流行的方法①，温忠麟等将

① Reuben M. Baron & David A. Kenny, “The Moderator-mediator Variable Distinction in Social Psychological Research: Conceptual, Strategic, and Statistical Considerations,” *Journal of Personality & Social Psychology* 51 (1986): 1173 - 1182.

该方法进行了总结，提炼出具体的检验程序。① 对所有变量进行中心化处理后，用下列方程表示自变量（X）、中介变量（M）和因变量（Y）之间的关系。逐步回归的检验过程一般分为三步：第一步检验系数 c 是否显著。如果 c 显著，第二步依次检验系数 a、b 是否显著。如果都显著（如果 a、b 至少有一个不显著，则做 Sobel 检验），则进行第三步，即检验系数 c'是否显著；如果它显著，则为部分中介效应显著；如果系数 c'不显著，则为完全中介效应显著。其方程式如下：

$$Y = cX + e1 \quad (1)$$

$$M = aX + e2 \quad (2)$$

$$Y = c'X + bM + e3 \quad (3)$$

三　研究发现

（一）人格特征的影响与挫折感的中介作用

为检验人格特征的影响与挫折感的中介作用，我们建立 3 个回归模型来验证，即模型 1：人格特征对维权行为的直接影响。模型 2：人格特征对挫折感的影响。模型 3：挫折感作为中介变量对维权行为的影响。其中控制变量包括性别、年龄、受教育程度，具体结果如表 3 所示。

表 3　人格特征对维权行为的影响及挫折感的中介作用

自变量	模型 1	模型 2	模型 3
性别（以女性为参照类）			
男	0.030	0.513	0.021
年龄	0.006	-0.011	0.006
受教育程度（以小学及以下为参照类）			
初中	0.702***	-0.288	0.666*
高中	1.155***	-0.335	1.249***
中专和大专	0.593	-1.748***	0.789*

① 温忠麟等：《中介效应检验程序及其应用》，《心理学报》2004 年第 5 期。

续表

自变量	模型 1	模型 2	模型 3
本科及以上	0.847	-3.105***	1.206*
P 型人格	0.204	-0.083	0.279
E 型人格	-0.052	-0.854***	-0.049
N 型人格	0.366*	2.033***	0.189
挫折感	—	—	0.075***
样本量	932	993	885
伪 R^2/R^2	0.042	0.126	0.067

* 表示 $P<0.05$，** 表示 $P<0.01$，*** 表示 $P<0.001$。

在表 3 中，模型 1 检验了人格特征对维权行为的直接影响，其中 N 型人格对维权行为有显著影响，即情绪越不稳定的人，越容易参与维权行为；模型 2 检验了人格特征对挫折感的影响，其中，E 型人格和 N 型人格对挫折感有显著影响，也即越内向、情绪越不稳定的人，越容易产生挫折感；模型 3 检验了人格特征、挫折感对维权行为的影响，纳入了挫折感之后，N 型人格对维权行为的影响不再显著，且回归系数降低，而挫折感则对维权行为有显著影响，这说明挫折感发挥了完全中介效应。通过 3 个模型的比较，可以证明人格特质的确会对维权行为产生影响，但这种影响是通过挫折感的中介作用产生的，研究假设 2 得到了证实。

（二）人格特征的影响与维权效力感的中介作用

采取同上步骤，检验维权效力感（“*a* 接受采纳群众意见”“*b* 能拖则拖、能躲则躲”“*c* 它们有助于政府改进工作”“*d* 它们是破坏性行为，影响社会稳定”）是否具有中介作用。研究假设从直接和间接两个方面来测量民众的维权效力感，以检验维权效力感是否能够作为人格和维权行为的中介变量。为此，我们先建构 4 个模型予以检验，模型 4：人格特征对维权行为消极直接后果的影响。模型 5：人格特征对维权行为积极直接后果的影响。模型 6：人格特征对维权行为积极间接后果的影响。模型 7：人格特征对维权行为消极间接后果的影响。结果发现，只有 N 型人格在模型 4 中会对维权效力感产生影响。为此，再建构模型 8：检测维权效力感是否有中介影响（见表4）。

表4　人格特征对维权效力感的影响

自变量	模型 4	模型 5	模型 6	模型 7	模型 8
性别（以女性为参照类）					
男	-0.159	0.044	-0.006	-0.009	-0.031
年龄	0.001	0.007	0.001	-0.004	0.006
受教育程度（以小学及以下为参照类）					
初中	-0.12	0.415*	0.105	-0.273***	0.521
高中	-0.663**	0.569*	0.063	-0.293**	1.130***
中专和大专	-0.486	0.808*	-0.048	-0.224	0.713
本科及以上	-0.213	0.233	-0.098	-0.139	0.787
P 型人格	-0.288	-0.087	-0.027	0.116	0.364
E 型人格	0.041	0.027	0.008	-0.054	-0.075*
N 型人格	0.327**	-0.101	-0.032	-0.076	0.365*
消极的直接效力感					0.465
样本量	726	696	1024	1019	653
伪 R^2/R^2	0.054	0.022	0.005	0.011	0.061

* 表示 $P<0.05$，** 表示 $P<0.01$，*** 表示 $P<0.001$。

数据分析结果表明，人格特征只会影响民众对维权行为消极的直接效力感，而消极的直接效力感并不是人格特征影响维权行为的中介变量。具体而言，只有模型 4 中 N 型人格会影响其对维权行为的消极直接效果的认知，其他人格类型都不影响维权效力感，即情绪越不稳定的人越会认为，面对老百姓的群体性事件或上访行动，地方政府会采取拖延态度。模型 8 将人格特征与维权行为的消极直接后果一起纳入模型之后，N 型人格特征对维权行为的影响依然是显著的，而民众对维权行为的消极直接后果的感知并不会影响其是否采取维权行为，所以，维权效力感的中介效应并不存在。研究假设 3 并未得到证实。

（三）维权效力感对于维权行为影响的进一步检验

在将“挫折感”和“维权效力感”作为中介变量的上述检验中，我们清楚地看到挫折感对维权行为的重要影响，但对维权效果的预期和感知并不太受人格特征的影响，也并不因此而影响维权行为。那么，如果抛开人格特征因素，维权效力感是否会对维权行为产生影响，这需要进行检验。

我们继续分别对维权效力感的 4 个向度（“*a* 接受采纳群众意见”“*b* 能拖则拖、能躲则躲”“*c* 它们有助于政府改进工作”“*d* 它们是破坏性行为，影响社会稳定”）和维权行为做 logistic 回归分析，分别为模型 9、模型 10、模型 11、模型 12，结果如表 5 所示。

表 5　维权效力感对维权行为的影响

自变量	模型 9	模型 10	模型 11	模型 12
性别（以女性为参照类）				
男	-0.083	-.105	-0.039	-0.043
年龄	0.003	0.002	0.000	0.001
受教育程度（以小学及以下为参照类）				
初中	0.537	0.578*	0.659**	0.633*
高中	1.221***	1.173***	1.003***	0.966***
中专和大专	0.857	0.730	0.547	0.515
本科及以上	0.710	0.651	0.708	0.693
a 接受采纳群众意见	-0.975***	—	—	—
b 能拖就拖、能躲则躲	—	0.513*	—	—
c 它们有助于政府改进工作	—	—	0.120	—
d 它们是破坏性行为，影响社会稳定	—	—	—	-0.096
样本量	670	699	974	969
伪 R^2/R^2	0.075	0.045	0.030	0.028

* 表示 $P<0.05$，** 表示 $P<0.01$，*** 表示 $P<0.001$。

表 5 显示，维权效力感影响维权行为，而且，对维权结果的预测是以“否定”的方式存在的，越是不相信政府“会采纳群众意见”或相信政府会采取拖延态度的人，即越是觉得不会得到政府回应的人，就越是会采取

维权行为。换言之，即维权效力感低的人倾向于维权，维权效力感受到个性特征差异的影响并不明显，它是“全覆盖”的。

（四）数据分析结果

基于以上分析，前述研究假设的检验结果如下。

1. 假设 1 得到了验证，N 型人格对维权行为的影响显著，其他人格类型的影响不确定。也就是说，情绪越不稳定的人，越倾向于采取维权行为。其他人格特征的影响不确定，也就是说 E 性人格中的内向和外向特征并不对维权倾向有稳定的影响，这与西方研究者认为开放/外向的人格特征更倾向于参与政治行为的结论不一致。

2. 假设 2 得到了验证，挫折感作为中介变量调节了人格特征对维权的影响，即那些越内向和情绪越不稳定的人，越容易体会到挫折感；而挫折感越高的人，越倾向于采取维权行为。

3. 假设 3 不成立，即维权效力感不能作为中介变量调整人格特征和维权之间的关系。

四　结论

近年，国内对维权行为的政治心理过程研究已渐成规模，论题聚焦于探讨“政治效能感”和“政治信任”等变量的影响，论证行动者的主观态度对维权行为的影响，但作用的方式、方向和过程尚无定论。[①] 本文的贡献在于为个性特征的影响提供了科学证据，并对心理要素的作用机制提供了进一步解释和批评的框架。

对民众的维权行为而言，来自个性特征的影响是特殊的而非普遍的。那些越内向和情绪越不稳定的人，越容易体会到挫折感；而挫折感越高的人，越倾向于采取维权行为。也就是说，挫折感在其中起着重要的中介作用。不是外向的人，而是情绪不稳定的人更易于维权，这与西方学者在

① 胡荣：《中国人的政治效能感、政治参与和警察信任》，《社会学研究》2015 年第 1 期；李蓉蓉：《农民政治效能感对政治参与影响的实证研究》，《深圳大学学报》（人文社会科学版）2013 年第 4 期；肖唐镖、易申波：《哪些人更可能认同并走向维权抗争——政治效能感视角的分析》，《社会科学战线》2018 年第 9 期。

"大五人格"中关于个性特征和政治参与之间关系的研究结论并不完全一致，这或许与两个方面的因素有关，即我国民众维权的形式和社会环境差异。这值得我们从理论和方法上进一步加以讨论与检验。另外需要说明的是，由于我们使用的是艾森克量表，而未能直接讨论大五人格中的其他类型对政治行为的影响，但有间接论及，比如宜人型人格意味着 P 型和 N 型得分较低者，具体情况将在另文进行专门讨论。

出乎意料的是，维权效力感作为人格特征之中介机制而起作用的理论假设并未得到验证。不过，它对于维权行为的影响却是作为相对独立的因素而发挥作用的。按理说，采取维权行为就是为了得到政府的正面回应，然而，本文的研究却显示，越是认为难以得到政府积极回应的人反而易于采取维权行为。这反映了我国维权实践的一种两难局面，同时也显示了民众维权行为的情感驱动特征。

社会心理服务的基层社会治理功能及其实现路径*

王 山

摘要：社会心理服务是一项在社会治理情境中由政府推动的服务于社会公众的制度实践，在基层社会治理中发挥着"预警—应急""技术—整合""协商—服务""修复—重建"的功能，是新时代基层社会治理不可或缺的重要力量。但是，社会心理服务在具体的实践中却面临认知错位带来的治理异化，角色冲突带来的治理悬浮，嵌入缺失带来的治理内卷化，衔接不畅带来的治理碎片化等困境，严重阻碍了社会心理服务在基层社会治理中功能的发挥。为此，必须转变认知加强社会心理服务与基层社会治理的融合，促进主体他律与自律增进二维空间的有机衔接，提升主体专业服务能力超越治理的内卷化，加强主体间联动推动基层社会的整体性治理，确保社会心理服务在基层社会治理中功能的有效发挥。

关键词：基层社会治理　社会心理服务　治理功能

习近平总书记在党的十九大报告中提出"加强社会心理服务体系建设，培育自尊自信、理性平和、积极向上的社会心态"。① 近年来，多个地方将社会心理服务作为基层社会治理创新的重要抓手，如河南省西平县"社会心理服务 + 乡村治理"的创新实践，厦门市翔安区打造社会心理服务"1 + 5 + X"枢纽型管理模式等。社会心理服务蕴含的新颖理念、独特的工作方法开始在基层社会治理中崭露头角。基于此，本文从治理的视角审视基层社会治理中的社会心理服务，重点回应以下三个层面的问题：一是对社会心理服务的内涵进行系统反思；二是探讨社会心理服务在基层社

---

* 原文发表于《安徽师范大学学报》（人文社会科学版）2020 年第 3 期，收入本书时有修改。

王山，西南政法大学副教授，硕士生导师，主要从事基层治理研究。

① 《习近平谈治国理政》第 3 卷，外文出版社，2020，第 38 页。

会治理中的功能定位；三是分析社会心理服务在基层社会治理中存在的问题及路径选择。以上问题是当下学术界亟须厘清的基本理论问题，亦是本文关注的重点，通过对以上问题的回答，希望能为推动我国基层社会治理体系和治理能力现代化提供借鉴。

一　关于社会心理服务内涵的系统反思

2015 年 10 月，党的十八届五中全会从“加强和创新社会治理”的角度提出“健全社会心理服务体系和疏导机制、危机干预机制”。[①] 2016 年，中央政法委、中央综治委印发《关于充分发挥综治中心作用，加强社会心理服务疏导和危机干预工作的若干意见》。该文件进一步将社会心理服务视为新时代基层社会治理的重要方式。随后各个省区市纷纷在社区综治中心等场所建立心理咨询室或社会心理服务工作室（站），引导和鼓励社会力量参与，对社区居民开展心理健康宣传教育和心理疏导，特别对矛盾突出、生活失意、心态失衡、行为失常及性格偏执人员进行人文关怀和跟踪帮扶，防止引发社会问题，实现社会的和谐发展。2018 年，中央政法委、公安部等 22 部门联合印发了《关于印发全国社会心理服务体系建设试点工作方案的通知》（简称“22 部委文件”），认为应从推进国家治理体系和治理能力现代化的高度认识社会心理服务体系建设。从“十三五”规划到“22 部委文件”所阐述的社会心理服务建设目标来看，党和政府对社会心理服务建设的定位总体是清晰的，认为社会心理服务是社会治理体系的一个方面。因而，从政策层面看，社会心理服务是社会治理的重要内容。

然而，现阶段学术界多从心理学视角对社会心理服务的内涵进行探讨，主要存在三种观点。一是认为“社会心理服务”与“心理健康服务”等同，两者在服务目标上都是为了减少和预防各类心理问题，提升公众心理健康水平，在服务内容上都包括心理咨询、心理疾病治疗等。[②] 二是认为“社会心理服务”与“心理健康服务”是有着根本区别的概念，它们各

① 《十八大以来重要文献选编》（中），中央文献出版社，2016，第 819 页。

② 程婧、段鑫星：《心理健康服务法治化：定位、现状与理路》，《思想理论教育》2018 年第 9 期。

有明确的内容，不能混同使用。前者采取的不是病理学的视角，而是积极发展的视角，不是个体的视角，而是社会的视角，侧重于社会宏观层面的社会心态问题的解决。[①] 因而，二者在服务主体、对象、手段、内容等多个维度上均存在区别[②]，如从服务对象上看社会心理服务面向的是“心理正常”的普通大众，不含属于精神科医生诊疗对象的心理异常的精神障碍患者。然而，有些学者则认为，虽然社会心理服务和心理健康服务不同，但是社会心理服务的首要或核心内容是心理健康服务，通过心理健康服务来提升人民心理健康水平、促进社会和谐稳定发展。[③] 可见，学者们虽然认为二者存在区别，但是仍将心理健康服务看作社会心理服务的重要基础，是社会心理服务的守门员。三是认为“社会心理服务”是一种公共心理服务，其所涉及的内容，不仅包括心理健康服务，还应包括社会心态培育、共同体认同建设等相关主题，从而形成“大心理”“大应用”“大服务”的生态链。[④]

无论何种观点，社会心理服务都体现并作用于社会公共领域，而这些公共领域恰恰是治理参与最为集中的地方，所以，社会心理服务不可避免地与治理相连。为此，我们认为，社会心理服务属于社会治理的概念范畴，它随着国家治理现代化建设的发展而发展，是一种内嵌到社会治理中的心理服务体系，是心理学应用体系和社会治理体系的双向契合。因而，必须紧紧围绕“社会治理”这一根本出发点来理解社会心理服务。部分学者将社会心理服务看作新时代社会治理的有益补充，在社会治理体系中加强心理建设[⑤]，以更细致的服务工作使社会公众获得心态调整和心理建设，从而为各项具体治理措施的顺利实施提供更为良性的心理基础。[⑥]

本文将社会心理服务看作社会治理体系的一个方面，是专业的社会心

① 辛自强：《社会心理服务体系建设的定位与思路》，《心理技术与应用》2018 年第 5 期。

② 林颖、蒋俊杰：《从心理疏导到社会心理服务：我国社会治理体系的重大创新》，《上海行政学院学报》2019 年第 4 期。

③ 陈雪峰：《用第三方评估促进社会心理服务体系建设》，《心理技术与应用》2018 年第 10 期。

④ 吕小康、汪新建：《从“社会心理服务体系”到“公共心理服务体系”》，《心理技术与应用》2018 年第 10 期。

⑤ 傅小兰：《加强社会心理服务体系建设》，《人民论坛》2017 年第 S2 期。

⑥ 刘敏岚、邓荟：《社区心理服务：一种社会精细化治理的路径》，《天津行政学院学报》2018 年第 1 期。

理服务组织或个人应用心理学的原理、方法和程序预防或消除社会治理中的不良心态与极端行为，通过“由心而治”的路径实现国家和社会的“善治”。该定义具有如下特点。其一，强调社会心理服务供给主体的多元性。社会心理服务可以由具有专业心理服务技术的社会组织或个人进行生产和供给，并非由政府垄断。其二，强调社会心理服务工具的专业化。专业的心理学工具、方法等是社会心理服务供给主体作用于服务对象的重要媒介。其三，强调社会心理服务本质属性的二元化。不能简单地将社会心理服务视为一种“服务”，而应将其看作立足于“服务”的“治理”。其四，强调社会心理服务在基层社会治理中政府与社会互嵌的作用机制。社会心理服务作为一种服务形态，其功能的发挥需要依靠拥有社会心理服务技能的组织或个人能动性地嵌入到基层社会治理之中，因而，社会心理服务的基层社会治理功能的发挥依赖于政府与专业组织或个人的协作，而非“各自为政”。

社会心理服务作为党和政府在国家治理体系现代化过程中提出的一个新的概念，在是否有必要将其嵌入基层社会治理中的问题上，可能有两种轻率的态度：一是不假思索地肯定它的意义，二是不假思索地否定它的价值。其实，当我们冷静下来，既不用惯性思维，也不带偏激情绪，认真思考这个问题的重要性和必要性时，就会发现，它确实是有必要的，是一项重要的工作。关于社会心理服务嵌入基层社会治理的必要性，至少体现在以下几个方面。

一是基层社会治理主体多元化的迫切需要。近年来，由心理问题引发的社会问题日益凸显，单靠政府单一主体已难以适应社会发展的急切需要，面对社会个体的心理问题诱发的社会问题，政府往往显得束手无策，并求助于各种专业的心理服务机构。社会心理服务作为预防因个人心理问题而导致的社会负面影响的体系架构，逐渐成为地方政府基层社会治理的补充，弥补了地方政府在基层社会治理过程中能力不足而导致的治理失效。

二是基层社会治理能力提升的现实需要。2018 年 10 月，《半月谈》评论称在改革攻坚期和社会转型期，我国公务员基层管理的现状是被动地、应急式的“上面千把锤，下面一根钉”的“疲态治理”。基层公务员的心理健康问题影响国家的形象和公权力的运行，不容忽视。郭剑鸣与刘黄娟以湖北省麻城市 53 个市直单位、19 个乡镇及办事处和 20 个参公机构共计

2719名基层工作人员为调查对象，发现当前基层公务员心理障碍的干预措施的问题不在于科学、系统、制度化等内容，而在于只注重横向干预，不注重纵向干预；只注重物质干预，不注重文化干预；只注重制度文化干预，不注重精神文化干预。① 因而，有必要通过社会心理服务的内嵌，加强基层社会治理主体内部的精神文化干预，进而提升社会治理主体的治理能力。

三是基层社会治理工具专业化的客观需要。面对外部复杂多变的治理环境，行政命令等传统的社会治理工具已不能有效地解决社会治理中的问题，特别是面对心理问题导致的恶性社会事件，传统的社会治理工具不仅不能有效地对该类事件进行预警，而且在治理过程中也显得乏力。社会心理服务作为专业化的心理服务体系，在社会治理体系中承担着更多的预警和干预功能，有效地创新了社会治理工具，为新时代基层社会治理工具的现代化发展提供支撑。

二　社会心理服务在基层社会治理中的功能定位

虽然社会心理服务作为一个新兴事物出现不久，但它功能发挥的范围相当广泛，从注重个体心理健康到关注社会和谐发展，从注重解决个人心理问题到处理社会公共治理问题。社会心理服务承担了越来越多的公共服务和公共治理功能，与我国国家治理体系有着天然的联系。它的主体社会性、工具专业性、服务治理性、组织互嵌性等特征使它成为社会治理过程中最活跃的主体，虽然其形成时间不长，但是它的应用化速度很快，并逐渐成为我国新时代基层社会治理的重要工具。

（一）基层社会治理中的“预警—应急”功能

人们的行为必然受其心理活动的影响。如何有效把握基层社会治理客体的心理活动，逐渐成为基层社会治理前移的关键环节。社会心理服务供给主体（尤其是草根性的社会心理服务生产供给主体）多来自基层社会不

① 郭剑鸣、刘黄娟：《我国基层公务员的心理障碍及其心灵治理》，《厦门大学学报》（哲学社会科学版）2019年第4期。

同行业，社会触角和基础广泛，可以迅速地与社会公众建立起信任关系。在此基础上，他们凭借专业的心理服务技术，通过与社会公众的交流，捕捉隐藏在社会公众心中的矛盾源头和相关信息，在基层社会治理中竖起了一道防火墙。他们在社会公众因负面的心理状态形成反社会行为之前，根据以往总结的规律或观测得到的可能性前兆，向地方政府发出紧急信号，报告危险情况，为地方政府提前制定预警和处置方案提供有益的信息参考，以避免危害在不知情或准备不足的情况下发生，最大限度地减轻危害所造成的损失。此时的社会心理服务除了为服务客体提供专业的心理服务之外，还发挥着地方政府基层社会治理的“大数据预警平台”作用，为地方政府做好“心理准备”提供了保障。另外，身处基层社会治理漩涡中的地方政府，在基层社会治理过程中极易与社会公众产生隔阂，造成“里外不讨好”的困境。社会心理服务组织或个人作为第三方，具备天然的“中立者”的角色，可以有效地利用自身“地方政府代言人”和“矛盾双方信息集中地”的复合身份，帮助地方政府调整和完善事件的处置方案和策略，优化地方政府治理方式，为基层社会治理问题的有效处置提供坚实的保障。

（二）基层社会治理中的“技术—整合”功能

在基层社会治理中，治理客体往往按照自身意愿所构建的“幻境”理解基层社会治理问题，并且在这种自我构建的场域中与地方政府进行协商。作为治理主体的地方政府较为排斥在这种“幻境”中进行协商，并希望将治理客体带入自身所营造的“治理场域”。这在基层社会治理中形成了治理主客体之间的摩擦和对峙。社会心理服务作为黏合剂可以有效地缓解基层社会治理主客体之间的冲突。一方面，社会心理服务为地方政府认识和了解治理客体的“幻境”提供了新的工具。在传统的基层社会治理中，地方政府往往不假思索地将治理客体的“幻境”看作胡思乱想，并希望运用行政工具逼迫治理客体从“幻境”中走出，而较少关注治理客体“幻境”形成的背后动因。这在一定程度上反而强化了治理客体“幻境”的发展，加大了基层社会治理难度。社会心理服务作为连接地方政府与治理客体之间的桥梁，为地方政府提供了打开治理客体心扉的心理工具，在帮助地方政府有效地了解治理客体“幻境”形成的真实动因的同时，还可以帮助治理客体走出“幻境”，为地方政府进行精准治理提供了新的技术工具。另一方面，虽然社会心理服务为地方政府提供了认识治理客体“幻境”的工具，但是要想使社会心理服务实现基于服务的治理功能，单靠社会心理服务自身是不现实的。这就需要地方政府与社会心理服务供给主体协作，实现社会心理服务工具与以行政工具为代表的传统治理工具的融合。社会心理服务成为集服务与治理于一身的工具箱。因而，社会心理服务在新时代基层社会治理过程中不仅承载着技术工具的功能，而且通过多元治理工具的融合实现服务中的治理。

（三）基层社会治理中的“协商—服务”功能

社会心理服务供给主体是以治理主体的身份参与基层社会治理的，并不是完全脱离治理场域以服务者的身份为治理客体提供心理服务的。一方面，在与地方政府互动合作中，参与具体的基层社会治理事宜。在这一过程中，社会心理服务供给主体在地方政府的授权与委托下，嵌入到基层社会治理中，及时根据基层社会治理中公众心理发展阶段的差异，有针对性地进行干预，通过提供社会心理服务减少基层社会治理主客体在信息不对称、负面舆论导向等因素的影响下，出现心理预期与社会现实之间的矛盾。同时，社会心理服务供给主体根据基层社会治理问题的发展情况，及时地将治理客体的相关信息反馈给地方政府，有效发挥着治理主客体间的协商平台功能，以确保基层社会治理得以顺利实施。另一方面，社会心理服务供给主体发挥其专业特长，为社会公众提供专业的社会心理服务。在提供心理服务的同时，根据治理客体心理发展的不同阶段制定差异化的治理方案，为地方政府精准治理提供参考。由此可见，社会心理服务供给主体在基层社会治理中既为基层社会主客体之间的协商提供平台，也作为“服务者”为社会公众提供专业的公共服务，还作为治理者参与地方政府的具体治理事宜。这种“协商—服务—治理”的三元互嵌，使得社会心理服务供给主体在基层社会治理中发挥着重要的节点作用。

（四）基层社会治理中的“修复—重建”功能

基层社会治理中矛盾冲突的解决往往只是在一定时间内或一定空间内对立双方博弈妥协的结果。如果没有后期的跟踪服务，基层社会治理中的矛盾冲突极易复发，重复上演。因此，地方政府亟须在基层社会治理过程中构建“修复”机制，以更好地修补和完善治理过程中的不足，做好治理结果的善后服务。然而，现阶段地方政府在基层社会治理中存在“重事中，轻事后”的治理心态，将大量的治理资源放置于“事中”，对“事后”鲜有顾及，使得地方政府陷入“从头再来”的治理窘境。之所以会产生这样的“无效治理”，主要是由于构建基层治理修复机制是一个复杂且困难的过程，它需要克服治理客体内心的负面预期，使其建立新的正面预期。而治理客体正面预期的建立单靠地方政府是难以实现的，它们并不具备消减治理客体内心负面预期的治理工具。社会心理服务作为消减服务对象负面心态的有力工具，可以在基层社会中充分地发挥其公益性和责任性，密切关注治理客体的心理诉求变化，并及时地跟踪服务。即使地方政府在治理事宜结束之后从治理空间中抽离，社会心理服务供给主体也可以替代地方政府填补治理真空，通过“事后”的跟踪服务实现对基层社会治理末端的维护，有助于修复基层社会治理中的遗留问题，引导治理客体在制度框架内进行合理的心理诉求表达，避免问题的再次发生和重复治理，进而实现基层社会治理的有效性和长期性。

三　基层社会治理中社会心理服务的运行困境

社会心理服务的多种治理功能有助于消弭基层社会治理中的戾气，提升基层社会治理效能。然而，社会心理服务作为新兴事物，其在基层社会治理中还面临诸多困境，阻碍着其基层社会治理功能的实现。

（一）认知错位带来的治理异化

社会心理服务的认知错位主要表现在以下三个方面。一是社会公众的认知错位。社会心理服务作为新生事物，还没有被社会公众所理解和支持。受传统因素的影响，人们对心理服务较为忌讳，甚至将心理服务与精神病诊疗等同，对社会心理服务工作存在误解，寻求服务的主动意识不强。这就导致社会心理服务供给主体极易受到服务客体的主观排斥，社会心理服务供给主体很难与服务客体进行沟通交流。二是地方政府的认知错位。地方政府往往将社会心理服务看作社会治理的工具，而忽视其服务工具的内在属性，在行政导向下应用社会心理服务很难按照社会心理服务的自身规律行事，导致社会心理服务的行政化。三是社会心理服务组织或个人的认知错位。作为非政府主体的社会心理服务组织或作为社会心理服务的直接供给者的个人，很难保持其在基层社会治理中的“价值中立”。他们要做到价值中立首要的便是需要具备对自身价值观的自觉能力，如果他们没有对自己的价值观存有自觉，分不清哪些价值观是自己的，哪些价值观是其他治理主体（如地方政府）的，哪些价值观是服务对象的，那么在为服务对象提供指导和帮助其选择相关服务时，他们的能力就会受到限制，并在很大程度上影响目标的确立和服务计划的制订与实施。当社会心理服务组织或个人不清楚自己的价值观，也未意识到其他治理主体所持的不同价值观，更没有理清服务对象的价值诉求时，他们就会无意之间产生价值认知上的错乱，便会对基层社会治理主客体之间的行为选择产生影响，而服务对象则会在不知不觉中将社会心理服务供给者的价值观整合到自己的价值体系中去，因此，可能产生两种结果：要么是将自己的价值观有意无意地强加给服务对象，要么是服务对象对社会心理服务供给者产生对抗情绪。前者是指社会心理服务组织或个人极易受到其他治理主体的影响，而不能保持自身的价值导向，并试图以自己的价值标准来改变服务对象，后者是指社会心理服务组织或个人在服务对象对抗情绪的影响下，无法在更深层次上了解服务对象的具体诉求。

（二）角色冲突带来的治理悬浮

社会心理服务供给主体在基层社会治理实践中，很难平衡“服务”与“治理”的功能，导致“服务空间”或“治理空间”的单向悬浮，进而产生社会心理服务供给主体行为的失效。一方面，“重服务—轻治理”下“治理空间”的单向悬浮。在基层社会治理过程中，社会心理服务供给主体除了进行心理服务供给，还需要承担相应的社会治理职能。在具体实践中，社会心理服务供给主体极易沉浸在“服务空间”，或仍用“服务空间”的行为导向参与“治理空间”，这并不能起到相应的治理作用，导致“服务空间”与“治理空间”的隔绝。另一方面，“重治理—轻服务”下“服务空间”的单向悬浮。社会心理服务的有效开展，需要建立在主客体之间的信任基础之上。处于基层社会治理场域中的社会心理服务供给主体，往往以“政府代言人”的身份介入，使得服务对象将其看作地方政府的延伸，使其在服务对象心目中留下“治理者”的刻板印象，而弱化了社会心理服务组织或个人“服务者”的功能定位，使其呈现出“强治理—弱服务”的窘境，增加了其为服务对象进行心理建设服务的难度。即使社会心理服务供给主体以“服务者”的身份介入，但在服务供给过程中，其也需要承担相关的治理任务，而产生从“服务场域”向“治理场域”的转移，这种转移使社会心理服务组织或个人过多的秉持基层社会治理的规则，而弱化了社会心理服务的专业准则，形成服务供给中的“治理俘获”，极易引起服务对象的警觉，导致心理服务的搁浅。

（三）嵌入缺失带来的治理内卷化

社会心理服务作为专业性的服务形式，需要专业的社会心理服务组织或个人根据服务对象的实际情况，科学判别后进行供给，而不是根据地方政府官员的偏好来决定。然而在基层社会治理过程中，社会心理服务的供给更多的是由政府中的上级领导来决定，通过“自上而下”的安排，为服务对象提供上级领导想象中的服务内容，而并非在专业基础上作出的科学判断。因此，这并不能反映服务对象对社会心理服务的需求，社会心理服务供给呈现出有服务数量的增长但没有服务效益的明显提升的内卷化困境。虽然有些地方政府能够与社会心理服务组织或个人平等协作，但是社会心理服务组织或个人极易为换取发展所需要的资源而主动依附于地方政府，过分地将服务内嵌于治理中，使其行为异化为被动式服务与主动式治理。这时，地方政府则处于动员者的角色，而社会心理服务组织或个人处于被动员的角色。社会心理服务组织或个人在基层社会治理中成为追随者。加之，在地方政府管理惯性的驱动下，社会心理服务组织或个人成为地方政府在基层社会治理中的影子，并不能发挥其应有的价值，导致社会心理服务组织或个人虽然形成了合作治理的机制但是却没有发挥合作治理成效的空间。

（四）衔接不畅带来的治理碎片化

社会心理服务治理功能的有效发挥，离不开社会心理服务供需之间的有效衔接。在基层社会治理中，地方政府亟须通过社会心理服务有效地捕捉和满足社会公众的心理需求。地方政府成为社会公众之外的社会心理服务需求者，相应的社会心理服务组织或个人则成为基层社会治理过程中社会心理服务的供给者。首先，从需求端看。地方政府作为社会心理服务的需求者，在基层社会治理中多是通过政府购买服务的方式吸纳专业的社会心理服务供给主体参与基层社会治理的，以走出地方政府社会心理服务供给不足的困境。然而，地方政府作为服务的购买者，在具体的实践中，往往重视事后考核评估，而忽视事前对社会心理服务供给主体的资质监管和事中的动态监管，造成了社会心理服务全流程的碎片化，使得社会心理服务供给主体行为的治理导向增强而服务导向弱化。其次，从供给端看。社会心理服务组织或个人作为基层社会治理场域之外的主体，并不能有效地对基层社会治理的社会心理服务需求形成清晰地认识，使得其所制定的社会心理服务方案不能与基层社会治理的实际密切结合，不仅造成了社会心理服务成本的提高，而且导致社会心理服务质量以及服务对象满意度的降低。

四　社会心理服务参与基层社会治理的路径优化

社会心理服务的出现，为基层社会治理带来了新的理念、技术和方法，提炼社会心理服务的核心理念和技术工具，并将其应用到基层社会治理过程中，充分发挥社会心理服务的基层社会治理功能，有利于实现基层社会治理的现代化转型。然而，社会心理服务在基层社会治理过程中存在的问题造成了其社会治理功能的失效，因而，应通过转变认知、提高主体的自律与他律等路径对社会心理服务参与基层信访治理路径进行优化，以保障社会心理服务的基层社会治理功能的实现。

（一）转变认知，加强心理服务与社会治理的融合

认知是人们在自身的价值观基础上对事物的评价。当前，无论是社会心理服务供给主体，还是使用主体，对社会心理服务的认知均存在偏差。首先，地方政府应该转变自身在社会心理服务中的角色定位，减少对他们的行政化干预，为专业的社会心理服务组织或个人在基层社会治理中提供更为广阔的制度空间，构建以专业组织或个人为主的社会心理服务流程，

做到在重视社会心理服务治理功能的同时，将治理与服务相融合。除此之外，地方政府还应该为社会公众普及社会心理服务的相关信息，为社会公众科学地认识社会心理服务提供知识支撑。地方政府还应展开广泛的意见征询，制定符合社会公众需求的社会心理服务内容，并拓展社会公众享有社会心理服务的空间，通过多种渠道和形式为社会公众提供社会心理服务。其次，作为社会心理服务的供给主体，社会心理服务组织或个人应该正确地认识其在基层社会治理中的功能，既要重视自身行为的公共服务导向，也要充分地发挥自身行为的治理导向。在基层社会治理中要根据社会治理的需求和服务对象的实际情况，灵活地采取适当的服务方式，通过与地方政府的共享共治实现政社间的良性互动，实现社会心理服务与基层社会治理的有机衔接，充分发挥政社协同效应。最后，社会公众应该科学地认识自身的心理需求，突破对社会心理服务的狭隘认知，树立正确的社会心理服务观，积极主动地使用社会心理服务，消减因心理障碍所产生的消极影响。

（二）提高主体他律与自律，增进二维空间的有机衔接

社会心理服务的基层社会治理功能的实现取决于服务空间与治理空间是否能够有机衔接。我国社会心理服务组织或个人发展良莠不齐，有的缺乏行业自律，法制意识不强，个别社会心理服务组织或个人违反职业伦理和职业操守，投机钻营，唯利是图，脱离服务空间，沉浸在治理空间，严重影响了社会心理服务立足于服务开展基层社会治理的初衷。因此，应完善社会心理服务供给主体的自律与他律机制，提高社会心理服务组织或个人的服务质量和治理成效。一方面，通过他律为二维空间的有机衔接提供外部动力。地方政府应该做好基层社会治理中社会心理服务的运行制度建设。通过制度明晰各个主体在社会心理服务中的职责定位，避免各个主体的行为异化。同时，建立社会心理服务数据库，全流程管理和公布社会心理服务组织或个人发展和运作的相关信息，并对社会心理服务组织或个人进行信用等级评定，实现社会心理服务供给主体的优胜劣汰，促进社会心理服务组织或个人服务质量的提升。另一方面，通过自律为二维空间的有机衔接提供内部动力。在行政区域内部，构建社会心理服务行业委员会，制定该行业的职业伦理规范，加强对社会心理服务组织或个人的职业伦理

教育，培养他们敬业奉献的职业操守。在社会心理服务项目、服务方式、服务质量、服务责任、收费标准等方面，制定社会心理服务行业标准，通过建立行业自治机制，规范社会心理服务组织或个人的无序发展，提高社会心理服务组织或个人的专业化服务水平。

（三）提升主体专业服务能力，超越治理的内卷化

社会心理服务的专业化为基层信访治理提供了独特的技术治理理念，可以在基层社会治理中创造地方政府无法形成的“心理治理”效能。首先，社会心理服务供给主体要充分利用政策机会，通过内外兼修增强自身参与基层社会治理的能力。一方面，不断完善社会心理服务技术和工具，以更科学合理的方法为社会公众提供更为有效的心理服务，并通过规范内部的决策权、执行权等优化内部治理结构，通过建立健全信息公开制度、责任追究制度等提升内部管理水平。同时，针对现阶段我国社会心理服务组织或个人整体素质不高、专业技术薄弱等问题，加强与各级院校的合作，培养组织内部人员的专业技能，提高自身的业务素质。另一方面，社会心理服务供给主体应该严格按照与其他治理主体商定的“治理契约”来提供专业化的心理服务，通过与其他服务供给主体建立合作网络，实现社会心理服务体系建设的无缝隙衔接。其次，地方政府作为社会心理服务的管理者和参与者，一方面，应该规范社会心理服务委托项目运行过程中的计划、组织等管理活动，提升项目运作能力，保障最终产出的服务数量和质量。另一方面，也应该积极地将社会心理服务作为新时代基层社会治理的工具，提升自身的社会心理服务供给能力，为社会公众提供高质量的服务。

（四）加强主体间联动，推动基层社会的整体性治理

面对衔接不畅带来的治理碎片化问题，应通过主体间联动，基于社会心理服务构建基层社会整体性治理体系。首先，应培育和发展专业的社会心理服务组织或个人。拥有专业技术的组织或个人是社会心理服务基层社会治理功能得以发挥的重要载体。地方政府应该建立社会心理服务供给主体的支持机制，加大力度培育和发展社会心理服务主体，并为其参与基层社会治理提供相应的资金、人员安全等资源，形成社会心理服务组织或个

人与地方政府的良性互动格局，确保社会心理服务组织或个人在基层社会治理的预警、处置、善后等环节发挥作用。其次，完善政社间的共建共治共享机制。地方政府作为基层社会治理的核心主体，应与提供社会心理服务的专业技术组织或人员共同建设基层社会治理体系，实现彼此间技术工具、思想意识、方式方法等资源的融合，以更好地发挥社会心理服务的基层社会治理功能。最后，应构建激励评估机制。建立公平公正和客观高效的社会心理服务评估体系，尤其是要根据社会心理服务组织或个人参与基层社会治理的质量、治理效能等指标对社会心理服务组织或个人参与基层社会治理的整个过程和不同阶段的介入程度、社会评价等进行综合评估。同时，将评估结果和日常管理有机结合，形成“委托—管理—评估—奖惩”的社会心理服务组织或个人的管理模式，将评估等级结果与地方政府财政转移支付等措施相结合，发挥评估的激励和惩戒机制作用。

媒介接触如何影响民众地方治理评价？*

——基于民众政府观的中介效应分析

刘元贺　肖唐镖　孟　威

摘要：媒介接触对民众治理评价的影响已引起高度关注，形成了三种相互论争的主张："媒介抑郁论"、"良性互动论"与"媒介类别论"。然对其影响路径的解释仅局限于媒介内容本身，忽视了媒介的政治社会化功能。基于"2015 年度中国城乡社会治理调查"（CSGS 2015）的数据资料，本文试图深入这一论争背后，分析不同类别的媒介接触对于公众地方治理评价的影响。结果表明，新旧媒介接触均降低了公众的地方治理评价。其中，关键性中介变量为民众的政府观：媒介接触通过推动民众政府观现代化而降低民众对地方治理的评价，进而从民众需求角度增强了治理现代化的社会内驱力，凸显了媒介政治社会化功能的治理意涵。

关键词：媒介接触　地方治理评价　政府观　政治社会化

一　前言

治理体系与治理能力的现代化，既应注重客观性的指标体现，也应注重来自社会成员的主观感受和评价，尤其是民众对于治理状况的主观评估。那么，哪些因素会影响公众对治理的评价呢？在已有的研究中，作为政治社会

---

* 原文发表于《新闻界》2020 年第 9 期，收入本书时有修改。

基金项目：国家社会科学基金重点项目"我国公民政治价值观的实证研究"（项目编号：16AZZ003）、国家社会科学基金重大项目研究专项"健全自治、法治、德治相结合的乡村治理体系"（项目编号：18VZL002）阶段性成果。

作者简介：刘元贺，西南政法大学政治与公共管理学院讲师；肖唐镖，南京大学教授，博士生导师；孟威，南京大学政府管理学院、南京大学公共事务与地方治理研究中心博士研究生。

化重要载体的媒介接触，就是重要的解释路径，众多研究者即依此而直接解释民众的治理评价。① 然而，在这一解释路径内部却存在严重的分歧，基于媒介的类别与性质之差异，研究者们对媒介功能的大小与方向有着完全不同的判断。更重要的是，近些年来此解释路径还受到文化主义的挑战。后者认为，在同样量与质的公共服务面前，政治观念相异的人也可能会给出迥然不同的评价，如持有自我表达价值观者比未持有者更倾向以批判态度来评价政府。② 但是，媒介接触与政治文化两种解释路径并非简单的竞争关系，因为媒介社会化理论已显示媒介接触能够影响受众的政治观念。③ 我们以为，实际上，现有理论分歧可借媒介政治社会化视角的讨论来给予整合性解释，即通过政治观念这一中介因素，将民众的媒介接触与其对地方治理的评价之间的关系连接起来，给予更为准确的解释。本文拟借助“2015 年度中国城乡社会治理调查”（CSGS 2015）的数据资料，系统检验这一观点。

通过 OLS 模型，我们发现媒介接触情况、民众政府观现代化程度都与地方治理评价呈负相关。作为核心发现，本文利用 Bootstrap 法验证了民众政府观的部分中介效应。这一发现有助于完善媒介接触与地方治理之间的解释路径，还有助于我们从媒介报道内容的视角向其政治社会化功能方向拓展，关注媒介接触所引发的公众政治观念转向背后的治理意涵。

二 文献回顾与研究假设

（一）媒介接触与治理评价

关于媒介接触对公众治理评价的影响，学界基于媒介报道内容性质的视

---

① Michael Jay Robinson, “Public Affairs Television and the Growth of Political Malaise: The Case of ‘The Selling of the Pentagon’,” *American Political Science Review* 70 (1976): 409 – 432; Pippa Norris, *A Virtuous Circle: Political Communications in Postindustrial Societies*, New York: Cambridge University Press, 2000, pp. 318 – 319; 周全、汤书昆：《媒介使用与政府环境治理绩效的公众满意度——基于全国代表性数据的实证研究》，《北京理工大学学报》（社会科学版）2017 年第 1 期；王琪等：《大众媒介政治信息接触对当地政府评价的影响——基于 CFPS2014 数据的实证研究》，《青年记者》2018 年第 15 期。

② Inglehart Ronald & Christian Welzel, *Modernization, Cultural Change and Democracy: The Human Development Sequence*, New York: Cambridge University Press, 2005, pp. 43 – 44.

③ 道瑞斯·A. 戈瑞伯尔：《大众传媒与美国政治》，张萍译，南京大学出版社，2011，第 160 ~ 164 页。

角已形成三种代表性观点："媒介抑郁论""良性循环论""媒介类别论"。

"媒介抑郁论"认为媒介接触对地方治理评价具有消极影响。Robinson分析了当时作为政治资讯新来源的电视对公众政治态度的影响，研究发现，以电视为主要政治信息来源的公众呈现出政治效能感低、对政府及政治人物评价消极、政治疏离感强等问题；故他将此类现象称为"电视抑郁论"，并认为此现象的出现与受众受教育程度低、电视新闻多为负面报道等问题有关。① 后续研究亦表明，无线广播的负面报道同样也会导致人们降低对政治的评价②，依赖互联网获得政治信息的公众，其评价更低。③

与前者相左，"良性循环论"认为，媒介接触能够增强公众的政治认知、促进政治参与以及提升政治支持。在原因解释上，Norris 引入了政治态度变量，认为它能左右人们对媒介信息的选取：积极公众会选择促进其行动的正面新闻而过滤掉负面信息的影响，这使其更加相信政治过程，实现二者良性互动；消极公众因其不愿关注政治而易出现对政治信息的免疫，正负信息均难产生影响；针对"批判公民"现象，他辩称公众评价降低并非媒介引起的而是治理体系滞后所致，并认为因媒介接触而出现的政治参与增加现象，将推动治理改革进而提升理性支持。④ 可见，Norris 更主要针对"媒介抑郁论"中的政治疏离与政治效能感低的论点展开辩论，认可媒介在治理良好国家方面对政治支持的促进作用。

针对以上争论，一些研究者认为，应对不同类别媒介的作用进行区别研究，这种观点即"媒介类别论"。Becker 和 Whitney 较早注意到不同类型的媒介接触会对受众的政治评价产生不同影响：阅读报纸能够促进公众的政治评价，而电视媒介的作用则与之相反；这是因为电视媒介比报纸更倾向报道负面新闻且其视觉冲击效果更强。⑤ 信源类别不同的影响也

---

① Michael Jay Robinson, "Public Affairs Television and the Growth of Political Malaise: The Case of 'The Selling of the Pentagon'," *American Political Science Review* 70 (1976): 409 - 432.

② Michael Pfau et al., "The Influence of Political Talk Radio on Confidence in Democratic Institutions," *Journalism & Mass Communication Quarterly* 75 (1998): 730 - 745.

③ Catie Snow Bailard, "Testing the Internet's Effect on Democratic Satisfaction: A Multi-Methodological, Cross-National Approach," *Journal of Information Technology & Politics* 9 (2012): 185 - 204.

④ Pippa Norris, *A Virtuous Circle: Political Communications in Postindustrial Societies*, New York: Cambridge University Press, 2000, pp. 318 - 319.

⑤ Lee B. Becker & D. Charles Whitney, "Effects of Media Dependencies: Audience Assessment of Government," *Communication Research* 7 (1980): 95 - 120.

存在于网络媒介上：使用新闻网站获取新闻信息的公众往往比使用社交媒介获取新闻的公众具有较高的政治评价，原因是新闻网站会对新闻进行过滤，驱逐极端观点。①

针对我国媒介影响的研究，相关结论仍限于上述三种论点。陈雪怡和史天健发现我国同样存在“媒介抑郁论”现象，报纸、广播、电视与人们的政治信任呈负相关，即使控制了人口因素与相关变量后依然如此。② 亦有人支持“良性循环论”，如唐文方的研究表明使用媒介获取信息的受访者往往具有较高的政权支持度、意识形态认可度。③ 更多的研究支持了“媒介类别论”，认为电视、报纸等传统媒介促进了公众对治理的评价而新媒介则具有抑制效应。④ 单独对网络接触的研究，亦证明了它的消极影响。⑤

上述基于不同时期、不同地区调查数据而形成的研究结论虽存有分歧，但分析路径相似，普遍从媒介报道内容性质上给出解释且均未讨论中间作用机制。三种主张之争的焦点在于正负面信息报道对治理评价产生何种影响：“媒介抑郁论”强调负面信息的消极影响；“良性循环论”则关注正面信息的积极作用；“媒介类别论”可视为二者调和的结果，认为不同媒介的报道内容存有差别，故影响也不同。现今，随着互联网的普及，一个基本趋势是，各类媒介报道内容的边界日渐模糊，不同渠道传播的新闻资讯交叉重叠，公众所获取的信息更加全面。⑥ 此背景下，公众以往基于

---

① Andrea Ceron, “Internet, News, and Political Trust: The Difference Between Social Media and Online Media Outlets,” *Journal of Computer Mediated Communication* 20 (2015): 487 - 503.

② Xueyi Chen & Tianjian Shi, “Media Effects on Political Confidence and Trust in the People's Republic of China in the Post-Tiananmen Period,” *East Asia* 19 (2001): 84 - 118.

③ 唐（Tang, W. F.）：《中国民意与公民社会》，胡赣栋、张东锋译，中山大学出版社，2008，第83页。

④ 薛可、余来辉、余明阳：《媒介接触对政府信任的影响：基于中国网民群体的检验》，《现代传播》（中国传媒大学学报）2017年第4期；周全、汤书昆：《媒介使用与政府环境治理绩效的公众满意度——基于全国代表性数据的实证研究》，《北京理工大学学报》（社会科学版）2017年第1期。

⑤ 章秀英、戴春林：《网络使用对政治信任的影响及其路径——基于9省18个县（市）的问卷调查》，《浙江社会科学》2014年第12期；苏振华、黄外斌：《互联网使用对政治信任与价值观的影响：基于CGSS数据的实证研究》，《经济社会体制比较》2015年第5期；王衡、季程远：《互联网、政治态度与非制度化政治参与——基于1953名网民样本的实证分析》，《经济社会体制比较》2017年第4期。

⑥ Kay Richardson, Katy Parry & John Corner, *Political Culture and Media Genre: Beyond the News*, Basingstoke: Palgrave Macmillan, 2013, p. 168.

片面信息获取所作出的治理评价极有可能发生改变。[①] 另外，在信息获取方式多元的背景下，无论何种类型的媒介，都面临报道内容选择的问题：当所报道案例与民众亲身经历有较大差异时，可能会存在错置案例的风险——民众不相信精心挑选的案例，仅从其自身经验作出判断，进而可能会引发宣传“回飞镖效应”，这是一种宣传报道非但没有达到宣传目的还会出现相反结果的现象。[②] 综合这些认识，本文提出假设 1 和假设 2。

假设 1：经常使用电视、报纸、新媒介等大众媒介获取政治信息的公众，持有较低的地方治理评价。

假设 2：互联网使用频率与公众地方治理评价之间呈负相关性。

（二）民众政府观的中介效应

与“媒介抑郁论”“良性循环论”“媒介类别论”三种观点不同，文化论者的研究表明，民众对治理的评价受其政治观念的影响。按照麦奎尔的媒介社会化理论，大众传媒可通过两条路径促使人们转变观念：一方面，它通过呈现不同行为的奖惩符号来引导规范和价值；另一方面，它通过描述各个群体的稳定模式，来明晰社会对于特定角色与地位的期待，进而影响人们的观念。[③] 鉴于此，我们应尝试跳出单纯的媒介内容分析视角，转而关注其政治社会化功能，把政治观念带入媒介接触与治理评价间关系的研究中，解析三者关系的链条。

媒介接触可以促进民众政府观的现代化转向。已有研究表明，大众媒介有助于民众政治参与意识的增强[④]，这意味着公众越发要求政府具备并不断提升民意吸纳能力。媒介接触亦可影响民众对政府回应的认知，理据

---

① Arthur A. Lumsdaine & Irving L. Janis, “Resistance to ‘Counterpropaganda’ Produced by One-Sided and Two-Sided ‘Propaganda’ Presentations,” *Public Opinion Quarterly* 17 (1953): 311 – 318.

② 罗伯特·K. 默顿：《社会理论和社会结构》，唐少杰等译，译林出版社，2015，第 774 ~ 781 页。

③ 丹尼斯·麦奎尔：《麦奎尔大众传播理论》，徐佳、董璐译，清华大学出版社，2019，第 425 ~ 426 页。

④ Catherine Corrigall-Brown & Rima Wilkes, “Media Exposure and the Engaged Citizen: How the Media Shape Political Participation,” *Social Science Journal* 51 (2014): 408 – 421；李春梅：《城镇居民公众参与认知、态度和行为关系的实证研究》，中国社会科学出版社，2017，第 102 ~ 106 页。

是：新旧媒介都可增强公众的外在政治效能感[①]，而外在政治效能感是指个体对政府回应公众预期的认知。[②] 值得注意的变化是，网络媒介创设的公众电子化参与（E-participation）场景，培育了现代公民观念，强化了参与者对责任政府的期待。[③] 综上所述，媒介接触可推动民众政府观现代化，即期望一个能促进并有效回应公众参与、更加对人民负责的政府。

政府观的现代化转向可影响民众的地方治理评价。政府观能够影响人们的政策偏好[④]，面对同样的公共服务，偏好不同的人显然会给出不同的评价。有研究表明，持有“大政府”倾向的公众具有较高的公共服务满意度，持有“小政府”倾向的公众则具有较低的公共服务满意度。[⑤] 我国政府发展的主要脉络之一是，全能主义政府逐渐过渡到有限政府。强调政府权力有限性的“小政府”取向实为民众政府观现代化转向的一个缩影。[⑥] 质言之，政府观现代化转向可降低民众的地方治理评价。除了权力有限性外，政府观现代化的表征还包括公仆角色、民意导向的公共决策方式等，这无疑提升了民众对地方治理的期望。较高的治理期望则会降低政府质量感知。[⑦] 基于上述讨论，本文提出假设 3 和假设 4。

假设 3：民众政府观现代化转向降低了其地方治理评价。

假设 4：民众政府观在媒介接触对民众地方治理评价的影响过程中具有中介作用。

---

① 卢家银：《传统媒体与网络媒体：媒介新闻使用对青年政治表达的影响及政治效能的中介作用》，《新闻大学》2017 年第 3 期。

② Richard G. Niemi et al.，“Measuring Internal Political Efficacy in the 1988 National Election Study,” *American Political Science Review* 85（1991）：1407 – 1413.

③ Stephen Coleman & Jay G. Blumler, *The Internet and Democratic Citizen: Theory, Practice and Policy*, New York: Cambridge University Press, 2009, pp. 107 – 108.

④ Clem Brooks, “Values or Views of Government? Analyzing the Ideological Sources of Public Policy Preferences,” *Social Science Research* 28（1999）：137 – 161.

⑤ 姬生翔、姜流《社会地位、政府角色认知与公共服务满意度——基于 CGSS2013 的结构方程分析》，《软科学》2017 年第 1 期。

⑥ 肖唐镖、余泓波：《农民政治价值观的变迁及其影响因素——五省（市）60 村的跟踪研究（1999—2011）》，《华中师范大学学报》（人文社会科学版）2014 年第 1 期。

⑦ 徐增阳等：《基于结构方程的农民工公共服务满意度测评——以武汉市农民工调查为例》，《经济社会体制比较》2017 年第 5 期。

三　数据与变量设计

（一）数据来源

研究数据使用“2015年度中国城乡社会治理调查”（CSGS 2015）的数据资料。该调查由清华大学、南京大学与上海交通大学等国内12所大学合作组织并完成，于2015年7月启动，历时5个月，涵盖除天津、新疆、青海、西藏、宁夏以外的大陆26个省（自治区、直辖市），共计4068个有效样本，有效完成率67%。调查严格按照社会科学规范操作，所获数据具有较高的质量。样本的基本结构如表2所示。对于因变量与自变量的缺失值，本文使用多重插补法插补。

（二）变量设计与测量

1. 因变量。当前学界测量治理主要有三种方法，即对程序、能力与产出的测量。[①] 对于民众而言，治理绩效或许是他们最为关心的，这也是国内研究多从产出满意度视角检验民众对治理评价的重要原因。[②] 本文遵循这一测量思路，选取问卷中一组考察民众对于地方治理主要内容满意度的题项作为测量指标。它们包括中小学教育、养老、就业、医疗、住房5类，每题备选项均采用四分制量表。本文将其取值范围变为0～3并将方向逆转，值越大表示越满意。在分析中，我们将这组调查题项加总，合并为因变量“地方治理评价”。在［0，15］的取值区间内，地方治理评价综合得分为8.829，得分率不到60%。在诸项目的评价情况中，被访者满意度（包括“非常满意”与“比较满意”）的得分，依次分别为：中小学教育（76.62%）、养老（73.87%）、医疗（71.68%）、住房（70.80%）、就业（56.76%）。该组数据经因子分析可提炼出一个公共因子，方差贡献率为64.25%，KMO检验和Bartlett球形检验值约等于0.805，显著性小于0.001，

---

① Francis Fukuyama, “What is Governance?” *Governance* 26 (2013): 347-368.

② 庞娟：《新型农村社区治理满意度的影响因素分析——以广西农村社区为样本》，《广西社会科学》2017年第4期；张成岗：《中国居民社会治理满意度及其问题研究》，《华东师范大学学报》（哲学社会科学版）2018年第6期。

因子分析结果可以接受。Cronbach's alpha 系数值为 0.746，说明测量工具的内部稳定性尚可。

2. 自变量。媒介接触和民众政府观为两组自变量。麦奎尔在论及大众媒介时，谈及生活中对人们产生重要影响的几种媒介：书报、广播电视等老媒介及以互联网为代表的新媒介。① 国内关于媒介接触的考察多以此为框架，关注民众信息获取的各类媒介渠道。② 本文的题目设置为"B8. 下面这些信息渠道中，您日常主要通过哪一个渠道获取有关政治和政府的信息"，有 9 个类别备选项，本文对其进行虚拟变量处理。因"收看境外电视""浏览境外互联网""收听电台/广播"占比均未超过 2%，所以将其与"个人接触""其他"合并为"其他途径"；"浏览境内互联网""阅读手机短信/微博"合并为"新媒介"，"收看境内电视"与"阅读纸质版报纸/杂志"，分别处理为虚拟变量，代表传统媒介。在网络时代，网络亦可作为传统媒介的载体，故重点考察网络接触程度的影响，题目设置为"B4. 现代通信技术让大家可以通过电脑、手机以及其他移动数字设备上网。您经常使用互联网吗"。原题有 9 个定序备选项，本文将"0～3"合并为"每天至少一次"，并调整方向，重新赋值为"0～5"。

民众政府观，"是指人们基于特定的价值观，对政府的起源、目的、作用、职能等基本问题的认识和看法"。③ 据此，其概念可从组建方式、政府角色、政府权力以及决策方式等方面测量。问卷在决策方式、政府角色、组建方式上的共同提问是"您心目中理想的政府应该是什么样子的。如下两段话，您更同意哪一种说法"，备选项分别是"D8. 1. 政府认为怎么做对人们最有利就应该怎么做；2. 政府决策应该完全遵循人民意见""D9. 1. 政府就像父母一样，应该替我们做决定；2. 政府是人民的公仆，应该由人们告诉政府要做什么""D11. 1. 政府领导人应该根据他们的品格

---

① 丹尼斯·麦奎尔：《麦奎尔大众传播理论》，徐佳、董璐译，清华大学出版社，2019，第 22～34 页。

② 王丽娜、马得勇：《新媒体时代媒体的可信度分析——以中国网民为对象的实证研究》，《武汉大学学报》（人文科学版）2016 年第 1 期，第 88～99 页；胡荣、庄思薇：《媒介使用对中国城乡居民政府信任的影响》，《东南学术》2017 年第 1 期；薛可、余来辉、余明阳：《媒介接触对政府信任的影响：基于中国网民群体的检验》，《现代传播》（中国传媒大学学报）2017 年第 4 期。

③ 杨宏山：《市场逻辑的政府观》，《北方论丛》1996 年第 5 期。

和能力任命，不一定要经过选举；2. 政府领导人应由人民通过竞争性的选举选出”。政府权力测量题项为“F19J. 您是非常同意、同意、不同意还是非常不同意：当国家面临困难时，政府为了处理这个困难的情况可以不必理会法律”，“非常同意”“同意”合并为“同意”，代表权力无限论；“不同意”“非常不同意”合并为“不同意”，代表权力有限论。

四组测量题项的潜在类别分析（LCA）模型拟合情况如表1所示。在LMR与BLRT显著性上，存在2类、3类、4类三种划分模型；从小到大排序，3类划分中AIC排第二位、BIC与aBIC排第一位；4类划分中AIC最小，但存在一个类别概率为0的现象。综合各类信息，本文将民众政府观划分为3个类别，Entropy为0.670，提示分类错误概率在10%～20%。三个类别的外显特征分别为：民意主导型决策、公仆角色、有限权力、民选政府；官员主导型决策、父母式角色、有限权力、民选政府；民意主导型决策、公仆角色、无限权力、民选政府；依次命名为权利取向政府观、软家长制政府观[①]、民粹取向政府观。

表1　潜类别分析拟合信息汇总

Model	AIC	BIC	aBIC	LMR	BLRT	Entropy	类别概率
1C	20439.01	20470.56	20454.68	—	—	—	1.0000
2C	20204.76	20274.18	20239.23	0.000	0.000	0.420	0.7016/0.2984
3C	20132.31	20239.59	20185.57	0.000	0.000	0.670	0.4855/0.1652/0.3493
4C	20131.78	20276.93	20203.84	0.001	0.000	0.898	0.3638/0.0000/0.1881/0.4481
5C	20137.43	20320.45	20228.30	0.000	0.600	0.597	0.1819/0.1291/0.1831/0.0521/0.4538

3. 控制变量。性别、年龄、民族、户籍、政治面貌（群众、共青团员、中共党员、民主党派）、受教育程度、家庭收支平衡状况、家庭社会

① 此概念来自范伯格。与传统家长制相比，软家长制政府观强调了限权思想与公众同意理念，其目的是为西方政府干预主义提供辩护。本文在此只是借用此概念，并不意味着笔者接受其观点，认可它的当代价值。实际上，其当代价值论证本身存在内在矛盾。有关评论见刘笑言《同意的困境——基于以同意理论证成政府家长式干预的视角》，《北京航空航天大学学报》（社会科学版）2011年第3期。

地位主观感知等为控制变量。户籍变量在分析中侧重比较城乡差异，故将“无户籍者”处理为缺失值（占比仅为0.37%）。家庭收支平衡状况测量题项为“SE5. 您全家的总收入是否可以支付您家的开销?”原备选项为定序选项，赋值为1~4，数据分析中本文调整了原赋值方向，值越大表示家庭越富裕。家庭社会地位主观感知测量题项为“SE8”题，用1~10描述家庭社会地位高低的主观感知，值越大代表地位越高。

因变量、自变量、控制变量的描述统计结果如表2所示。

表2　变量描述统计结果

		赋值描述	最小值	最大值	均值	标准差
因变量	地方治理评价	定序：0=最差，15=最好	0	15	8.829	2.489
自变量	收看境内电视	类别：0=否，1=是	0	1	0.621	0.485
	新媒介	类别：0=否，1=是	0	1	0.213	0.409
	纸质版媒介	类别：0=否，1=是	0	1	0.027	0.163
	其他途径	类别：0=否，1=是	0	1	0.139	0.347
	互联网使用频率	定序：0=没有用过，5=每天都用	0	5	1.839	2.311
	权利取向政府观	类别：0=否，1=是	0	1	0.486	0.5
	软家长制政府观	类别：0=否，1=是	0	1	0.349	0.477
	民粹取向政府观	类别：0=否，1=是	0	1	0.165	0.371
控制变量	性别	类别：0=男，1=女	0	1	0.511	0.5
	年龄	数值变量	18	94	48.337	16.333
	民族	类别：0=汉族，1=少数民族	0	1	0.085	0.279
	户籍	类别：0=农业，1=非农业	0	1	0.243	0.429
	群众	类别：0=否，1=是	0	1	0.797	0.402
	共青团员	类别：0=否，1=是	0	1	0.097	0.296
	中共党员	类别：0=否，1=是	0	1	0.103	0.304
	民主党派	类别：0=否，1=是	0	1	0.002	0.038
	受教育程度	数值变量	0	22	7.228	4.618
	家庭收支平衡状况	定序：1=有很大困难，4=可以存点钱	1	4	2.813	0.944
	家庭社会地位主观感知	定序：1=很低，10=很高	1	10	5.078	2.066

四　实证结果

（一）媒介接触、民众政府观对地方治理评价影响的检验

地方治理评价五项测量指标均采用四分制李克特量表测度，对于此类定序变量，学界常同时使用 OLS 回归模型和 Ordered Probit 回归模型检验回归效应的稳健性。① 本文分别使用了 OLS 回归分析模型和有序 Logistic 回归模型，结果显示，自变量与控制变量在两个模型中的作用方向与显著性水平没有发生改变，显示出较好的稳健性。在线性回归模型中，自变量与控制变量的 VIF 值均小于 3，说明共线性问题不突出。为减少篇幅，本文仅呈现 OLS 回归结果（见表 3）。

表 3　公众地方治理评价 OLS 回归模型分析结果

变量	模型 1	模型 2	模型 3	模型 4
政治信息获取方式：1 = 新媒介	-0.064** (0.133)	-0.038# (0.137)	—	-0.037# (0.136)
政治信息获取方式：1 = 电视	-0.053* (0.108)	-0.051** (0.108)	—	-0.047* (0.108)
政治信息获取方式：1 = 纸质版媒介	-0.004 (0.239)	-0.004 (0.239)	—	-0.006 (0.238)
互联网使用频率	—	-0.110*** (0.024)	—	-0.107*** (0.024)
政府观类型：1 = 软家长制政府观	—	—	0.090*** (0.084)	0.088*** (0.084)
政府观类型：1 = 民粹取向政府观	—	—	0.064*** (0.108)	0.059*** (0.108)
性别：1 = 女	0.008 (0.076)	0.076 (0.076)	0.015 (0.076)	0.012 (0.076)

① 周全、汤书昆：《媒介使用与政府环境治理绩效的公众满意度——基于全国代表性数据的实证研究》，《北京理工大学学报》（社会科学版）2017 年第 1 期。

续表

变量	模型 1	模型 2	模型 3	模型 4
年龄	0.140 *** (0.003)	0.096 *** (0.003)	0.135 *** (0.003)	0.085 *** (0.003)
民族：1 = 少数民族	0.012 (0.135)	0.009 (0.135)	0.011 (0.135)	0.008 (0.134)
户籍：1 = 非农业	-0.060 *** (0.097)	-0.048 *** (0.097)	-0.054 ** (0.096)	-0.042 ** (0.097)
政治面貌： 1 = 群众	-0.008 (0.129)	-0.011 (0.129)	-0.011 (-0.129)	-0.013 (0.129)
政治面貌： 1 = 共青团员	0.028 (0.173)	0.028 (0.172)	0.026 (0.172)	0.027 (0.171)
政治面貌： 1 = 民主党派	0.023 (0.970)	0.024 (0.968)	0.025# (0.967)	0.025# (0.964)
受教育程度	-0.140 *** (0.011)	-0.112 *** (0.011)	-0.136 *** (0.011)	-0.102 *** (0.011)
家庭收支平衡状况	0.117 *** (0.044)	0.125 *** (0.044)	0.120 *** (0.044)	0.129 *** (0.044)
家庭社会地位 主观感知	0.185 *** (0.019)	0.187 *** (0.019)	0.185 *** (0.019)	0.185 *** (0.019)
常数	11.867 *** (0.351)	12.162 *** (0.355)	11.315 *** (0.342)	11.870 ** (0.358)
R^2	0.106	0.112	0.112	0.119
样本数	4068	4068	4068	4068

注：1. 表中回归系数为标准化回归系数，括号内为标准误差；2. #表示 $p \leqslant 0.1$，* 表示 $p \leqslant 0.05$，** 表示 $p \leqslant 0.01$，*** 表示 $p \leqslant 0.001$，下同。

模型 1 和模型 2 验证了媒介类型以及互联网使用频率对公众治理评价的影响。模型 1 表明，相较于其他类型的政治资讯获取方式，新媒介、电视、纸质版媒介等均显示出负向影响。其中，新媒介与电视两种途径的影响具有显著性。模型 2 和模型 4 中，新媒介与电视的系数和显著性水平有所变化，但依然具有统计学意义上的显著性，且作用方向未发生改变，假设 1 基本得到验证。根据模型 2 和模型 4 的输出结果，在控制政治信息获取途径、民众政府观以及其他控制变量的情况下，互联网使用频率对地方治理评价具有显著负向影响，即被访者越是经常使用互联网，其对地方治理的评价就越低，假设 2 得到验证。

模型 3 验证了民众政府观类型对地方治理评价的影响。相对于权利取向政府观持有者，软家长制或民粹取向政府观持有者多对当地治理给出较高的评价。模型 4 中，在控制媒介接触等变量的情况下，民众政府观类型可以单独对地方治理评价产生一定影响，呼应了文化主义的论点。在模型 3 和模型 4 中，权利取向政府观是作为参照类型进入回归模型的，政府观变量的回归解释也可转化为：持有权利取向政府观的被访者多会消极评价地方治理，假设 3 得到验证。

在控制变量中，年龄、户籍、受教育程度、家庭收支平衡状况以及家庭社会地位主观感知等对地方治理评价具有不同方面的显著影响。其中，户籍、受教育程度具有负向影响，说明非农业户籍、受教育程度高的人一般对地方治理评价较低；年龄、家庭收支平衡状况以及家庭社会地位主观感知具有正向影响，即年龄大、家庭收支平衡状况好、家庭社会地位主观感知高的人对地方治理持有较高评价。

（二）民众政府观的中介效应检验

考虑到在 OLS 回归模型中民众政府观类型虚拟化处理均是以权利取向类型为参照的，故将其调整为二分变量，“1 = 权利取向政府观”，代表了民众政府观类型的现代化转向；“0 = 非权利取向政府观”。对于民众政府观中介效应的检验，本文使用被认为有较高统计效力的 Bootstrap 法，Bootstrap 样本量为 1000，参数估计模型选择专门处理类别变量的 WLSMV 估计，模型拟合指数 WRMR = 0.006，拟合效果理想。[①] 估计值的置信区间不包含零，则说明该效应具有显著性。依据表 4 可以观察到，间接效应与直接效应的 95% 置信区间均不包括零，且各效应估计值的显著性水平 P 值要么小于 0.001，要么小于 0.05，均具有显著性。由此可以判断，民众政府观的中介效应显著，假设 4 得到验证。

民众政府观的中介效应情况如图 1 所示，根据路径系数可知，媒介接触对民众政府观的现代化转向具有推动作用，而民众政府观的现代化转向

① 王孟成：《潜变量建模与 Mplus 应用 · 基础篇》，重庆大学出版社，2014，第 233 ~ 234 页。

表 4　间接效应与直接效应检验

	估计值	标准误差	95% 置信区间		P 值（双尾）
			下限	上限	
电视→地方治理评价	-0.249	0.112	-0.467	-0.018	0.026
新媒介→地方治理评价	-0.412	0.154	-0.192	-0.117	0.008
互联网使用频率→地方治理评价	-0.152	0.019	-0.645	-0.082	0.000
电视→公众政府观→地方治理评价	-0.061	0.020	-0.105	-0.026	0.003
新媒介→公众政府观→地方治理评价	-0.056	0.026	-0.105	-0.003	0.031
互联网使用频率→公众政府观→地方治理评价	-0.036	0.006	-0.049	-0.024	0.000

则降低了民众对地方治理的评价。该发现表明，媒介接触影响地方治理评价的内在机制是它引起了民众政府观的变化。在中介效应分析中，间接效应等于自变量对中介变量的回归系数乘以中介变量对因变量的回归系数。电视媒介对地方治理评价的间接效应约为 0.092 ×（-0.130）≈ -0.012；新媒介对地方治理评价的间接效应约为 -0.009；互联网使用频率对地方治理评价的间接效应约为 -0.033。总效应等于间接效应加上直接效应，中介效应的比重等于间接效应在总效应中的比重。经计算，民众政府观的中介效应约等于 17.31%，属于部分中介效应。

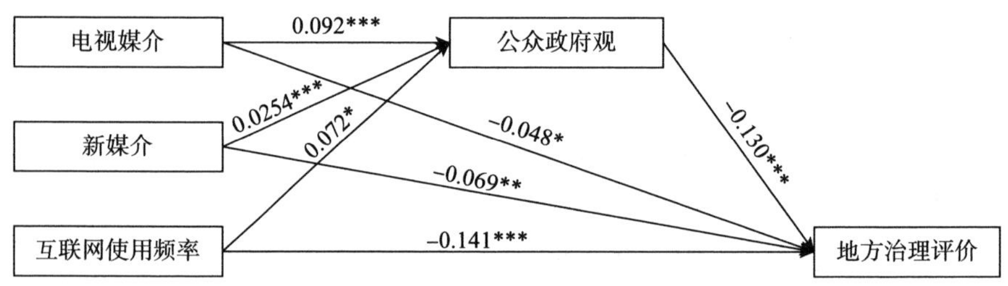

图 1　媒介接触、公众政府观与地方治理评价的关系模型

*、**、*** 分别表示在 10%、5%、1% 上显著。

五　结论与讨论

媒介接触对人们的政治态度产生何种影响，一直是媒介社会学关注的主要论题之一，并形成了三种观点迥异的代表性主张："媒体抑郁论"、

“良性互动论”与“媒体类别论”。在媒介接触对民众治理评价作用机制的解释上，三种主张的关注点均集中在媒介报道信息的正负面属性上，几乎未就媒介的政治社会化功能作出深层次阐释。本文依托 CSGS 2015 年调查数据，利用 OLS 模型检验了不同类型的媒介接触对民众治理评价的影响，进一步引入“民众政府观”变量通过 Bootstrap 法探讨了二者之间的作用机制。研究的主要发现是：新旧媒介接触、政府观现代化均降低了民众对地方治理的评价，且民众政府观充当了新旧媒介接触对民众地方治理评价产生影响的中介机制，由此形成了“媒介接触—民众政府观—地方治理评价”这一相对完整的解释路径。值得注意的是，民众政府观的中介效应揭示并肯定了媒介对国家治理的推动价值：它通过促进民众政府观的现代化转向，增强了治理现代化的社会内驱力，由此区别于“媒体抑郁论”的消极观点，经由媒介政治社会化功能分析引发治理评价降低的正面价值讨论。

第一，如何认识媒介政治社会化的治理意涵。当今社会，媒介已渗透到人们的日常生活中，丰富了信息传播途径。① 与此同时，新信息技术的发展，推动了信息传播的个人化，因之重构了个人与公共信息的关系。② 无论人们以何种态度对待这种变化，可以确定的是，我们每天被大量的信息包围。媒介的启动效应表明：受众只要接触到媒介，无论是主动还是被动，其观念变化就会相应地被激发。③ 多项研究显示，媒介接触显著增强了受众的政治知识④，推动其政治观念现代化，如本文中的权利取向政府观、英格尔哈特的“后物质主义”价值观等。在此背景下，政府通过自身改革以提升治理绩效来回应民众政治观念现代化的现实趋势，成为其提升民众满意度的基本途径。这意味着，媒介能够通过民众政府观现代化这一

① 理查德·谢弗：《社会学与生活》，赵旭东等译，世界图书出版公司，2014，第 222 页。

② 兰斯·班尼特：《新闻：幻象的政治》，杨晓红、王家全译，中国人民大学出版社，2018，第 302 ~ 304 页。

③ 曹钺、陈彦蓉：《社交媒体接触对社会运动参与的影响研究——基于政治自我概念的交互效应》，《新闻界》2020 年第 2 期。

④ Claes H. D. Vreese & Hajo Boomgaarden, “News, Political Knowledge and Participation: The Differential Effects of News Media Exposure on Political Knowledge and Participation,” *Acta Politica* 41 (2006): 317 - 341; Adam Shehata, “Active or Passive Learning From Television? Political Information Opportunities and Knowledge Gaps During Election Campaigns,” *Journal of Elections Public Opinion & Parties* 23 (2013): 200 - 222.

中介机制推动国家治理体系改革，回应了麦奎尔提出但未能明确阐释的话题，即媒介通过某些中间机制改变了其他机构的做事方式。[①]

第二，在实践层面应重点关注治理体系改革。首先，地方政府应主动适应时代潮流，进一步回归公仆角色，重组政府责任体系，凸显服务于公众与授权于公众的责任。[②] 其次，规范权力运行，明晰政府职能边界。当前以互联网为代表的大众媒介，正日益改变传统单向信息传输方式，呈现多点发布态势。这不仅能够以低成本方式揭露部分权力运行不规范问题，还传递了有限型政府、服务型政府、责任型政府等现代政府理念。因此，政府须主动规范其行为，以权力公开的方式限定自身权力范围，提升对多元信息的包容度。最后，增强公共决策的民意吸纳能力。如今互联网已超越了信息传递的纯技术角色，演化为公共空间，承担着民意表达与互动功能，改变着人们关于公共决策方式的传统认知。增加民意在公共决策中的分量，除了扩大有序参与外，更应提升参与的有效性，这需要以多种渠道公开公众参与决策的范围、程序以及违规决策责任追究等内容。

第三，需要指出的是：本文的结论只是根据一波调查数据而得出的，其稳健性仍需要更多数据来验证；作为尝试，本文关注了民众政府观的中介影响，至于其他政治观念是否也充当了中介因素，有待进一步探讨。

---

① 丹尼斯·麦奎尔：《麦奎尔大众传播理论》，徐佳、董璐译，清华大学出版社，2019，第432页。

② 珍妮特·V. 登哈特、罗伯特·B. 登哈特：《新公共服务：服务，而不是掌舵》，丁煌译，中国人民大学出版社，2014，第16页。

禀赋特质、农民工回流创业与地域分层意愿*

刘迎君

摘要：本文基于禀赋特质影响农民工回流创业地域分层意愿的分析框架，利用一项调查数据实证分析了农民工回流创业地域选择倾向的基本特征及其禀赋特质效应。研究发现，回流农民工大都愿意选择在县域范围内开展创业活动，同时其创业的行业选择和形式偏好具有一定的地域分层特征。禀赋特质通过初始禀赋、务工禀赋积累、家庭禀赋拓展对农民工回流创业的地域选择产生影响，在初始禀赋上主要表现为男性和教育年限高的农民工更倾向于选择县城开展创业活动；在务工禀赋积累上表现为农民工会结合行业经验以及技能优势来匹配最能发挥其自身价值的地域层级；在家庭禀赋拓展上则集中体现为不同类别的家庭禀赋对农民工创业地域选择差异化的支持功能。这意味着各级政府在引导回流农民工创业的过程中，应充分尊重回流农民工的禀赋特质差异，结合其地域分层意愿采取针对性的创业引导策略。

关键词：农民工　禀赋特质　回流创业　地域分层

一　引言

中国劳动力大量涌入城市的同时一直伴随着一定规模的回流现象。区别于“返乡务农”的单一经济行为，回流农民工通过经验资本的积累开展创业活动正成为这一群体重要的经济选择，截至2015年底，农民工返乡创

---

* 原文发表于《贵州社会科学》2017年第3期，收入本书时有修改。

基金项目：华中师范大学中国农村研究院“百村（居）观察”项目阶段性成果。

作者简介：刘迎君，现为西南政法大学政治与公共管理学院讲师。

业人数累计已超过450万人，返乡创业人数年均增幅保持在两位数左右。[①]相关研究与经验事实都表明农民工的回流创业行为不仅促进了劳动力自身经济水平的提升，也激活了回流区域的创业精神和创业氛围，并为劳动力输出地的经济发展带来了很好的示范效应[②]，成为政府干预劳动力市场的主要策略和手段。[③] 2015年国务院办公厅《关于支持农民工等人员返乡创业的意见》的出台，更使得农民工返乡创业问题不仅成为各级政府进行城乡统筹政策设计的着眼点，也进一步成为学术界所关注的焦点。

目前关于农民工回流创业的研究集中在两个方面，一方面主要聚焦于农民工创业的城乡选择[④]以及回流创业的行业偏好[⑤]，另一方面则侧重分析驱动农民工回流创业的内外部影响机制，主要包括个体特征[⑥]、市场动机[⑦]、社会支持[⑧]、区域环境[⑨]等相关因素。但现有文献仍存在一定不足，一是这些研究大都将农民工回流创业的“家乡”作为一个笼统的地理名词，而并未对其进行必要的层级区分，一定程度而言农民工回流创业的“家乡”是一种相对意义上的创业地域概念，这里的“乡”不仅仅是指地

① 参见《全国农民工和大学生返乡创业人数持续增加，农民创业创新热潮正在形成——耕耘在梦想放飞的大地上》，中国政府网，2016年8月1日，http://www.gov.cn/xinwen/2016-08/01/content_5096498.htm。

② Roy Maconachie et al.,“Temporary Labour Migration and Sustainable Post-Conflict Return in Sierra Leone,” *Geo Journal* 67 (2006): 223-240.

③ Paolo Barbieri,“Self-Employment in Italy: Does Labor Market Rigidity Matter?” *International Journal of Sociology* 31 (2001): 38-69.

④ 赵浩兴：《农民工创业地点选择的影响因素研究——来自沿海地区的实证调研》，《中国人口科学》2012年第2期；郭星华、郑日强：《农民工创业：留城还是返乡？——对京粤两地新生代农民工创业地选择倾向的实证研究》，《中州学刊》2013年第2期。

⑤ 魏凤、闫芃燕：《西部返乡农民工创业模式选择及其影响因素分析——以西部五省998个返乡农民工创业者为例》，《农业技术经济》2012年第9期；李长峰、庄晋财：《农民工创业初期行业选择影响因素的实证研究》，《农村经济》2014年第1期。

⑥ Alice Mesnard,“Temporary Migration and Capital Market Imperfections,” *Oxford Economic Papers* 56 (2004): 242-262; 朱明芬：《农民创业行为影响因素分析——以浙江杭州为例》，《中国农村经济》2010年第3期。

⑦ 朱红根、康兰媛：《农民工创业动机及对创业绩效影响的实证分析——基于江西省15个县市的438个返乡创业农民工样本》，《南京农业大学学报》（社会科学版）2013年第5期。

⑧ 郝朝艳等：《农户的创业选择及其影响因素——来自“农村金融调查”的证据》，《中国农村经济》2012年第4期。

⑨ 张益丰、郑秀芝：《企业家才能、创业环境异质性与农民创业——基于3省14个行政村调研数据的实证研究》，《中国农村观察》2014年第3期。

理上小范围的乡村地区，还包括其户籍所在的小县城、小城镇等[①]，呈现出明显的地域分层特征，农民工更愿意在“家乡”的哪个地域层级开展创业活动，将直接影响政策层面对于创业资源、创业规划、创业政策等的分层布局与引导；二是对农民工回流创业影响因素的关注聚焦在农民工的主观经济动机和外部环境支持上，而有关农民工多维度的禀赋特质如何影响其回流创业决策的研究则较少涉及，如何影响其回流创业地域选择的研究则更为鲜见。农民工的创业活动实质上是处于异质性环境中的创业者在内外因素的共同影响下不断学习和适应变化，实现机会、资源等不同要素间的变换匹配和动态性平衡的过程[②]，这一创业过程的顺利进行不仅需要基础设施、社会支持等外部环境的优化，也需要从禀赋视角出发研究如何不断提升农民工回流创业过程中的内在能力素质。

农民工进城务工再到返乡创业的迁移过程也可以看作其自身禀赋的动态积累过程，从初始人力资本使用到务工经历所带来的经验知识提升再到回流创业对家庭禀赋资源的汲取，这一过程实际上也伴随着农民工对于创业决策乃至地域选择的考量。相较而言，各层级地域的创业环境对农民工创业行为的影响具有一定稳定性，而基于禀赋特质视角的考察则更能反映出在外部创业供给环境给定的情况下，农民工选择创业地域时在创业动机和创业能力等方面的差异。进一步地，深入分析农民工回流创业的地域选择意愿及其禀赋特质效应，不仅有利于科学布局各级地域的创业资源，分层合理分配创业项目支持，还有助于对农民工的具体禀赋特质进行针对性的创业扶持，以实现创业政策的靶向效应。

基于上述考虑，本文在分析禀赋特质影响农民工创业地域分层意愿的可能路径的基础上，利用 2016 年“百村（居）观察”农民工创新创业状况调查数据，通过交叉分析方法和多项 Logit 模型系统分析了农民工回流创业地域分层选择的基本特征及其禀赋特质效应，进而归纳出本文的主要发现及政策启示。

① 张秀娥、张梦琪：《新型城镇化与新生代农民工返乡创业互动机制探析》，《内蒙古大学学报》（哲学社会科学版）2015 年第 1 期。

② 危旭芳、罗必良：《农民创业研究：一个文献综述》，《中大管理研究》2014 年第 3 期。

二　核心概念与理论分析

（一）核心概念——农民工回流创业及地域选择标准

农民工的回流创业主要指农民工面对务工带来的生存压力与外部环境变化带来的机遇，出于生计发展和自我实现的动机，整合动员自身禀赋以及务工过程中积累的人力资本、资金信息等资源，回流至原籍家乡从事农业规模化经营及开发性生产、创办工商企业、开展生产生活供应服务等活动的行为过程。[①] 农民工回流创业不仅存在对不同创业行业或创业模式的偏好，同样也面临地域层级选择的问题。目前涉及农民工创业地域选择的研究基本上聚焦于这一群体在务工地和家乡之间的城乡选择，还未对其回流创业的地域分层意愿进行深入探索，因此尚未发现对回流创业地域的一般性定义。通过对近几年既有研究中关于返乡创业地域的界定以及《鼓励农民工等人员返乡创业三年行动计划纲要（2015—2017 年）》政策文本中关于创业支持政策的地域布局导向进行梳理后发现，关于农民工回流创业地域的界定涵盖了地级市、县、乡镇、村四级，其中出现的地域层级差异一方面是研究者对于相关调研区域的设定所致，另一方面则主要是由于创业扶持政策的实施本身就存在明显的地域层级分工，如休闲农业、乡村旅游等创业项目因其资源条件所限而往往布局在乡、村等地域层级，而农民工返乡创业园等创业项目因需要实现资金、技术、交通等要素的集聚而更倾向于选择地级市。基于上述分析，本文将回流创业的地域界定为输出地市、县城（县级市）、乡镇、村四个层级（见表 1）。

（二）理论分析——禀赋特质影响农民工创业地域分层意愿的可能路径

回流劳动力的创业行为缘何生成？“禀赋特质”被普遍认为是一种重要

① 石智雷等：《返乡农民工创业行为与创业意愿分析》，《中国农村观察》2010 年第 5 期；黄晓勇等：《农民工回乡创业：定义与边界、发生机制及概念模型》，《经济体制改革》2012 年第 4 期。

表1　既有文献和政策文本中关于农民工回流创业的地域界定

	既有文献/政策文本的相关表述	地域名词提取	代表性文献/文本名称
既有文献中关于回流创业地域的界定	返乡创业中"乡"的概念不仅指地理上小范围的村落地区，还包括户籍所辖的小城市（县）、镇	村落、乡镇、小城市（县）	石智雷等（2010），张秀娥、张梦琪（2015）
	农民工返乡创业地点集中于市、县级的二、三线城市及乡镇，其中东中部地区集中于乡镇及县级市，西部地区集中于地级市	乡镇、县级市、地级市	赵浩兴、张巧文（2011）[①]，赵浩兴（2012）
	县级政府是具有实施农民工返乡创业扶持政策综合协调能力的最低层级，返乡农民工的"乡"应界定在县级行政级别上	县	胡俊波（2015）[②]
《鼓励农民工等人员返乡创业三年行动计划纲要（2015—2017年）》政策文本中的地域布局导向	以输出地市、县为主，依托现有开发区和农业产业园等各类园区、闲置土地、厂房等整合发展一批农民工返乡创业园	输出地市、县	整合发展农民工返乡创业园行动计划
	将返乡创业与发展县域经济结合起来，培育新型农业经营主体，充分开发一批休闲农业、乡村旅游、农村服务等产业项目	县级	开发农业农村资源支持返乡创业行动计划
	支持建立完善的县、乡、村三级物流配送体系，建设改造县域电子商务公共服务中心和村级电子商务服务站点	县、乡、村	电子商务进农村综合示范行动计划

注：①赵浩兴、张巧文：《内地农民工返乡创业与沿海地区外力推动：一个机制框架》，《改革》2011年第3期。

②胡俊波：《职业经历、区域环境与农民工返乡创业意愿——基于四川省的混合横截面数据》，《农村经济》2015年第7期。

的传导路径①，一般而言外出劳动力本身具有较高的人力资本，同时务工经历使其拥有一定的职业经验和技术水平，从而愿意从事自我经营活动。近期研究中整合了"初始禀赋""经验知识""人力资本"的"新特质论"更是发展迅速，该理论有利于深入挖掘创业者的异质特征及其创业行为决

① Rachel Murphy, "Return Migrant Entrepreneurs and Economic Diversification in Two Counties in South Jiangxi, China," *Journal of International Developmen* 11 (1999): 661 - 672; Nadeem Ilahi, "Return Migration and Occupational Change," *Review of Development Economics* 3 (1999): 170 - 186.

策的差异[①]，并在农民创业领域得到初步印证。[②] 新特质论的核心发现在于，正是创业者禀赋特质因素的存在，不同的创业者即使面对同样的创业环境，也可能会有不同的经济选择，并形成与环境间的区别化的互动机制，进而导致创业过程和结果的显著差异。[③] 基于此我们试图将禀赋特质影响农民工创业行为的研究范畴扩展到农民工对于回流创业地域层级的具体选择上，从农民工外出务工再回流创业的全过程来考察，其禀赋特质主要包括初始人力资本，务工经历带来的经验知识提升，以及作为个人发展能力拓展的家庭禀赋资源，农民工禀赋特质影响其创业地域分层意愿的传导机制也可能主要基于以下三方面要素的作用来实现。

第一，年龄、性别、教育等代表了农民工的原生禀赋，是一种初始人力资本，具有较高初始禀赋的农民工群体本身就有逃离土地的冲动，更愿意选择开展创业活动。进一步而言，具有不同初始禀赋的农民工对于回流创业地域的选择也可能存在一定差异，例如年龄较大的农民工往往会考虑自身身体状况而选择离家更近的村、乡一级地域开展创业活动，而教育程度较高的农民工则可能为了开阔视野、获取更好的创业机会而选择市县等更高层级的地域进行创业。第二，务工经历带来的禀赋积累是劳动力通过迁移进行“干中学”的过程，这一过程使迁移劳动力在技能水平、工作经验、非农产业就业能力等方面都获得了一定提升，并可进一步转换为创业环境下的可用资本。[④] Ardichvili 将个体提取创业信息的能力称为创业警觉，并认为创业警觉越强的个体更容易解读创业信息背后的商业价值，而先验经验是强化个体创业警觉的关键要素。[⑤] 就农民工群体而言，这种先验经验主要与其务工的经历、接受培训的经历以及曾经的行业经历等相关[⑥]，一般而言先验经验与经历丰富的农民工群体不仅会对创业机会信息隐性价

① 杨学儒、李新春：《地缘近似性、先前经验与农业创业企业成长》，《学术研究》2013年第7期。

② Jing Gao & Fang Yang, "Analysis of Factors Influencing Farmers' Identification of Entrepreneurial Opportunity," *Asian Agricultural Research* 5 (2013): 112 - 117.

③ 危旭芳、罗必良：《农民创业研究：一个文献综述》，《中大管理研究》2014 年第 3 期。

④ 石智雷、杨云彦：《外出务工对农村劳动力能力发展的影响及政策含义》，《管理世界》2011 年第 12 期。

⑤ Alexander Ardichvili et al., "A Theory of Entrepreneurial Opportunity Identification and Development," *Journal of Business Venturing* 18 (2003): 105 - 123.

⑥ 周菁华、谢洲：《自身素质、政策激励与农民创业机理》，《改革》2012 年第 6 期。

值的洞察力更强，可能也会更慎重地根据自身的技能经验去匹配能够产生最大创业价值的地域层级。第三，不同于西方国家移民迁移的个人决策导向，中国劳动力外出务工本身就存在增加家庭收入和分散经营风险的动机，以家庭决策为基础的新经济迁移理论无论对农民工的外出务工抑或回流都能够提供更好的解释框架。① 作为个人发展能力拓展的家庭禀赋资源对家庭成员的行为选择形成了较强的约束力，农民工的回流创业及地域选择在很大程度上也是个体基于家庭禀赋状况所作出的最优化选择。以上三点构成了禀赋特质影响农民工创业地域分层意愿的可能路径（见图 1）。

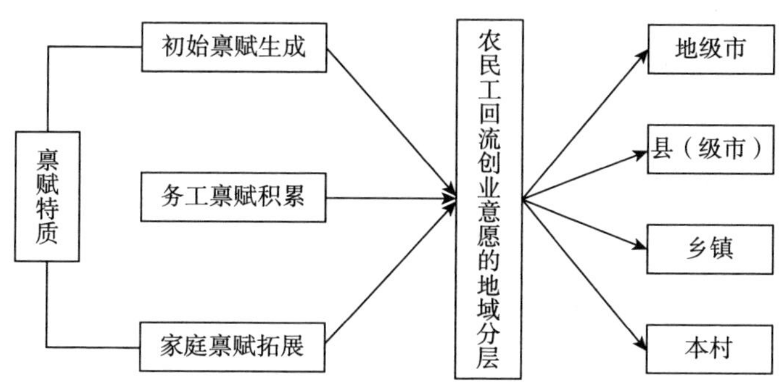

图 1　禀赋特质影响农民工创业地域分层意愿的可能路径

三　研究设计

（一）数据来源

本文数据来源于华中师范大学中国农村研究院“百村（居）观察”项目 2016 年农民工专项调查，基于研究对象我们抽取了农民工创新创业意愿状况调查专题的有效问卷 827 份，同时因调查涉及农民工务工地创业、返乡创业、其他地区创业三类样本，为考察农民工的回流创业意愿我们进一步筛选出愿意返回家乡所在地级市及以下地域创业的有效问卷 473 份，作为本文的分析样本。

① 石智雷、杨云彦：《家庭禀赋、农民工回流与创业参与——来自湖北恩施州的经验证据》，《经济管理》2012 年第 3 期。

（二）模型选择

正如“托达罗模型”“家庭决策模型”等在分析个体行为决策时暗含“迁移者追求效用最大化”的假定一样，农民工回流创业地域分层的决策过程也隐含着一定约束条件和迁移选择的目标函数。对农民工个体而言，不同层次的创业地选择并不存在等级优劣，而主要是其根据自身禀赋特质，遵循效用最大化原则作出的决策，因此拟选取更适用于随机调查数据的无序变量多元选择模型来分析这一随机效用问题，同时本文侧重考察禀赋特征特质对农民工地域选择的影响，而并未涉及不同地域方案特征的对比，进一步确定采用多项 Logit 回归模型分析农民工创业地域选择的影响因素。

假设农民工回流创业的地域层级选择有（$J+1$）种，并用 U_{ij} 表示第 i 个农民工选择第 j 层级创业地域时的效用，进一步将效用函数表示为：

$$U_{ij} = X_i\beta_j + \varepsilon_{ij} \quad (1)$$

其中，X_i 为一组影响农民工回流创业地域选择的外生变量，即本文的禀赋特质，包括初始禀赋、务工经历带来的禀赋积累以及作为个人能力拓展的家庭禀赋资源三个方面，ε_{ij} 为随机误差项。

决策效用最大化意味着当 $U_{ij} > U_{is}$（$s \neq j$）时，农民工 i 将会选择第 j 种层级的创业地域。此时第 i 个农民工选择第 j 层级创业地域的概率为：

$$PR(Y_i = j) = PR(U_{ij} > U_{is}) \quad (2)$$

假设 J 个随机误差项相互独立且服从同样的威布尔分布，即 $F(\varepsilon_{ij}) = \exp(e^{-\varepsilon_{ij}})$，则第 i 个农民工选择第 j 层级创业地域的概率的表达式为：

$$PR(Y_i = j) = \frac{e^{\beta'_j X_i}}{1 + \sum_{s=0}^{J} e^{\beta'_s X_i}}, i = 1, \cdots, N; j = 0, 1, 2\cdots, J \quad (3)$$

上式中 N 为样本容量，j 表示第 j 层级创业地域，β'_j 为第 j 个 Logit 方程的参数向量。

在估计此模型时需将一类层级的创业地域作为参照组，其系数标准化为零。本文中将“本村”（$j=0$）作为参照组，此时 $\beta_0 = 0$，进而可得：

$$PR(Y_i = j) = \frac{e^{\beta'_j X_i}}{1 + \sum_{s=1}^{3} e^{\beta'_s X_i}}, j = 1, 2, 3\cdots, J \quad (4)$$

（三）变量设置

根据前面的理论分析，本文将影响农民工回流创业地域选择的禀赋特质分为三种类型：初始禀赋，主要包括年龄、性别、教育等人力资本变量；务工经历带来的禀赋积累，主要包括曾经从事行业、参加培训经历、技能掌握情况、岗位等级；家庭禀赋资源，主要包括家庭拥有土地情况、家庭年收入、家庭劳动力数量、父母务工经历；此外我们还控制了农民工的婚姻、政治面貌等个体特征因素的影响。[①] 表2汇报了主要解释变量的含义及描述性统计分析结果。

表2　主要解释变量的含义与描述性统计分析结果

	变量名称	变量含义及赋值	均值	标准差
个体特征	婚姻	已婚 =1，未婚 =0	0.77	0.42
	政治面貌	是中共党员 =1，否 =0	0.06	0.24
初始禀赋	年龄	个人年龄（单位：岁）	35.61	10.30
	性别	男性 =1，女性 =0	0.84	0.37
	教育	受教育年限（单位：年）	9.39	2.56
务工禀赋积累	曾经从事行业	加工制造业 =1；建筑业 =2；批发零售业 =3；住宿餐饮业 =4；其他社会和商业服务业 =5	2.72	1.55
	参加培训经历	务工期间是否参加过培训？是 =1，否 =0	0.48	0.50
	技能掌握状况	务工期间是否掌握了专业技能？是 =1，否 =0	0.40	0.49
	岗位等级	普通员工 =1；中基层技术人员 =2；高级管理人员 -3	1.35	0.63
家庭禀赋资源	家庭拥有土地状况	家庭是否还有土地？是 =1，否 =0	0.67	0.47
	家庭年收入	前一年家庭总收入的自然对数	10.86	0.64
	家庭劳动力数量	家庭劳动人口总数（单位：人）	4.31	1.22
	父母务工经历	父母是否外出打过工？是 =1，否 =0	0.25	0.43

① 其中农民工务工期间不同的行业经历、岗位等级可反映出其差异化的行业经验积累以及管理能力视野，是务工禀赋积累的一种间接体现；父母的务工经历在一定程度上可以给予下一代创业者在创业经验等方面的支持，也是家庭禀赋资源的一种间接体现。

四　农民工回流创业地域选择及其禀赋特质效应的实证分析

（一）农民工回流创业地域选择的基本特征分析

从表3可以看出，回流农民工选择在县城（县级市）创业的比例最高，达到了47.4%，选择在本村和乡镇创业的比例大致持平（20%左右），选择在地级市创业的比重最低，由此可见80%以上的农民工均选择了在县域范围内开展创业活动，这与石智雷和杨云彦的调查结果大致吻合。①

表3　农民工回流创业的地域选择情况

单位：人，%

地域层级	本村	乡镇	县城（县级市）	地级市
人数	101	95	224	53
占比	21.4	20.1	47.4	11.2

从区域划分可以发现，虽然东中西部农民工选择在地级市创业的比例均最低，在县城（县级市）创业的比例均最高，但在本区域内选择各层级地域进行创业的相对占比有所差异（见表4）。东部地区回流农民工选择在县城（县级市）创业的比例与选择本村和乡镇的比例之间的差距较小，选择在乡镇以下创业的比例达到了51.2%，这可能与东部地区城市创业及生活成本偏高，而乡镇交通基础设施等创业环境比较完善，经济发展水平较高有关；中西部地区回流农民工选择在县城（县级市）及以上地域创业的比例均超过50%。这也在一定程度上反映了各层级地域的创业环境与区域经济发展水平密切相关，中西部地区村、乡等地域现阶段的创业条件可能无法较好地满足潜在创业农民工群体的创业需要。

通过对农民工回流创业行业与地域选择进行交叉分析可以发现，具有规模农业及衍生产业、民俗工艺及休闲旅游创业倾向的农民工基本都选择在县城（县级市）及以下地域开展创业活动；而具有农产品流通及电子商

① 石智雷、杨云彦：《家庭禀赋、农民工回流与创业参与——来自湖北恩施州的经验证据》，《经济管理》2012年第3期。

表 4 东中西部农民工回流创业的地域选择情况

单位：%

区域	本村	乡镇	县城（县级市）	地级市
东部	26.2	25.0	36.9	11.9
中部	18.3	19.7	49.8	12.2
西部	25.5	17.3	49.1	8.1

务、生产资料供应服务、居民生活服务等行业创业倾向的农民工选择在县城（县级市）及以上地域开展创业活动的比例都超过70%，尤其是选择地级市作为创业地域的比例均大幅提高（见表5）。农民工创业行业的层级差异实际上与各层级地域的创业资源分布、基础设施布局等紧密相关，这意味着回流创业的政策支持需进一步细化行业分类，针对各层级地域的实际创业条件开展相应的扶持计划。

表 5 农民工回流创业行业与地域选择的交叉分析

单位：%

创业行业	本村	乡镇	县城（县级市）	地级市
规模农业及衍生产业	35.9	23.5	36.9	3.7
民俗工艺及休闲旅游	17.9	17.9	59.0	5.2
农产品流通及电子商务	6.1	16.3	61.2	16.4
生产资料供应服务	2.1	26.5	49.0	22.4
居民生活服务	10.1	13.4	56.3	20.2

注：Pearson 卡方值为 85.751，P 值小于 0.01。

进一步通过对农民工回流创业形式与地域选择进行交叉分析发现，无论是打算合伙创业、家庭创业还是个人创业，选择在县城（县级市）进行创业的占比均最高，但打算合伙创业和个人创业的农民工选择县城（县级市）的比例相对更高，而打算家庭创业的农民工选择乡镇及以下地域进行创业的比例相对更高（见表6）。由此可以看出家庭创业形式的创业地域半径相对较短，其往往会受到家庭在人力、资金、土地等禀赋资源上的影响，而个人或合伙创业的创业地域半径则相对较长，其更有可能会依据自身的禀赋能力选择合适层级的创业地域。

表 6　农民工回流创业形式与地域选择的交叉分析

单位：%

创业形式	本村	乡镇	县城（县级市）	地级市
合伙创业	19.5	15.0	51.9	13.6
家庭创业	25.2	25.9	39.3	9.6
个人创业	20.0	19.5	49.8	10.7

注：Pearson 卡方值为 8.997，P 值小于 0.05。

（二）农民工回流创业地域选择的禀赋特质效应分析

多项 Logit 模型的运用需遵循“无关选项独立性”（Independence of Irrelevant Alternatives，IIA）这一基本假定，其原假设认为两种选择的机会比与其他选择的概率无关，IIA 假定成立方能说明多项 Logit 模型具有适用性。为判断模型的一致性和有效性，我们使用 Hausman-McFadden 检验对多项 Logit 模型的 IIA 假定进行检验，其主要原理是对原样本估计结果和被剔除某一选择后新样本的估计结果进行比较，该检验原假设为选择对象之间相互独立。检验结果发现去掉某一层级创业地域选择后所有 Hausman-McFadden 检验统计量的 p 值均很大①，说明不能拒绝原假设。同时多项 Logit 估计结果难以直接解释被估参数的经济意义，需通过 $\partial PR(Y_{ij}=j)/\partial X_i$ 计算各解释变量对农民工回流创业地域选择的边际贡献，表 7 汇报了农民工选择不同层级创业地域概率的边际效应。受样本容量等数据方面问题的限制，本文估计结果中显著的变量相对较少，因此在实证分析中重点比较同一变量对不同创业地域选择的边际效应。

从初始禀赋的相关变量来看，性别对农民工创业地域层级的选择有一定影响，该变量在县城（县级市）和地级市两个模型中都通过了显著性检验，且边际效应为正，说明相较于女性，男性更倾向于选择乡镇以外的地域创业，且选择县城（县级市）创业的概率最高。这可能是传统农村社会中女性往往承担了照顾家庭的责任，就近创业对其而言是一种较优选择，而男性则扮演家庭经济支柱的角色，从经济效益出发他们往往会选择到市

① 因篇幅原因未汇报具体结果，如有需要可向作者索取。

场机会更多和创业环境更好的城市开展创业活动。相对于本村创业，受教育年限对选择在县城（县级市）创业具有显著地正向影响，受教育年限每增加 1 年，农民工选择在县城（县级市）进行创业的概率将会增加 1.53%，就农民工的平均受教育年限而言，教育水平的上升一方面使其眼界开阔从而不愿留在乡镇以下就业，另一方面也会使其增强风险防范心理，为降低创业的风险成本而谨慎选择到地级市等具有更高创业门槛的地域进行创业，在县城（县级市）开展创业对他们而言可能是一种较好的折中方案。此外年龄对农民工创业地域层级选择的影响并不明显。

从务工禀赋积累的相关变量来看，曾经行业的从业经历代表了不同行业背景知识和经验的积淀，对农民工回流创业的地域选择具有一定影响，与本村创业相比，相较于其他社会和商业服务业而言，曾经从事加工制造业和住宿餐饮业的农民工更倾向于选择在县城（县级市）进行创业（概率分别增加 13.61% 和 29.40%），而不愿意选择地级市进行创业（概率分别降低 7.97% 和 9.07%），曾经从事批发零售业的农民工则更愿意选择乡镇开展创业活动，其边际效应达到 16.24%，这可能是农民工将已有的行业经验用以匹配回流地域相应的创业活动时，会考虑到曾经熟悉的行业在各层级回流地域的创业门槛的高低。培训经历和技能掌握两个变量对农民工选择地级市创业具有显著的正向影响，其边际正向效应分别达到了 1.80% 和 4.78%，有过培训经历或掌握一定技能的农民工往往拥有更高的人力资本存量，技能遴选的择优效应会使其将自身人力资本素质与创业环境更优的高层级创业地域相匹配，从而使创业过程发挥出更大的人力资本价值。在岗位等级变量上，相较于高级管理人员而言，处于普通员工岗位上的回流农民工选择乡镇创业的概率将增加 17.05%，处于专业技术人员岗位上的回流农民工选择县城（县级市）进行创业的概率将增加 23.78%，选择地级市创业的概率则降低 8.72%，究其原因，处于普通岗位的农民工因难以积累有效的专业技能和知识，往往只能选择层级较低的地域进行创业，而中基层技术人员虽拥有一定的技能水平，但乡镇及以下地域往往缺乏其施展专业技能的创业环境，而选择地级市以上地域则又会面临技能的比较优势被削弱的风险，选择县城（县级市）进行创业则可能带来相对满意的预期收益。

从家庭禀赋资源的相关变量来看，与选择本村创业相比，家庭仍有土地的回流农民工选择乡镇进行创业的概率将降低 15.98%，选择县城（县级市）和地级市创业的概率也呈下降趋势，这说明拥有土地的农民工更愿意在本村创业，这主要是因为土地作为一种既定资源可以大幅节省农民工的初期创业成本，使其愿意就近选择相关的创业项目。家庭年收入在县城（县级市）和地级市模型中均通过了显著检验，且边际效应为正，家庭收入每增加一个自然对数，农民工选择县城（县级市）和地级市进行创业的概率将分别增加 20.84% 和 5.01%，说明家庭年收入越低的农民工越倾向在本村创业，随着家庭年收入水平的提高，农民工进行创业的地域也逐渐扩大至县城（县级市）和地级市，家庭年收入水平的高低在很大程度上反映了创业资金支持力度的强弱，低收入家庭成员的创业活动大都属于“生存型”创业，因其创业资金不足往往只能选择离家较近的村落进行小规模的尝试性创业，高收入家庭成员的创业活动则更倾向于一种“机会型”创业，因其初始创业资金充裕而更愿意选择到市、县寻找创业机会，以获得更高的投资回报率。父母务工经历对农民工选择地级市进行创业具有一定的正向影响，对此我们不难理解，第一代农民工外出务工的主要目的地集中在地级市及以上地域，在这些地域创业他们可以给下一代在创业经验传授、创业项目选择、人脉关系等方面提供更多的支持。此外回归结果显示家庭劳动力数量并不直接影响农民工对创业地域层级的选择。

在其他个体特征变量中，相较于本村创业，具有中共党员身份的农民工在回流创业时选择县城（县级市）进行创业的概率将降低 23.96%，选择地级市创业的边际效应也为负，说明拥有党员身份的农民工更倾向于在乡镇及以下地域开展创业活动，党员身份在一定程度上代表了一种社会资源，但这种社会资源因受到社会关系网络的限制往往只能在县级以下地域发挥作用，党员身份在村乡等级往往可以获得更多的政府支持，并且能减少创业的交易成本从而激发创业的积极性，而如果到县外就业，农民工所掌握的社会资源通常难以发挥作用，其创业的积极性也将降低。[①] 此外婚姻对农民工创业地域层级选择的影响并不明显。

---

① 姚莉萍、朱红根：《农民创业地域选择的影响因素分析——基于江西省 1080 份创业农民问卷调查》，《湖南农业大学学报》（社会科学版）2015 年第 5 期。

表 7　基于多项 Logit 模型估计的边际效应

	乡镇		县城（县级市）		地级市	
	Dy_1/dx_k	标准差	Dy_2/dx_k	标准差	Dy_3/dx_k	标准差
年龄	0.0016	0.0036	-0.0052	0.0047	0.0002	0.0037
性别	-0.0785	0.0674	0.0884*	0.0573	0.0613*	0.0420
受教育年限	-0.0089	0.0085	0.0153*	0.0100	0.0014	0.0069
加工制造业	-0.0725	0.0512	0.1361**	0.0595	-0.0797*	0.0431
建筑业	0.0037	0.0646	0.0646	0.0591	0.0107	0.0389
批发零售业	0.1624*	0.1058	0.0193	0.1034	-0.0233	0.0713
住宿餐饮业	0.0632	0.0908	0.2940***	0.1197	-0.0907**	0.0469
培训经历	0.0103	0.0380	-0.0549	0.0451	0.0180**	0.0074
技能掌握	-0.0158	0.0379	0.0602	0.0458	0.0478*	0.0312
普通员工	0.1705**	0.0822	0.0241	0.0665	-0.0504	0.0446
专业技术人员	0.0177	0.0762	0.2378***	0.0915	-0.0872*	0.0543
家庭有土地	-0.1598***	0.0502	-0.0032	0.0372	-0.0459	0.0348
家庭年收入	0.0034	0.0184	0.2084***	0.0502	0.0501**	0.0251
劳动力数量	0.0048	0.0155	-0.0248	0.0308	-0.0013	0.0120
父母务工经历	-0.0115	0.0469	-0.0243	0.0547	0.0581*	0.0373
婚姻	-0.0532	0.0533	0.0181	0.0603	0.0041	0.0354
中共党员	0.0760	0.0752	-0.2396**	0.1000	-0.0352	0.0778
观测值数	473					
对数最大似然值	-534.0366					
Pseudo R^2	0.1288					

注：*、**、*** 分别表示通过显著性水平为 10%、5% 和 1% 的统计水平检验。曾经从事行业以“其他社会和商业服务业”为参照组，岗位等级以“高级管理人员”为参照组。

五　主要发现与政策启示

本文从微观视角分析了禀赋特质影响农民工创业地域分层意愿的可能路径，并基于 2016 年农民工创新创业状况调查数据，利用交叉分析方法和多项 Logit 回归模型对农民工创业地域分层选择的基本特征及其禀赋特质效应进行了实证分析，主要有以下四个研究发现。第一，回流农民工大都选择在县域范围内开展创业活动，其中东部地区倾向于在乡镇及以下地域创业，而中西部地区则更倾向于在县城（县级市）开展创业活动；同时农民工回流创业的行业选择和形式偏好也具有一定的地域分层特征。第二，初始禀赋对农民工创业地域的分层选择具有一定的指向性，其作用主要体现为男性农民工更愿意在县城（县级市）及以上地域开展创业活动，而受教育年限越长的农民工则更集中于选择县城（县级市）作为创业地域。第三，务工带来的禀赋积累对农民工回流创业地域选择的影响突出表现为从事行业的匹配效应和技能遴选的择优效应，农民工不仅会根据曾经从事行业的背景与经验来选择未来的创业地域，也会根据技能掌握情况选择最能发挥其自身技能价值的地域层级。第四，不同类别的家庭禀赋对农民工回流创业地域的选择也具有不同的支持功能，家庭拥有土地对农民工回流创业的初始资源支持往往集中在村庄范围内，而家庭年收入及父母务工经历对农民工回流创业的经济社会支持则集中在县城（县级市）及以上地域。

基于上述发现，各级政府在引导回流农民工进行创业地域选择的过程中应着重注意以下几点。第一，鉴于县域范围对农民工回流创业的强大吸引力，县域内各级政府应进一步明确创业项目分层培育的思路，有针对性地营造与其地域层级资源禀赋相适应的创业环境，发挥不同层级地域创业的比较优势，引导农民工就近、就地开展创业活动。第二，应充分尊重回流农民工的初始禀赋差异，针对不同创业动机的农民工采取差异化的创业引导策略，如对于以顾家为主、就近创业的女性农民工要注重开发适合兼业的创业项目，并开展对应的创业教育活动，提升她们的创业技能水平；对于男性农民工则应进一步优化市场环境，建立和完善创业风险补偿机制，减少创业失败的风险损失，提高创业活动的成功率。第三，应重视管理知识、专业技能等非学历人力资本积累对农民工创业选择的重要作用，着力构建市场导向型、需求多元型、技术实用型的多元化梯次再培训机制，实现农民工个体的人力资本存量与其创业地域层级选择的有效匹配，提高其在对应创业地域的市场竞争力，进而实现创业人力资本价值的最大化。第四，家庭禀赋的创业支持效应的发挥与个体掌握的资源条件紧密相关，而只有给予回流农民工足够的社会支持，提高其在农村市场社会资源的可获得性，才能有助于增强他们在创业过程中使用、转换和再生产这些资源的能力。各级政府应分层搭建农民工回流创业的扶助平台，在用地、信贷、税收、初始资金等方面对农民工回流创业进行大力扶持，尽力实现家庭禀赋与社会资源使用的有机配合，提高他们在各层级地域的创业成效。

发展视角下的社区运动*

——京郊外来打工者的社区试验

李春南

摘要：本文研究了京郊一群外来打工者构建"打工者的社区"的社区运动过程。这场社区运动不是城市居民地域生活共同体的产物，也并非打工者社会网络从乡村迁移到城市的结果。外来打工者在面对城市化过程带来的风险和不平等的情形下，通过草根组织进行社区参与，重构自身行动和生活空间意义。社区运动之所以发生，关键在于行动者的主体性在社区参与的过程中得到培育。以"家园"为社区运动诉求符号代表了外来打工者在城市中寻求社会生存和发展空间的努力，打工者通过社区运动历练出一种在日常的实践中作为城市化和社会建设的主体的能力。这种能力可以帮助外来打工者超越适应层面，为城市化过程和社会建设作出创造性的贡献。

关键词：外来打工者　草根组织　社区运动　社区参与　城市化

近年来在城市化社区发展的研究中，研究者大都将外来打工者视为城市本地社区中的他者，较少对他们的集体行动、社区运动进行研究。原因可能在于两方面，一方面是因为外来打工者流动性强及内部异质性高，由于没有户籍和住房，不具备城市居民的资格，加之行政社区的制度性排斥，难以形成对行政社区的认同归属和对社区公共事务的参与行动①；另一方面源于外来打工者在社区层面的行动分散且琐碎，难以与以城市居民为主体的社区运动理论相关联。然而，也有研究者指出，社区的意义并不

* 原文发表于《社会发展研究》2015 年第 2 期，收入本书时有修改。
作者简介：李春南，博士，西南政法大学政治与公共管理学院讲师。

① 周大鸣：《外来工与"二元社区"——珠江三角洲的考察》，《中山大学学报》（社会科学版）2000 年第 2 期；郭星华等：《漂泊与寻根：流动人口的社会认同研究》，中国人民大学出版社，2011。

在于假设了一个都市生活方式与社区生活的对立，一个相对封闭的、强调面对面关系的同质空间，而是必须被看成个人与群体挣扎的场域，一个权力斗争与社会想象的混合体，一个历史的产物。[①] 对于外来的打工者来说，城市社区也具有这样的意义。

笔者对京郊外来打工者进行案例研究时发现，聚居空间可以成为他们在城市生存的关键领域和生活意义的来源之地，社区对于外来打工者的意义能够在他们的社区运动中不断建构出来。本文呈现的就是一群外来打工者在京郊一个流动人口聚集区（以下简称“平区”）进行社区试验的历程。

一　外来打工者的社区试验

这场外来打工者的试验开始于2005年，持续至调研期。社区试验由中国最早一批打工妹之一的D女士[②]和她创办的草根公益组织“F组织”发起。这个最初旨在为外来打工妇女提供援助的草根组织，没有料到平区内有如此多的打工者家庭卷入这场活动，并在外来打工者的推动下兴起了一系列社区活动。从最初只有两个机构工作人员开展培训工作，到最多时有上百名外来打工者参与，在资源有限的情况下，开社区食堂，办幼儿园和公益超市，开课后辅导学校，资助平区内贫困打工者家庭，组织社区晚会，出版社区快报和打工者故事集……这些活动部分解决了平区内外来打工者面临的困难，同时也在平区内形成了一些公共空间，打工者通过这些空间互动形成互惠关系。打工者的卷入也使得F组织的目标发生了转变，从为打工者提供公益服务，逐步发展出建立“打工者的社区”的目标。随着城市的扩张，围绕在F组织周围的打工者形成一个流动的共同体，在被迫向城市边缘流动的过程中开展各种社区活动，在流动的过程中寻找着自己在城市中的“家园”。

笔者于2011年进入这个“田野”，最初研究的是外来打工者与城市社区的关系，尤其关注他们能否像“浙江村”或“河南村”那样，在血缘、

① 庄仲雅：《五饼二鱼：社区运动与都市生活》，《社会学研究》2005年第2期。

② D女士是民间草根组织“F组织”的负责人，早期的打工妹。她希望自己的组织能扎根在打工者聚集区内，在日常生活中为那些打工者及其家庭提供服务。

地域和业缘基础上重构社会关系网络，形成一个生活共同体，并且引发社区运动。在这样的想法下，笔者开始对这个聚居区和外来打工者的社区试验进行调查。令人疑惑的是，以 F 组织为中心的社区运动的发生和发展，并不是在一个具有归属感的社区基础上进行的。这个事实也促使笔者反思，最初的预设与打工者们的真实行动逻辑相差甚远。通过调查，笔者认为外来打工者通过社区试验追求家园的行动需要从以下两个方面来界定。

首先，打工者以家园为名义的社区试验是否具有社区性？它不同于行政社区体制框架之下的社区参与，也不是打工者原有的社会关系网络的产物。打工者的社区试验，不是采用花招或多重伪装等弱者行动策略对强者的反抗[①]，而是利用外部社会资源，发掘打工者内部能力和资源，来解决聚集区内弱势群体面临的公共问题。打工者及其组织所进行的社区试验活动是涉及改造打工者聚集区以及区内打工者群体自身的社区运动，他们能对社区活动的内容、目标和实现手段表达意见和施加影响，并对参与过程实行成果共享和责任共担，是具有高度自主性的社区参与类型。这些参与行动不是在行政社区的框架下开展的，虽然其在事实上属于社区运动的一种，但常被视为公益活动，而忽视了它具有的社区性特征。

其次，打工者展开的活动是不是社区运动？社会运动是有许多个体参加的、高度组织化的，寻求或反对某些特定社会变迁的体制外政治行为。[②]也就是说，社会运动是社会成员为自身权益而发起的组织化的制度外政治性集体行动。社区运动作为社会运动的一种，其主体是社区居民。打工者的社区试验并不体现为直接对抗性的集体行动，而是打工者通过实际行动对现有城市化模式给自身权益带来损害的抗拒。从宏观的层面来看，地方政府的自保倾向和低成本城市化的需求，将外来打工者视为产业化所需要的“劳动力”“人力资源”，他们自身的城市化没有被包含在这场运动中。[③] 这种社会排斥可以称为“垄断型社会排斥”[④]，即群体差异和不平等是重叠

① 潘泽泉：《社会、主体性与秩序：农民工研究的空间转向》，社会科学文献出版社，2007，第 293 页。

② 赵鼎新：《社会与政治运动讲义》，社会科学文献出版社，2006，第 2 页。

③ 陈映芳：《“农民工”：制度安排与身份认同》，《社会学研究》2005 年第 3 期。

④ Arjan De Haan, “Social Exclusion: Enriching the Understanding of Deprivation,” *Studies in Social and Political Thought* 2 (2000): 22 - 40.

的。城市化的扩张使打工者生存空间被挤压，而打工者没有像市民那样，基于对家园的保护而发生对抗性集体行动。自上而下的城市行政社区建设，将数量庞大的外来打工者排除在外，不能为外来打工者的社区参与提供正式的制度资源支持和价值来源。在这种情况下，外来打工者的行动是他们在正式参与机制缺乏的基础之下，参与城市化过程的创造性努力。外来打工者渴望相对稳定的生活，通过辛勤劳动得到城市社会的承认。打工者超出个人私利对社区公共事业的投入，也是他们在城市化的过程中由生存转向有尊严地生活的集体性努力。

因此，本文希望通过对外来打工者社区运动的个案研究，拓展目前对于社区的理解，并对社区运动的研究作出补充。在关于社区运动的研究中，社区运动与以下的要素密切相关：地域（地方）、组织和人口参与。比如，杨敏的研究表明，居民的参与是社区形成的机制，作为产生社区的最核心的权益参与方式使居民能以主体的身份介入有关社区决策的过程，社区空间改造和其他涉及社区生活质量的公共事务，激励着居民进行社区动员和参与，人们通过参与过程增强了原本没有或遭到忽略的家园意识和主体意识，经由认同的产生和转化将共同生活的物理空间建构为具有社会意义的地域共同体。[①] 黄晓星的研究则从空间、人口和组织这几个要素的互动来分析社区运动，他认为上述几个要素的互动使得初级的社区关联（邻里）逐步被结构化，社区性逐步稳定下来并且触发社会运动。[②]

这些研究表明，社区运动是地域（地方）、组织和人口参与互动的产物，在本文个案中，这几个要素对于打工者的社区运动也有关键影响。但是，考虑到外来打工者与城市居民不同的制度资源和背景，他们的社区运动的过程没有地域生活共同体或者“社区意识”的形成。因此，本文关注得更多的是在参与过程中，外来打工者与周围环境关系的转变，以及这种转变对于社区运动的影响。也就是说，打工者在参与过程中转变自身行动的意义，即主体性的生成过程与社区运动的关系。因此，在分析个案时，笔者会用发展理论中的主体性培育过程来分析社区运动的过程。

① 杨敏：《作为国家治理单元的社区——对城市社区建设运动过程中居民社区参与和社区认知的个案研究》，《社会学研究》2007 年第 4 期。

② 黄晓星：《社区运动的“社区性”——对现行社区运动理论的回应与补充》，《社会学研究》2011 年第 1 期。

主体性的概念是发展社会学中用以反思发展主义发展方式的关键概念。从发展的角度来看社区运动，更加注重贯穿于社区要素之间的“人”的发展。以阿马蒂亚·森的发展观点来看，人在相应社会制度的安排下实现能力的增长才是发展的实质。① 发展社会学中的社区发展理论强调在外来者的帮助下，通过社区成员的广泛参与促进社区发展，同时保障社区成员共享社区发展的成果。社区发展需要通过参与性的制度安排，对弱势群体“赋权”（empowerment），也就是通过学习、组织与行动，刺激并支持人们理解、质疑并抵抗不平等的结构性原因的能力。② 穷人的主体性是通过社区参与来构建的，借助参与性制度安排，穷人才能进入制度创新所营造的情境，依靠自己的力量营建一个共同意义上的“生活世界”，使得原本日益隔绝于社区边缘的贫困者回到社区，并且充分生活于自己的社区。③

在本文个案中，主体性体现为底层群体通过社区运动增进自身群体福利和强化自身能力，将自己重新拉回发展的历程中。为弱势群体提供发展空间，培养弱者自我发展能力，这是推进弱势群体自身发展的理想化过程。如何让他们回归主体地位，如何让他们能够在发展的历程中得到更多话语权和行动能力？这是打工者自身实践的过程，也是一个各方力量参与互动的过程。

笔者从 2011 年 3 月到 2012 年 12 月对平区进行田野调查，采取一到两周去社区一天的方式，参与 F 组织的各种活动，接触外来打工者与本地居民，关注和跟踪 F 组织及其社区的动态。调查地域范围包括四个行政社区，调查对象包括：F 组织，F 组织的成员，外来打工者，社区居委会，本地居民，街道办负责人，民政局负责人，相关社会组织。主要方式采用参与式观察、访谈、收集相关文字资料等。面对这样一群时常沉默的打工者群体，他们的表达和实践并不总是一致的，甚至存在冲突，笔者试图在与他们的互动中理解这些外来打工者行动的意义，将这场打工者的社区试

---

① 阿马蒂亚·森：《以自由看待发展》，任赜、于真译，中国人民大学出版社，2002，第 100 页。

② Katy Gardner & David Lewis, *Anthropology*, *Development and the Post-Modern Challenge*, Chicago: Pluto Press, 1996, p. 111.

③ 沈红：《穷人主体建构与社区性制度创新》，《社会学研究》2002 年第 1 期。

验的过程用发展的视角呈现出来。

二　社区试验的基础：人口与空间

平区地处北京郊区，在2000~2010年的十年间，由于城市化的快速推进，大批外来打工者涌入这里，这一带成为流动人口聚居区。截至2010年有本市户籍的常住人口约为2万人，来自农村的流动人口约有5万人，流动人口大大超过了本地户籍人口，比例接近1∶3。[①] 该区域当地居民主要由国有企业下岗职工或者因征地而农转非的居民组成，他们有稳定的退休工资或者房租收入。其中，外来打工者占到聚集区人口的1/2。

平区吸纳的外来打工者主要从事第三产业。这些打工者有以下特点。（1）经济收入低，家庭收入和支出基本持平。（2）以核心家庭为单位[②]，在流动地有长期的、较为稳定的生活，大部分在这一带居住时间较长（5年以上），有的甚至长达20年，即使搬家也主要是在本区域内部流动。（3）打工者内部异质化，内部社会关系网络不发达。原有的社会网络在这个聚集区内并未得到延续和拓展。职业特性使得他们组织化程度较低。（4）打工者对行政社区的认同度低，与本地居民处在两个不同的制度空间，互动较少，相互疏离。

在这里笔者不从人口习性或者社会阶层出发来论证他们集体行动的可能性，而是关注打工者在平区内的生活体验。在笔者的调查中，平区内的打工者经历着一种滞留于聚居区内的困境，即无法回到农村又不能融入城市，原有社会关系网络作用弱化，以及由此带来的对自己生活世界的无能为力的情形。

一方面，打工者普遍能够感受到平区是自己重要的生存和发展空间，是他们在城市赖以生存的“避风港”，而不只是他们的一个临时住所。这里有廉价的市场、打工子弟学校和其他服务设施等，长期生活在这里的外来打工者已经形成了相对稳定的生活方式。这个过程类似于桑德斯在《社

---

① 该聚居区指的是外来人口集中居住的三个行政社区，数据来自《P区2010年第六次全国人口普查主要数据公报》。

② 一般都是夫妻二人和孩子，部分家庭还包括老人。

区论》一书中提到的，作为居民能够体会到自己社区的两种方式之一的“领受”（accept），即一个人能够感觉到自己生活在一个与大社会不同的地域范围之内，这个空间能够为他们的生存和发展提供一些基本的服务和支持。[①] 这种依赖对于打工者投入社区试验起到了推动作用。

另一方面，外来打工者被本地行政社区及组织排斥。虽然宏观的制度层面关于外来打工者的政策发生了转变[②]，这些转变改变了基层行政社区对于外来人口的强制性管理方式，并逐步提供有限的公共服务。然而，外来打工者在聚居区内生活的困境却没有因此而缓解，而且对于这些外来打工者实际生活影响最大的城市化政策实际上是在收缩的。

该区所在街道办负责人曾经指出，平区“重点是将这周边的城中村作‘挂账村’[③] 进行整治。平房社区都是流动人口，都是生活层次比较低的……他们在北京挣钱维持基本的生活，这些人暂时住在这些地方”。（对平区所在街道办负责人 M 先生的访谈，2011 年 10 月 24 日）

基层政府视野中的打工者不是这个地区发展的动力，而是一种阻碍。行政社区组织在为打工者提供非常有限的服务外，实际上对于他们实行的是严格的控制。替代强制性管理方式的是“以房管人”模式，由于打工者都是租房居住，“以房管人”更为高效。房东承担起对外来打工者进行监督管理、收集信息、监督违法行为的职责。2012 年，北京市政府提出了新政策，在行政社区这个层次，将外来流动人口纳入基层政府部门的服务体系，包括办理暂住证和计划生育服务证、进行职业介绍等，同时提高他们参与社会管理、自觉维护秩序的积极性。在笔者的调查中，这种义务多于权利的政策并没有让外来流动人口享受与“老居民”同样的待遇，其实质是对基层政府管理模式的一种补充。

---

① 桑德斯：《社区论》，徐震译，台湾黎明文化事业股份有限公司，1982，第 557 页。

② 2003 年，国务院废止了《城市流浪乞讨人员收容遣送办法》，并出台了《关于做好农民进城务工就业管理和服务工作的通知》，全国人大通过了新的居民身份证法。北京市相继出台改善流动人口管理与服务的文件，其中影响较大的是《北京市对流动人口中适龄儿童少年实施义务教育的暂行办法》、《北京市流动人口计划生育管理规定》和《关于加强流动人口公共卫生和医疗服务工作的意见》。

③ “挂账村”：北京为了加快城乡接合部整治和城市化进程，按照北京市委、市政府确定的“先难后易”的城乡接合部整治改造原则，将启动对 50 个卫生环境脏乱、社会治安秩序较乱、群众安全感不高的村庄的改造工程，这 50 个村庄因为被列入市级挂账整治督办重点村，因而被称为“挂账村”。

这些外来打工者陷入政府服务的真空之中，而原有的同乡和亲戚等社会关系网络能够提供的支持很有限。陷入困境的外来打工者，虽然来自不同的地方，从事的工作也不同，但是却有非常相似的社区生活体验。这里的社区生活体验首先就是流动以及由此带来的不稳定生活，其次是他们在与本地人以及基层政府的相处中所体验到的很多相同的境遇。例如他们日常聊天最常见的话题就是自己被城管或者房东刁难的小故事等。应当说，他们在平区内生活，饱受工作辛苦和生活孤独的困扰，这些被亲身经历过的打工者内化在了经验之中。对于那些居住在同样的地方，有着同样境遇的人来说，在平区内的生活经历是相似的。在平区内部的生活经历，也使得他们有共同的利益诉求。这种利益诉求不是采用一种集体化的表达方式，而是分散在日常的生活中。这样散布在打工者群体之中的体验与诉求，为打工者的社区试验提供了基础。

三 社区试验中的草根组织

由于自身能力的不足以及社会资源的匮乏，贫困人口很难自发形成改善自身生活的集体性活动。因此，外部力量的介入是促进他们发展不可或缺的要素。在本文中，外部的社会组织及资源的介入是这些打工者社区试验生成的重要触发机制。而打工者的草根组织“F 组织”充当了外部资源与区内打工者之间的中介，是这场社区试验活动的关键。与很多为外来人口服务的组织不同，F 组织在发展的历程中经历了由外来的组织向打工者的组织的转变。这个转变的历程，也是外来打工者从被动员者转变为参与者的历程。参与的历程也培育了打工者的主体性。

外来打工者如何从活动参与者发展成为组织的行动者，以及实践如何塑造了 F 组织及其结构？在笔者的调查中，外来打工者成为行动者的过程，与 F 组织自身结构的形成过程紧密相连。最初成立的时候，F 组织只有两个工作人员和某基金会资助的三万元。根据在妇女公益组织 M 组织的工作经历，D 女士沿袭了公益组织的常规活动方式，为外来打工者开展讲座、培训、健康检查等活动。当时讲座的内容以儿童教育为主，这一带的外来打工者大多以家庭为单位，教育是一个大家都关心的问题。这些活动确实吸引了一批打工者，尤其是外来妇女来参加。F 组织初期提供的相关服务，扩大了自身的影响，但是活动方式缺少持续的动力，到后来往往进行不下去。这些参与者只将F组织当作一个外来的组织，对F组织并没有产生认同感和归属感，参加活动的打工者只是一种松散的空间聚合。

当2007年F组织搬到平区内L居委会附近时，其周围已经聚集了一些外来打工者。以一次外来捐赠衣物的处理为契机，这些外来打工者在这个过程中建立起了F组织的公益超市。最初为了解决"白送模式"产生的混乱和浪费，有些妇女提出可以将这些衣物整理低价出售。在尝试之后她们发现这样的方式可行，公益超市模式逐步稳定下来。在这个过程中，松散的管理、封闭的操作过程和缺乏固定的运作模式带来了很多困难，她们和D女士一起开始完善公益超市制度，例如实行一店一店长，店仓分离，账务周结，财务公开等。这些制度大多是打工者参与创造的，例如在公益超市管理制度创建过程中，仓库管理员X女士①在整理这些衣物的过程中，将衣物的整理分为分类整理、标签计价、消毒等完整的流程，并且每天都会用一个本子将整理的衣物概况记下来，便于以后清点和管理。由于打工者们参与性的制度设计，公益超市在每个行政社区都有一些灵活的制度安排，保证了公益超市在这些打工者聚居区内的正常运作。

公益超市以一种社会企业的模式逐步发展起来。公益超市的内部制度涉及上下班时间、工资、账目公开和管理等，这些制度是比较灵活的，可以在协商的基础上作出调整。灵活的组织架构和妇女们情感性的参与方式，使得超市在平区内运作良好。经验和资金的累积，使得公益超市开始扩张，陆续在周围的打工者聚居区开起分店。以下是F组织的公益超市的发展概况。

表1　F组织的公益超市发展概况一览（2007～2013年）

公益超市名称（行政社区简写）	开店时间	关店时间	关店原因	2013年观察记录（制度设计、管理方法）
B超市	2007年3月	2011年1月	街道拆迁	一店一店长；店仓分离；账目公开
Z超市	2009年3月	2010年4月	街道拆迁	—

① X女士是F组织的核心成员，在平区内居住长达10年，是公益超市仓库整理和管理员。

续表

公益超市名称（行政社区简写）	开店时间	关店时间	关店原因	2013 年观察记录（制度设计、管理方法）
N 超市	2009 年 7 月	2009 年 12 月	街道拆迁	社区价格听证会；账目一日一结，每周例会报账；打工者账目记名；盈余由联名账户保管
S 超市	2010 年 3 月	2011 年	街道拆迁	—
B 超市	2010 年 9 月	调研期	—	—
F 超市	2011 年 1 月	调研期	—	超市营业时间调整为打工者下班时间；为妇女交流提供场所
Y 超市	2011 年 4 月	2012 年 3 月	街道拆迁	店长需贫困外来打工者妇女
J 超市	2011 年 6 月	调研期	—	—
X 超市	2012 年 3 月	调研期	—	—

注：以上的制度设计和管理方法不是在某个超市中使用，而是在各个超市试用，可行再保留下来。

F 组织儿童中心的建立过程，也是在 F 组织的引导下，打工者为了解决流动幼儿托管和教育问题摸索出来的。由于平区附近公立幼儿园费用高，非正规的幼儿园质量参差不齐。为了节省一个月几百元的费用，大量适龄幼儿由妈妈或者其他亲戚在家带。F 组织在提供幼儿教育培训的过程中，家长们提出想要为这些孩子提供专门的幼儿教育。但是对于 F 组织这样一个草根组织来说，一是没有这方面的专业教育人才，志愿者的活动和不定期的培训也远远不能够满足这些打工者的需求；二是资金也不能够长期支持。在面临这些困难的时候，F 组织的成员开始了一系列探索性的尝试，家长老师这种模式就是其中之一。

平区内有大量在家带孩子的妇女，F 组织在和这些妇女接触的过程中，发现很多妇女表现出了幼教的才能，在北京 S 大学一位老师的建议和支持下，D 女士觉得将这些家长发展培养起来成为老师较为可行。家长老师来自平区内打工者家庭，在 F 组织的培训和实践中，学习摸索成为幼儿老师。她们参与儿童中心的运作，最终将儿童中心的设想转化为现实。

这些家长老师和打工者家庭的介入，提出很多创造性的设想，使得儿童中心的活动适合这些打工者的孩子。在儿童中心，可以看到很多家长老师们的小创造，例如孩子们每天上午的早操，由这些家长老师在接受培训后，根据一些舞蹈动作改编而成；儿童中心每天的放学时间相对较晚，以适应打工的家长们的工作时间。这种参与式的运行模式使得儿童中心在平区内生存和发展起来。

F组织的发展成熟，得益于平区内打工者在处理外部资源①的过程中创建的参与性制度，并在这个过程中通过参与性制度进行自我赋权。从最初两个人的组织，发展出有不同分工的六个部门的草根组织。F组织的结构随着社区活动的开展不断变化，在不断地试验中形成了比较稳定的结构形式。表2是F组织目前的状态。

表2　F组织的组织构成（2013年1月）

名称	主要活动内容	核心参与人员数量或来源	半核心人员数量	普通参与人员数量
办公室	对外联系；统筹活动；管理总账目；开展社区活动	3人	5~10人	—
公益超市	募捐物品出售；社区交流；资助贫困家庭	4人	20~30人	100人
社区儿童中心	幼儿教育；亲子活动；社区活动	4人	20~30人	100人
社区图书角	儿童活动和培训	志愿者	20~30人	50人
课后学校	小学生课后辅导	志愿者，2人	10~20人	30人
公益讲座	健康卫生、法律等知识培训	志愿者	10~20人	30人

四　行动意义的重构与主体性

从发展的角度来看社区运动，更加关注的是行动者在参与过程中的转变，也就是说，打工者能力的增长和主体意识的生成才是这场社区运动的关键。正如本文开始指出的那样，穷人的主体性是通过社区参与来构建的，这个参与的过程是一个意义重构的过程。这个意义重构的过程，将打工者的行动指向了生活的空间。参与社区试验的过程，也重构了这些打工者之间的关系，以及他们与生活空间的关系。

① 来自各种民间组织、高校志愿团体、专家学者和市民的募捐物资，以及这些团体及个人提供的相应培训、学习和交流的机会。

外来打工者通过自己的草根组织，推动了一系列的社区试验。笔者对他们主要的社区试验活动进行了归纳（见表3）

表3　打工者主要社区试验活动一览（2005～2013年）

社区试验活动	时间	内容
姐妹花工作坊	2005年	为女工提供文化活动和情感支持
F组织热线	2005年	为女工提供倾诉和交流平台
亲子教育	2005～2013年	为妇女提供关于孩子教育的培训
妇女培训、讲座	2005～2013年	为打工妇女提供卫生、法律等知识培训
贫困家庭救助	2006～2011年	资助外来打工者中的困难家庭
社区打工者调查	2006～2013年	走访社区中的打工者，记录他们的生活状况及需求
社区食堂	2007～2008年	为社区中打工者提供便宜、卫生的饮食
社区儿童中心	2007～2013年	为学龄前流动儿童提供幼儿教育，为家长提供育儿知识和培训
课后辅导学校	2007～2013年	为打工者子女提供课后学习空间和辅导
社区文娱	2007～2011年	组织社区中的打工者开展文娱活动，联系外部组织为打工者进行文娱表演
公益超市	2007～2013年	妇女自我管理并服务于社区的二手生活物品店，为打工者提供交流空间
社区道路改善	2008年	F组织筹资，由平区内打工者义务劳动，平整平区内一条进出最常用的土路，方便居民通行
《社区快报》	2009～2011年	刊登社区打工者的来稿、F组织的相关消息、社区信息
社区图书角	2009～2013年	为社区中的孩子提供书籍，成立书友会
《社区打工者故事集》	2010～2012年	记录打工者在社区生活的故事
F博客	2009年至调研期	记录F组织及成员的行动，记录平区内外来打工者生活，公开F组织及超市账目

这些社区活动对于外来打工者产生了怎样的影响？外来打工者如何通过F组织的社区试验，结合自身的社区生活经历，来重构自己的行动意义？在笔者的调查中，打工者首先接受的是一种社会公益组织的工作理念。F组织成立之初，由于发起者D女士具有公益组织的背景，他们很自然地使用公益组织的一些活动方式和话语，其中重要的一点就是社区的发展和穷人的发展理念，通过社区的发展来增进穷人的福利，是公益组织使

用的工作方法之一。对于打工者来说，他们常常用“做好事”“为老百姓服务的”“做实事的”来形容自己的行动。也就是说，F组织成员将自己的行动赋予道德的动机。这些朴素的道德理念源自中国民众几千年积淀的文化心理和集体化的生活经历。在中国传统的思维里面，“为善”具有很高的价值，是值得称道的行为动机。此外，自利性的动机，比如通过参与活动来获得培训知识，也是很多打工者最初参与的动机。

对于组织的核心参与者来说，真正将行动的意义和自己的生活空间相联系，是通过他们参与社区试验的过程而实现的。核心参与者通过组织的实践，开始领会自身活动的公益性质和社区性质，对自己的行动意义进行了重构。打工者最终将行动的目标指向了自己生活的聚集区，并且希望建立一个打工者的社区。这个意义的重构过程是与社区试验的空间和对象紧密相连的。

首先，社区活动涉及平区内的外来打工者，通过社区运动，核心参与者产生群体认同。由于外来打工者在这里聚居，产生了大量的对公共服务的需求，并且很多公共事务需要打工者组织起来解决。打工者的社区试验，使得打工者们开始关注这些与自己生活息息相关的公共事务，并且作为行动者参与其中。很多活动取得了良好的效果，得到打工者群体的认同。而这些认同使得F组织及其成员更加确信能够将这里的打工者组织起来，解决自己的困难，改造所在的聚集区，构建一个互帮互助的生活共同体。

其次，平区这个地域空间是社区运动主要的场所。打工者的社区生活经历相似，但是处在自在的状态，并没有组织起来成为自为的群体。打工者能够体会到这个聚集区是自己重要的生存和发展空间。随着F组织的发展，一些打工者日益成为组织的核心。他们参与组织活动的策划和实施的全过程，而这些活动几乎都是涉及聚集区内的打工者的公共利益的活动。例如参与F组织儿童中心的打工者家庭众多，有的经过培训成为家长老师，还有很多为儿童中心提供志愿服务，这种挖掘打工者聚集区内部资源的方式，不仅使得儿童中心能够自给自足，而且也以此为契机增进了打工者内部的联系。核心参与者以主体的身份开展活动，很多涉及聚集区改造和聚集区打工者生活质量的公共事务被纳入他们的视野，虽然力量有限，但是提出的方案却涉及改造平区的各个方面。

最后，打工者们在社区试验的过程中，在与外部社会力量的互动中理解自己行动的意义。打工者的社区试验离不开外部社会力量的支持。这里的社会力量主要是指各种民间组织、高校志愿团体、专家学者和市民等。随着F组织的发展成熟，它受到的社会关注也越来越多。一些社会公益组织为F组织提供一系列的培训和交流机会。这些交流和培训推动了打工者对自身行动的再理解。很多成员在与其他组织交流过程中，发现原来自己所做的事情具有远远超过自身理解的价值。外部社会认可，反过来也加强了他们自己对自己行为的认可。

外来打工者的实践塑造了作为组织行动者的自己。打工者们并非一开始就对F组织的发展有明确的规划或者期望。正如布迪厄认为的那样，实践具有紧迫性、模糊性及总体性，并且受到必需条件的约束。① 在社区试验过程中，F组织根据平区内打工者的需要开展活动，在活动过程中不断重新认识行动的意义。而对自己行动意义的重构反过来促使了F组织继续进行社区试验。

五　流动的家园：打工者对空间的诉求

外来打工者参与社区试验和社区运动的过程也是他们集体性抗拒目前城市化模式和不平等的社会体制带来的风险的过程。城市化的扩张给打工者的社区试验带来危机，打工者对危机的处理产生和强化了建立打工者社区的诉求。

首先，危机感来源于城市扩张。在城市化的过程中，平区成为北京楼市新一轮发展的热点，随之而来的就是基层政府将平区周边的城中村划为“挂账村”进行整治。在这幅城市发展的蓝图中，外来打工者并没有被纳入考虑的范围，反而成为被清理的对象。城中村改造以行政和市场相结合的手段推进，对于打工者来说是不可抗拒的。2011年平区内行政区的拆迁，给外来打工者家庭带来生活成本上升的压力②和精神上的痛苦，使他

① 皮埃尔·布迪厄：《实践感》，蒋梓骅译，译林出版社，2003，第78页。

② 在笔者的调查中，一间15平方米的房间租金每月在500元左右，在2011年拆迁的过程中，附近的聚集区同样大小的房租涨到了700元。

们被迫流动到更偏远的城郊。打工者们和F组织被迫流动，这意味着之前社区试验的大部分成果一次又一次地流失。这种被城市化不断排挤的过程，也体现在外来打工者的社区试验区域随着打工者们搬迁不断迁移的过程中。在笔者的调查中，F组织经历了四次主要的搬迁逐步向城市边缘流动。

其次，危机来源于社区试验也受到行政社区的限制和排斥。虽然行政社区能够为这个打工者的社区试验提供有限的生存环境和支持，例如F组织就与居委会多次合作为打工者提供一些健康培训。但是由于行政社区依然是国家控制下的社会管理单位①，因此对打工者的社区试验的包容能力非常有限。F组织作为制度外的社会力量，产生和发展过程不依赖于政府，政府从制度的层面对它的发展保持着严格的控制态度。在基层政府实际的操作层面，表现为对F组织作为社会建设主体的怀疑和否定。

以往的研究将这样的聚集区称为“二元社区”，认为外来打工者和本地人被隔离在两个制度空间之中。② 二元社区的描述忽视了本地人和外地人的权力关系格局，本地人中尤其是握有房屋这种稀缺资源的房东，承担部分管理外来人口以及推行部分管理政策的职责。这种以房管人的控制手段通过房东在日常生活中的监控和管理来实施，这样的管理更加有效，并且将引发冲突的可能性降到最低。基层政府通过控制行政社区和本地居民达到了管理外来打工者的目的，同时削弱了打工者自组织的能力。

打工者的社区试验在行政社区和城市化的排斥下，遭遇了一系列危机，反过来强化了打工者追求自己的社区的目标。埃尔德认为危机境遇激发对自我和他人的注意，激发人们对自我和他人的意识，当一个群体或个人进入危机阶段时就会提出新的解决方案和适应方式，适应包括对自我和他人的重新定位、目标的重建或者澄清，以及对新的地位或者角色的假设。③ 打工者追求自己的“家园”，“家园”不仅是这些流动中的打工者的组织，也是他们的精神归属。如约翰·伯格所说，家将不再仅仅被理解为是“住所”，而是“生命历程中不言自明的故事”，无家的感觉正是来自对

① 杨敏：《作为国家治理单元的社区——对城市社区建设运动过程中居民社区参与和社区认知的个案研究》，《社会学研究》2007年第4期。

② 周大鸣：《外来工与“二元社区”——珠江三角洲的考察》，《中山大学学报》（社会科学版）2000年第2期。

③ G. H. 埃尔德：《大萧条的孩子们》，田禾、马春华译，译林出版社，2002，第14页。

于迁移的反感，对于生活边界不断改变的抗拒。[①] 成员们在共同的生活经历之上，从实践中发展出一种共同体的理想。F组织寄托的正是这些打工者心中的一个家的理想，在这个家园里面自己的生活可以稳定、安全，生活关系可以维持并且安全地沉淀。

> D女士：他们都在外漂泊，这种有根的感觉，他们很珍惜……我说我们也要去那里，就是那个希望的家园，我们心目中的，那个家园。我们以后总是要有个地方……只要有个地方就可以了……我们的目标很明确，就是要找到我们归属的地方。（来自F组织访谈资料，D女士，2012年10月27日）

实体的打工者社区没有出现，“打工者的社区”虽然是打工者的想象，但是它不单纯是思维的构想结果，而是打工者从社区试验中发展出来的社会事实。正如安德森在研究“民族”和“民族主义”时，将它们看成一种“特殊的文化的人造物”，是一种社会心理学上的“社会事实”。[②] 同样地，打工者反复提到的“那个地方”，是对一种社会空间的强烈诉求，这种社会空间能够容纳这些漂泊的打工者，能够为他们提供一种归属感。这些漂泊中的打工者改善社区或者整合社区的理想，与通常的社区意识不同。社区意识主要指涉一种在地域社会生活基础上生发出的归属感和责任感，而打工者的社区试验是这些外来打工者将寻求一个稳定的生活共同体的愿望投射到自己所居住的空间的结果。这里聚居着和他们一样有着漂泊经历的人，是他们生活的地方。他们追寻这样的实体社区，让他们在城市稳定地生活下来，F组织的社区试验也是基于这样的价值之上的。

六　重新根植：发展的城市社区运动

本文关于打工者的社区试验的叙事即将结束，但是这些城市边缘的聚

① John Berger, *And Our Faces*, *My Heart*, *Brief as Photos*, London: Writers & Readers, 1984, p. 64.

② 本尼迪克特·安德森：《想象的共同体——民族主义的起源与散布》，吴叡人译，上海人民出版社，2005，第43页。

居区内打工者的故事还远没有完结，他们依然在用自己的行动改善自己的生活空间。这些外来打工者的行动，为我们理解和把握当代城市社区运行机制提供了另外的视角。打工者用行动在正式参与制度之外寻求城市立足空间的这个脉络是清晰的。

这场社区运动源于外来打工者对以发展主义为导向的城市化模式和排斥性行政社区的抗拒。社区试验是这些外来打工者们在行政社区无法整合他们情况下，自己实践开拓社会互助空间的一种努力。同时，通过社区运动，打工者们开始关注与自己生活息息相关的公共事务，并且作为行动者、决策者参与其中。聚集空间与打工者的社区试验对象相重合，使打工者想要重新构建一个生活共同体。

本文中的打工者社区运动是对现有社区运动类型的补充。在以市民为主体的社区运动中，社区性成为产生与维系社区运动的核心变量。① 而在这个个案中，打工者的社区运动不是得益于社区共同体及社区意识，社区运动的结果也不是形成一个地域生活共同体。社区运动得以生发，在于外来打工者的主体性在参与的过程中得到培育，并在抗拒集体性的风险和不平等的城市化过程中，对行动和生活空间意义的重构。正如鲍曼认为的，共同体（包括社区）并不意味着我们可以获得和享受的世界，而是一种我们将热切希望栖息、希望拥有的世界。他将现代追求共同体的行为称为“重新根植被根植之物”。② 在现代城市变迁带来的各种不确定性和风险面前，社区依然是一个被人们追求的目标，而平区个案中的社区运动代表一个流动的集体在城市中寻求社会生存和发展空间的努力。

最后，这个个案对中国城市化的思路提出了反思。在中国现代化的过程中，农民流向城市的过程，也是在城市里如何构建有意义的生活世界的过程。外来打工者融入城市并不是城市社会对他们的同化。打工者的社区试验证明他们虽处在社会底层，但在不平等制度的影响下其没有丧失发展的能力，精神的富有和物质的贫困在他们身上体现得很明显。他们能够创造出适合自己的城市生活模式，但是需要一定的制度和政策条件，即需要

① 黄晓星：《社区运动的“社区性”——对现行社区运动理论的回应与补充》，《社会学研究》2011 年第 1 期。

② 齐格蒙·鲍曼：《共同体》，欧阳景根译，江苏人民出版社，2007，第 4 页。

城市发展政策和人口政策为这些打工者的自组织、自我管理、创造性的公共生活留下一定的空间。外来打工者，有能力超越被动地适应城市化过程这个层面，主动成为城市化和社会建设的主体，促进这个社会底层群体自身的“跨越式”发展。

图书在版编目（CIP）数据

基层政府与社会治理研究 / 周振超主编. -- 北京 ：社会科学文献出版社，2023.8

ISBN 978-7-5228-1833-7

Ⅰ.①基… Ⅱ.①周… Ⅲ.①地方政府-行政管理-中国-文集 Ⅳ.①D625-53

中国国家版本馆 CIP 数据核字（2023）第 098465 号

基层政府与社会治理研究

主　　编 / 周振超

出 版 人 / 冀祥德
责任编辑 / 宋浩敏
文稿编辑 / 陈　冲
责任印制 / 王京美

出　　版 / 社会科学文献出版社 · 国别区域分社（010）59367078
地址：北京市北三环中路甲 29 号院华龙大厦　邮编：100029
网址：www.ssap.com.cn
发　　行 / 社会科学文献出版社（010）59367028
印　　装 / 三河市东方印刷有限公司

规　　格 / 开 本：787mm × 1092mm　1/16
印 张：15.25　字 数：246 千字
版　　次 / 2023 年 8 月第 1 版　2023 年 8 月第 1 次印刷
书　　号 / ISBN 978-7-5228-1833-7
定　　价 / 128.00 元

读者服务电话：4008918866